U0067399

以家庭為中心的
聽覺障礙早期療育
聽覺口語法理論與實務

林桂如——主編

林桂如、洪右真、陳姵樺、馬英娟、

林淑芬、陳俐靜、何文君、邱鳳儀——等著

目 次

 **主編者簡介**

❀ 林桂如

- **現職：**
  財團法人雅文兒童聽語文教基金會／聽語科學研究中心助理研究員兼
  聽覺口語師

- **學歷：**
  國立高雄師範大學特殊教育學系身心障礙組博士候選人
  臺北市立師範學院身心障礙教育研究所碩士
  東吳大學社會工作學系學士

- **經歷：**
  國立高雄師範大學特殊教育學系兼任講師
  臺北市立教育大學特殊教育中心研究助理
  國立臺灣師範大學教學與評鑑中心碩士級研究助理

- **證照：**
  國民小學教師證書

- **著作：**
  《一玩就上手——學前兒童口腔動作遊戲活動手冊》
  （初版二刷，臺北：心理）
  《讓他聽清楚說明白——認識聽覺口語法》修訂版
  （主編，臺北：財團法人雅文兒童聽語文教基金會）

- **E-mail：** lesleylin@chfn.org.tw

作者簡介

❀林桂如

- 財團法人雅文兒童聽語文教基金會／聽語科學研究中心助理研究員兼聽覺口語師
- 國立高雄師範大學特殊教育學系身心障礙組博士候選人
- 臺北市立師範學院身心障礙教育研究所碩士
- 東吳大學社會工作學系學士

❀洪右真

- 財團法人雅文兒童聽語文教基金會／聽語科學研究中心研究員
- 德國緬因茲大學語言學博士
- 德國馬堡大學語言與溝通學系學士
- 輔仁大學德語語文學系學士

❀陳姵樺

- 財團法人雅文兒童聽語文教基金會／聽語科學研究中心研究員
- 美國丹佛大學量化研究博士
- 美國北科羅拉多州立大學教育心理學系碩士
- 國立屏東教育大學特殊教育學系學士

❀馬英娟

- 財團法人雅文兒童聽語文教基金會／聽能管理部主任兼聽力師
- 美國莎露斯大學聽力學博士（Doctor of Audiology, Osborne College of Audiology, Salus University, USA）
- 紐西蘭奧克蘭大學聽力學研究所碩士

- 紐西蘭奧克蘭大學生命科學系學士
- 中原大學特殊教育學系兼任講師、馬偕醫學院聽力暨語言治療學系兼任助理教授
- 紐西蘭聽力學會聽力師臨床證書、中華民國聽力師證書

❀林淑芬

- 財團法人雅文兒童聽語文教基金會／聽能管理部督導兼聽力師
- 澳洲昆士蘭大學聽力學研究所文憑（Postgraduate Diploma in Audiology, School of Health and Rehabilitation Sciences, University of Queensland）
- 澳洲昆士蘭大學心理學系學士
- 澳洲聽力學會聽力師臨床證書、中華民國聽力師證書

❀陳俐靜

- 財團法人雅文兒童聽語文教基金會／社會服務部主任
- 國立臺北大學社會工作學系碩士
- 國立中興大學社會學系學士
- 中華民國專技高考社會工作師及格
- 中華民國衛生福利部 2014 年社會工作專業人員服務績優獎

❀何文君

- 亞太創意技術學院兒童與家庭服務系講師
- 財團法人雅文兒童聽語文教基金會／臨床教學與協同研究員
- 國立臺灣師範大學人類發展與家庭學系幼兒教育組博士生
- 國立政治大學幼兒教育研究所碩士
- 國立陽明大學護理學系學士

邱鳳儀

- 財團法人雅文兒童聽語文教基金會／教學研發部主任兼聽覺口語師
- 中原大學特殊教育學系碩士生
- 樹德科技大學幼兒保育系學士
- 中華溝通障礙協會、科林聽力保健中心 2011 年第七屆模範聽障教師

推薦序一

聽覺口語法（Auditory Verbal Therapy）在聽覺障礙早期療育中，雖為後起、發展中的療育方法，但無礙其成效所受到的重視及肯定。近年來華語地區的聽障教育人士及家長在交流時，聽覺口語法已成為大家學習與研討的一個重要項目。

聽覺口語法於十八年前由倪安寧女士及鄭欽明先生引進臺灣，在他們賢伉儷所成立的「雅文兒童聽語文教基金會」有系統的加以推廣，並進一步將原本以英語教學的方法，改為以中文母語學習的華語化教學，稱之為「華語聽覺口語法」。今天，雅文基金會在臺灣已發展成四個理論與實務兼具且非常有規模的教學中心，提供完善的聽語療育專業服務，幫助許多臺灣聽障兒童學會傾聽及說話，協助他們接受融合教育，與健聽兒童一起學習與生活。創辦人「幼吾幼以及人之幼」的大愛精神，讓「華語聽覺口語法」能在臺灣生根發展的善舉值得吾人敬佩。更值得一提的是，倪安寧女士希望：二十年後臺灣沒有一個不會說話的聽障兒童，這是何等偉大的遺願！

凡是關心聽障療育的人士，相信面對聽覺口語法這樣新穎、且不斷發展的早療方法，都會熱切盼望有一本關於聽覺口語法的導論或綜論性質的專書。但編撰這樣的一本書必須面臨很大的挑戰，因為特殊教育是一項跨領域且綜合性的科學，不論是理論或實務均牽涉甚廣，若是對各相關科學領域缺乏宏觀的視野，其理論主張恐流於偏頗；若是對療育實務缺乏紮實的教學經驗，其經驗分享恐流於表象、或華而不實。

這本由雅文基金會研究員林桂如老師所主編的《以家庭為中心的聽覺障礙早期療育：聽覺口語法理論與實務》非常成功的克服了上述挑戰。在

理論和實務方面均達成非常周全、深入淺出、符合實務教學的要求。首先，
理論方面系統性的介紹了聽能、語言、認知、說話及溝通等領域之評估內
涵；實務方面的介紹亦甚為完備具體，包括《特殊教育法》所強調的個別
化教學計畫之落實，以及各項診斷工具的運用與指導策略。至於臨床聽能
管理的單元，亦為該書的特色，預期將能為較少接觸醫療領域的特教教師
帶來不少實務方面的新知。

猶如聽障療育服務講求團隊合作，本書集合了雅文研究員、教師、聽
力師等人的智慧結晶與團隊合作的成果，是目前介紹「華語聽覺口語法」
最有系統的一本好書，因此在拜讀之餘，甚為樂意將之推薦給對聽障早期
療育有興趣的讀者們，希望所有特教教師、治療師、家長及研究者也有機
會分享。

本書出版之際，個人有幸先睹為快，在慶賀之餘，對雅文基金會也有
一點小期許，希望雅文以本書及十八年來熱心為聽障兒童提供專業的服務
經驗為基礎，繼續發揚光大「華語聽覺口語法」的理論系統及臨床經驗，
期能在華語社會繼續為臺灣保持聽覺口語法之領航地位。

林寶貴　謹識於
國立臺灣師範大學特殊教育學系研究室
2014 年 3 月 3 日

推薦序二

　　本人與雅文兒童聽語文教基金會結緣，始自於 1997 年我剛從英國修習聽力學碩士學位回臺灣之後。當時剛好 Joanna 女士與我討論，欲發起臺灣新生兒聽力篩檢，於是我們與雅文合作，率先於 1998 年在臺北馬偕醫院施行免費的新生兒聽力篩檢。經過十幾年的推廣耕耘，終於引起政府單位衛生署的重視，而能於 2012 年開始進行全面性公費的新生兒聽力篩檢。在我與雅文結緣的這十幾年當中，也曾參與很多雅文基金會的活動，如早期雅文基金會師資培訓的課程，也不時參加基金會裡面舉辦之人工電子耳的病友座談會，以及參加很多的才藝演出活動，自己多年來也承諾當雅文的終生志工。在這十幾年來與雅文的互動中，深深了解聽覺口語教育對早期聽障療育的重要性；我們在 2012 年創設馬偕醫學院聽語學系的設計過程裡，也將聽覺口語的學程列為學校的特色之一。

　　綜看這本書的內容，是由林桂如老師主編，集合了雅文的資深聽覺口語師及研究團隊，大家一同努力寫作。本書之中心思想是要說明：以家庭為中心模式實施聽覺口語法實務的理論基礎。將家庭視為一個小型的社會支持系統，強調家長參與、應用家庭現有的優勢和資源等，而雅文聽覺口語師只是扮演協助與引導的角色，支持家庭在原有的生活型態下執行聽語復健，如此當專業團隊提供的服務終將逐漸褪除後，其父母依舊能獨立因應兒童和家庭未來的需求。另外，本書也有很資深的馬英娟及林淑芬聽力師執筆，她們在書中也針對基礎的聽力學做了概括的描述，從聽力科學的解剖生理到臨床的聽力檢查工具都有介紹。

　　故本書出版的重要性，在於為臨床的聽障教育者及我們的家長提供了一個聽覺口語法的整體概念，亦即我們的孩子是可以以家庭為中心做早期聽障的療育。聽覺口語法的理論與實務在這本書有完整的描述，我相信未

來對聽覺口語師的訓練、聽語學系學生的學習，及聽障兒童的家長參與療育的計畫，一定會有很大的幫助。

馬偕醫學院聽力暨語言治療學系系主任
馬偕紀念醫院耳鼻喉科主任
林鴻清　謹識
2014 年 1 月

推薦序三

用「聽覺口語法」突破沉靜無聲的障礙

當我與妻子倪安寧知道自己的孩子是聽損兒，而決定要以「聽覺口語法」讓她突破沉靜無聲的障礙時，那時華文世界許多面對相同問題的孩子並沒有這個選擇。在當時的特殊教育體系中，針對聽損孩子的溝通教育，只有「手語」及「唇語」這兩個選擇。聽不見的孩子，用無聲的方式被教育，同樣的，一生也就必須被先天障礙侷限在那寂靜的世界當中。

我們的孩子有幸透過「聽覺口語法」找回屬於她與我們全家的聲動生命，我的妻子當時就認真的思考，要讓臺灣聽不見的孩子也能用同樣的方法開口說話。於是，1996 年我們成立了「財團法人雅文兒童聽語文教基金會」，也同時許下了「二十年後臺灣沒有不會說話的聽損兒」這樣的大願。

但是，「聽覺口語法」在當時是一套純英語的教學課程，這個能夠讓聽損兒開口說話的教學系統並不如一般坊間的英語教材只需翻譯成中文後，就可以讓老師教學、孩子學習、父母也跟著督促。一般的孩子能講會說，正常的聽力是基礎；另外，在生活的情境當中透過觀察成人動作與語彙的結合，才是學習、使用語言的重要關鍵。那麼，當我們把一套英文教學訓練單純地翻譯成中文時，這當中會出現多少華語特性不相通的語法？抑或是不容易在華文世界出現的詞語呢？聽損的孩子要面對的挑戰何其之多，基金會當然不願意讓他們在療育過程中及語言學習上還需繞道而行。

於是，基金會成立初始，我的妻子倪安寧便堅持一方面要將聽覺口語訓練導入臺灣，另一方面更要致力於將它「轉化」為華文使用者能直接使

用的教學系統，而不僅僅是把這個方法「翻譯」成中文。在許許多多夥伴的努力下，我們做到了。並且，十八年來針對三千多個個案的經驗累積，讓華文「聽覺口語法」在臺灣漸臻成熟。不但如此，這個原本屬於基金會在會內服務聽損兒、進行早期療育的「內隱知識」，我們也秉持了倪安寧在世時的大格局，在追求大願的前提下，轉內為外，編定教材、進行推展使其「外顯化」，讓更多的人，尤其是特殊教育體系，能夠了解、接納，而期盼聽覺口語訓練能成為臺灣針對聽損療育的首選。

當然，在同仁的努力與各界的協助下，「聽覺口語法」已逐步為特殊教育體系接納，各大學特教系也紛紛開設相關課程。因此，基金會更體認到，這些同學在學習「聽覺口語法」時，必然需要一本能夠清楚呈現其理論架構與實務經驗的教科書，來作為學習之依據。為此，基金會集合了會內外優秀的學者專家，共同編著了這本《以家庭為中心的聽覺障礙早期療育：聽覺口語法理論與實務》，為大學相關系所的「聽覺口語法」學習者們提供一本理論架構清晰、實務經驗具體的學習用書。

作為基金會的一員，同時也是聽損兒的家長，我要非常感謝翻開這本書的任何人。如果您是特殊教育相關學系的老師，我期盼您能給我們更多的指教，讓華文「聽覺口語法」能更加周延地服務每一位以華語為母語的聽損兒。如果您是相關科系的學生，我更盼望您能透過本書及在校的學習，成為聽損兒療育道路上的天使，讓更多聽不見的孩子因為您的付出，而能聽見世界繽紛的聲音。當然，如果您只是無意間翻閱了這本教科書，我也希望您能給聽損的孩子一點點時間，了解一下這個方法及訓練，知道它能使一個聽損孩子的生命走上截然不同的境界。

當然，對於本書的每一位作者，我更要在此表達誠摯的謝忱。由於各位長期且專業的投入，基金會得以成為華文圈「聽覺口語法」的知識基地。我相信，本書必然對廣大以華文為母語的聽損兒產生重要且深遠的貢獻。

　　聽損兒的早期療育是一條無法間斷的路。深切期盼，這本書能讓更多的有心人，在未來的道路上，與我們一起為聽不見的孩子找回生命該有的聲音。

　　謝謝您的幫助！

雅文兒童聽語文教基金會董事長

鄭欽明　謹識

2014 年 1 月

主編者序

　　「聽覺口語法」是以配戴合適聽覺輔具的聽障兒童及其家長為對象，藉由提供聽障兒童及其家庭皆能受益的整合性療育服務，鼓勵家長在生活中自然引導孩子學習聆聽和表達存在於視覺線索外的豐富語言，協助這群孩子及其家庭過著正常化的生活。

　　《以家庭為中心的聽覺障礙早期療育：聽覺口語法理論與實務》一書，主要乃是由雅文基金會的聽語專業團隊同仁協力撰寫，共計十三章，內容包括：聽覺口語法療育之理論與實務、聽覺障礙兒童成功融合之策略、聽能管理，以及家有聽障兒之家庭支持性服務。藉由系統地呈現聽覺口語法的要領原則，期望能提供有興趣修讀聽覺口語學程的學生及相關聽語療育工作者參考。

　　自雅文兒童聽語文教基金會引進聽覺口語法迄今，除了服務超過數千位臺灣的聽障兒童及其家庭，在 2004 年於中原大學特教系成立聽覺口語法學程（2013 年更名為聽覺口語就業學程）後，更積極投入培育學理及臨床實務兼備的聽覺口語法療育專業人才，並致力於提升整體聽障兒童專業服務品質。

　　本書付梓出版之際，誠摯感謝中原大學特教系的支持，是這股力量敦促雅文團隊不斷前行。同時，伯瀚實業有限公司黃正龍先生慷慨授權本書使用其手繪插圖、心理出版社林敬堯總編輯的支持和文玲編輯的細心校對，以及閱讀初稿後提供建議的雅文同仁們，在此深表謝忱。最後，感謝在聽障教學工作中相遇的學生、家長和團隊，以及在學習與寫作的過程中不斷帶給我啟發的鈕文英教授、蔡昆瀛教授，感謝您們的教誨，讓我在無垠的學海與實務工作中，觸發我對學習的渴望與懂得欣賞一路走來的風景。本書如有疏漏錯誤之處，尚祈各方先進、夥伴不吝指正。

林桂如　謹識
2014 年 4 月

Part 1

緒論

1
以家庭為中心之
聽語早期療育

林桂如

- 了解早期療育服務型態的轉變
- 認識以家庭為中心之聽語早期療育服務的實施方式
- 從理論觀點了解聽語早期療育的重要性
- 認識以家庭為中心之聽語早期療育服務的專業團隊職責與分工
- 建立以家庭為中心之聽語早期療育服務的正思

Any approach that bypasses the parents is doomed to failure.
任何忽略家長需求的方法皆注定無法成功。

~Luterman（2008: 25）

 # 前言

　　身心障礙兒童的家長隨著時代更迭具有不同的角色，這些角色雖無確切出現的時間，甚或在同一時期具備多重的角色，然而，從過去到現在，家長參與程度的角色轉變主要歷經四階段（Turnbull, Turnbull, Erwin, & Soodak, 2006）：(1)由視父母為孩子問題的製造者，轉為專業團隊的合作者；(2)由支持父母作為消極被動的角色，轉為期盼扮演積極的夥伴角色；(3)由視家庭僅由母子組成，轉為重視全體家庭成員的喜好與需求；(4)由以普遍方式回應家庭需求，轉為將每一家庭視為一個整體，且每一位家庭成員皆是獨特的個體。

　　在變遷的社會中，家庭教育亟需發揮其使命與潛能。早期特殊教育多關注身心障礙兒童本身，隨著福利意識抬頭，逐漸獲得法律上對於障礙兒童及其家長的權益保障，家長角色的改變亦實質帶動療育服務型態由傳統專家中心模式領導的概念，走向強調支持家庭能力、權利與需求的家庭中心服務模式，正視家庭乃是兒童早期療育服務中的關鍵角色。

　　近年來，隨著新生兒聽力篩檢的推動、數位助聽器和人工電子耳的逐年改良，聽障早期療育服務多以教導聽障兒發展良好的聽語能力為主，並在各地相繼成立相關的聽語療育機構與資源（如〈附錄一：聽覺障礙相關網站資源〉），以協助孩子順利銜接至融合的教育安置環境中學習。因此，透過以家庭為中心的療育服務提升整體家庭的效能，以協助聽障兒發展適當聽語能力，遂成為當前聽語早療服務的要務之一。

第一節　早期療育服務模式之演變 🍃

　　早期療育服務模式的演變主要受到政策的變革與早療理論派典的影響，逐漸從重視解決兒童的單一問題到強調提升家庭優勢能力的服務模式，並透過政策的制定，規劃向下延伸、科際整合的早期療育服務教育，提供兼顧兒童及家庭殊異性的療育服務，積極透過早期的療育預防日後障礙的產生或擴大。

壹　政策日益重視家長參與程度

　　自美國 1975 年制定《殘障兒童教育法案》（Education of All Handicapped Children Act，簡稱 EHA 1975，即 94-142 公法），首次賦予家長參與子女教育決定的權利以來，即陸續在修訂的法案中凸顯家長參與的重要性，並肯定早期療育的目的在於藉由嬰幼兒階段的積極介入，減少因發展遲緩引起的續發性障礙（Carta & Kong, 2007）。在 1986 年的《殘障兒童教育修正法案》（Education of All Handicapped Children Act Amendments，簡稱 EHA 1986，即 99-457 公法）中，除了延伸《EHA 1975》外，更將零至二歲的特殊嬰幼兒及其家庭列入早期療育的服務對象，明文規定須提供特殊兒童家庭包括個別的家庭支持、諮詢服務和親職教育等早期介入服務，強調專業人員與家庭合作，透過以家庭為中心的方法共同發展「個別化家庭服務計畫」（Individual Family Service Program，簡稱 IFSP）。2004 年通過的《身心障礙者教育增進法案》（Individuals with Disabilities Education Improvement Act of 2004，簡稱 IDEIA 2004）再次重申教育團隊應提供「家庭中心取向」（family-centered approach）服務，說明家長是教育決定者、教育方案發展和檢核的平等參與者（Turnbull, Zuna, Turnbull, Poston, & Summers, 2007），並推廣具有文化適應能力，且符合協調性、全面性、專業團隊與跨機構的早期療育服務（Bruder, 2005）。

　　儘管國內在早期療育方面並無統一的法令，相關的對象、內容及專業團隊合作的方式亦分散在不同的法令中，然而，我國的特殊教育深受美國特教思潮的影響，由政策修訂的更迭中，同樣反映出公部門在早期療育服務的推行與規劃過程中側重家庭的參與。目前的《特殊教育法》（2014）及相關子法中，明確規定家長參與孩子鑑定、安置、擬訂個別化教育計畫等相關權利後，奠立特殊教育需求學生家長參與的法令地位。此外，在《兒童及少年福利與權益保障法》（2014）中，亦明訂早期療育應以整合性的服務機制，提供適當的療育服務。

　　由上述國內外相關法令的發展過程與規定中，可歸結出在法令明確保障家長參與的地位下，帶動療育實務對家長和家庭角色的重視，並逐步朝向以家庭為中心的服務型態。

插圖 1-1 ▪ 強調家庭的參與乃是當前早期療育政策與服務模式的關鍵核心

貳　早期療育派典的發展

　　「派典」乃是指基礎性的概念架構，源於一群人共享的信念、價值觀、研究觀點及態度（引自鈕文英，2012：33）。傳統的早期療育派典，主要是治療與預防問題的發生，因此，所強調的重點通常是個體不足或弱勢的能力，從而尋求因應之道，如：治療模式（treatment models）、缺陷本位模式（deficit-based models）；而專家在服務過程中乃是扮演權威、主導的

角色，如：專家模式（expertise models）、服務本位模式（service-based models）、專家中心模式（professionally centered models）（Dunst, 2004）。

　　新興的早期療育派典，主要是受到強調積極正向的夥伴關係賦權（proactive empowerment through partnerships，簡稱 PEP）原則提出的影響，開始對於家庭與療育實務有了不同的省思，進而促成後續新派典的產生。PEP 原則的概念主要有三，首先，將早療實務的重點聚焦在個體的優勢，如：提升模式（promotion models）、優勢本位模式（strengths-based models）；其次，強調提供強化個體能力與家庭運用資源能力的支持，如：賦權模式（empowerment models）、資源本位模式（resource-based models）；最後，則是重視存乎家庭成員與實務工作者之間的合作關係，而專業人員應視個體與家庭之需求，積極維護其權益，如：家庭中心模式（family-centered models）（張秀玉，2003；Dunst, 2004）。上述早期療育概念與發展之比較，整理如表 1-1 所示。

　　綜上所述，在早期療育的模式發展上，一開始乃是以促進身心障礙兒童的發展為主要派典發展依據，之後再轉變為強調支持家庭的能力、權利與需求為主要導向的家庭中心模式療育服務（蔣明珊、沈慶盈，1999）。

表 1-1 ■ 早期療育概念與發展之新舊派典比較表

傳統派典	新的派典
1. 治療模式：關注於障礙、問題或疾病的治療或結果。	1. 提升模式：關注增加個體能力與積極功能。
2. 專家模式：依賴專家解決問題。	2. 充權模式：創造個體運用生存技能的機會，並發展新的能力。
3. 缺陷本位模式：關注於個體的弱勢或問題。	3. 優勢本位模式：了解個體的長處與才能，並協助個體運用這些能力強化其功能。
4. 服務本位模式：界定專業服務的實務。	4. 資源本位模式：界定社區機會與經驗的實務。
5. 專家中心模式：視專業人員為客觀決定個體需求的專家。	5. 家庭中心模式：視專業人員為家庭發聲的代理人。

資料來源：取自林桂如、蔡昆瀛（2007：116）。

第二節　以家庭為中心之聽語早期療育實施

　　陪伴聽障兒童學習傾聽和說話的過程，儼然是一場耐力賽，而比賽的訣竅即在於選手須以循序不中斷的速度向前行，並由家庭成員扮演督促、陪伴與協助者的角色。以家庭為中心的聽語早期療育服務，強調教學者和家長共同協助孩子發展聽語學習的計畫，並且相信孩子能夠學習傾聽、發展良好的口語溝通能力。

壹　以家庭為中心實務的緣起：從美國到臺灣

　　近年來，由於醫學、心理學、社會學、教育學等各領域專業人員在特殊教育知能上的貢獻和支持，讓社會大眾對身心障礙兒童有進一步的認識，加上家長團體的爭取和相關法令措施的修正等諸多因素影響，身心障礙兒童的家長逐漸受到重視，並被視為重要的人力資源，因而更加肯定提供以家庭中心模式之療育服務為主的必要性，並將以家庭為中心的實務視為最新、最具實證基礎的「最佳實務」（Hammond, 1999; Harbin, McWilliam, & Gallagher, 2000）。

一、1950 至 1970 年代

　　隨著美國全國智障兒童協會於 1950 年成立，公立學校開始感受到來自特殊障礙家長們在爭取其子女應有受教權上的壓力，並在 1960 年代開始發展家長參與和以家庭為本位的實務（鈕文英，2008）。在 1960 至 1970 年代間，肯定家長和家庭本身的型態是直接影響兒童的要素，而專家扮演的角色則是訓練家長成為孩子更有效率的家長和教師，已成為特殊教育和政策制定者普遍接納的概念（Hebbeler, Smith, & Black, 1991; McLaughlin & Shields, 1987; Simmons-Martin, 1975）。

　　從事聽語療育將近五十年的聽力師 Luterman（2008）曾表示，在 1960

年代，鮮少關注聽障孩子的診斷，或配好助聽器後的聽語療育服務，因此，聽障兒童的家庭多半未能獲得任何幫助；邁入 1970 年代後，方才開始有以家庭為主的聽障幼童照護中心成立，並鼓勵剛確診為聽障的兒童家長進入課程中，透過單面鏡觀察孩子與專業人員的互動與療育課程，讓家長得以有機會參與兒童療育。

二、1980 至 1990 年代

1980 至 1990 年代間，「家庭參與」（family involvement）開始取代「家長參與」（parent involvement）一詞，並認為家庭在兒童生命中扮演重要的角色（Rhoades, 2010），因此，無論是早期「以提供者」（provider-）或「以兒童為導向」（child-driven）的方案，到後期「以顧客為導向」（consumer-driven）的服務，最終都將走入「以家庭為導向」的方案模式（Osher & Osher, 2002）。

三、二十一世紀起

自邁入二十一世紀，以家庭為本位的療育模式有了更清楚的界定，可依據家庭意識、中心定位與處遇目標區分為四大類型（Dunst & Trivette, 1996; Dunst, Johanson, Trivette, & Hamby, 1991; Rhoades, 2010）：(1)專家中心模式：家庭的能力不足，因而有賴專家／個案管理人員以專業觀點決定家庭需求及滿足需求的方法；(2)家庭聯合模式（family-allied model）：家庭能力略佳，可以在專家／個管人員指導下執行相關改善活動，惟需求、處遇目標與方法仍大多依賴專家來評定；(3)家庭焦點模式（family-focused model）：家庭較有能力來執行與選擇改善活動，與專家／個管人員共議處遇目標與方法，專家／個管人員則是促進家庭來選用相關專業服務；(4)家庭中心模式：專家／個管人員視家庭為夥伴，介入計畫相當個別化與彈性，且是依家庭認定需求而設計，介入目標通常設定在增強與支持家庭功能，專家／個管人員的角色依家庭需求或家庭決定而定，茲比較如表 1-2 所示。

表 1-2 ▪ 家庭本位介入模式與意涵

模式		主張
專家中心模式	低	• 家庭本身在提供兒童特殊需求上的能力較低，有賴專家／個管人員評量家庭的需求及規劃療育計畫。
家庭聯合模式		• 家庭能力略佳，可在專家／個管人員指導下執行相關改善活動，惟需求、處遇目標與方法仍大多依賴專家評定。
家庭焦點模式	家庭能力	• 家庭較有能力，可與專家／個管人員執行與選擇改善活動、相關專業服務與共議處遇目標和方法。
家庭中心模式	高	• 專家／個管人員視家庭為夥伴，依家庭認定需求而設計個別化介入計畫，藉以增強與支持家庭功能。

　　美國對於家庭參與和家長角色的日益重視，亦影響我國特殊教育對身心障礙兒童未獲得適當教育的做法開始反思，也影響國內身心障礙兒童的家長開始有組織化的團體行動，疾呼爭取其子女的教育權。在 2007 年修正公布的《特殊教育法》中終於有關於家長參與及親職教育的明文規定，隨即相關單位也開始正視家長參與的權利及親職教育的重要性（何華國，2009）。

　　國內的聽語早期療育服務主要借鏡國外經驗，以雅文基金會為例，在1995 年成立之初，即經由加拿大的多位教育專家引進以家庭為中心的服務模式，強調透過聽語團隊和家庭之間的夥伴關係，依家庭認定重要的需求共同設計療育計畫，促進家長將聽覺口語法融入日常生活中，協助聽障兒童自然學習聽和說。

貳　以家庭為中心模式實施聽覺口語法實務的內涵

　　家庭中心實務認為專業團隊成員與主要照顧者是他們孩子的專家，並認同家長是他們孩子與他們自己最重要的決策決定者。因此，主張家庭乃

是兒童生活的持續照顧者，而服務提供者與系統只是暫時的，透過尊重與努力支持家庭的優先順序、對於服務的目標和選擇參與的程度，與重視信任、存在於家長與專家間的合作關係，將能確保提供合適的服務（Dunst, Trivette, Davis, & Cornwell, 1988; Lynch & Hanson, 2004）。

一、以家庭為中心模式實施聽覺口語法實務的理論基礎

以家庭為中心模式的療育取向主要源於家庭系統模式與生態系統模式，透過將家庭視為一個小型的社會支持系統，強調家長參與、平等合作關係、應用家庭現有的優勢和資源等，專業人員則扮演協助與引導的角色，提供「支持性情境介入」（supportive contextual intervention）的配套服務，發展和家庭情境及家長執行能力適配的介入方案，支持家庭在原有的生活型態下執行，並在專業團隊提供的服務逐漸褪除後，依舊能獨立因應兒童和家庭未來的需求（陳采緹，2011；Kaczmarek, Goldstein, Florey, Carter, & Cannon, 2004; Leal, 1999; Turnbull et al., 2007），以下將就家庭系統模式與生態系統模式探討以家庭為中心的療育服務內涵。

(一) 家庭系統模式

家庭系統模式，主要將家庭視為個體互動的系統，且可作為了解身心障礙者或有發展危機家庭中的家庭成員關係，以及彼此之間的角色與互動（Turnbull, Summers, & Brotherson, 1984; Turnbull & Turnbull, 1990）。

家庭系統模式協助我們了解家庭的動力，其基本假定包括：(1)系統的各部分乃是相互連結；(2)家庭系統是一個整體，而非個別的部分；(3)家庭系統會影響環境與被環境影響；(4)系統並非是真實存在的實體，而是一種了解家庭組織、經驗等的媒介。

家庭系統架構可定義為一套由次系統組織而成，並以具備改變各系統之間界線與規則的彈性為特徵（Klein & White, 1996）。在身心障礙教育領域中，當前的家庭系統模式已結合特教觀點，加以應用於身心障礙或高危險群學生的家長。整體而言，家庭系統概念的架構包含以下四點（Turnbull, et al., 1984）：

1. 家庭資源：每位成員帶進家庭中的特色，包含人格、價值觀、信念、文化背景與觀點、社經地位、障礙、健康狀態等。

2. 家庭互動：家庭資源被視為家庭互動的輸入變項，而家庭成員與家庭次系統則是家庭互動的因素。

3. 家庭功能：家庭互動的輸出，乃是強調經由實現家庭功能與滿足家庭的需求感，主要可包括滿足經濟需求、生理與健康照護需求、休閒與社會化需求、情感需求、自我認同需求、教育或職業需求等。

4. 家庭生活週期：強調持續發展性與突發的家庭改變因素，包括出生、死亡、離婚、換工作、搬家等。

以小德為例（如教學案例 1-1），以家庭系統觀點分析該名個案及其家庭當前的需求時，將有助於了解各系統間的互動情形，並透過檢視與家庭運作相關的系統背景結構，進而釐清兒童與家庭當前的需求，以作為規劃後續療育服務的方針。

教學案例 1-1

　　小德是個三歲的聽障兒，是家中唯一的孩子。在進入幼兒園後開始出現頻繁的攻擊行為，最近在醫院診斷出有注意力缺陷的問題。小德的媽媽為了照料他而陷入是否辭去工作的窘境，因為一旦辭掉工作，家庭勢必面臨收入上的緊縮。此外，為了帶小德到基金會接受聽覺口語法療育，夫妻兩人也必須額外抽出時間參與課程，並需要在日常生活結合療育內容進行聽語的輸入和教學目標練習，以幫助小德發展更好的聽語能力。

　　家人朋友看到他們的情況反應不盡相同，多數是支持他們，但也有朋友覺得尷尬而減少和小德的父母聯絡，還有一些朋友直接建議他們找保母照料孩子或另尋家教老師……

案例分析

　　以小德一家為例，從家庭系統的觀點加以分析時，可看到每一位成員各將屬於自己的不同特色帶入共組家庭，如：興趣、原生家庭、經濟背景與需求等，即便是身為孩子的小德亦然，如：個性、學習需求、障礙類型等，這些特徵同樣進一步影響家庭成員關係，以及存在於不同次系統（如：親子、夫妻、延伸家庭等）中的家庭互動。

　　目前小德一家的家庭生活週期處於變動的狀態，隨著小德慢慢成長與聽語療育上的考量，小德的媽媽陷入是否辭去工作或另尋其他管道的抉擇，然而，離職或尋求其他療育管道皆將為家庭帶來不同的改變與壓力。故未來的聽語療育規劃，乃需要考量家長或主要照顧者可參與的實質程度和兒童實際的療育需求，以提供符合家庭需求的療育服務。

(二)生態系統模式

　　人類發展的生態概念，是 Bronfenbrenner（1970, 1986）為了解發展的個體與環境互動關係所提出的模式，並主張家庭是生態系統中一個構成因素或系統。此模式常應用於身心障礙或高危險群學生的家庭的相關研究上，透過強調孩子與周遭環境的互動關係，用以描述在系統中的家庭影響範圍與互動。

　　Bronfenbrenner（1979）描述生態環境就像是俄羅斯套娃一樣，是一個環環相扣的結構，主要包含：微系統（microsystem）、居間系統（mesosystem）、外系統（exosystem）和大系統（macrosystem）等四個系統（如圖1-1所示）：

1. 微系統：係指發展個體在一個具有自然、有形環境的模式。對聽障兒童而言，生活環境中的人、事、物，如家庭成員、鄰居、同伴等即是最重要的「微系統」。

2. 居間系統：個體直接參與的兩個以上微系統間的連結。對聽障兒童而

言，這些關係可能發生於家庭與聽障兒童照顧方案、家庭與學校，以及家庭與醫院之間等。

3. 外系統：係指能影響家庭穩定性，但個體卻未密切接觸的社會環境脈絡或條件。對聽障兒童而言，舉凡對聽障兒童照顧的福利政策、教育方案與機構、鄰里、家庭社會網絡、家長的工作與就業政策等，儘管和聽障兒沒有直接影響關係，但卻會影響微系統和居間系統。

4. 大系統：即社會與文化信仰與價值觀對個體的影響。對兒童而言，社會與文化在兒童教養、早期教育、障礙意義與健康及教育介入的哲學與政策（如：融合的哲學）皆屬之。

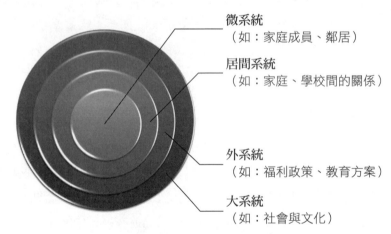

微系統
（如：家庭成員、鄰居）

居間系統
（如：家庭、學校間的關係）

外系統
（如：福利政策、教育方案）

大系統
（如：社會與文化）

圖 1-1 ▪ 生態系統架構圖

資料來源：修改自 Hanson 與 Lynch（2004），修改部分為加入括弧內的舉例。

聽覺口語法課程是由聽覺口語師、聽障兒童及其家長共構成的三角互動關係（Duquette, Durieux-Smith, Olds, Fitzpatrick, Eriks-Brophy, & Whittingham, 2002; Easterbrooks & O'Rourke, 2001; Hogan, Stokes, White, Tyszkiewicz, & Woolgar, 2008; Wu & Brown, 2004; Warner-Czyz, Davis, & Morrison, 2005; Wu & Brown, 2004），而此一關係又受到不同系統的影響。

為提升聽覺口語法療育的成效或設計介入的服務，當由生態的觀點加

以分析不同系統對個體的影響時，將有助於了解影響幼兒及其家庭的內外在因素，進而發展符合個別家庭價值體系與需求的療育。接續以生態系統觀點分析華華的例子（如教學案例 1-2），由探討該名個案及其家庭當前的需求，藉以解釋各系統間的互動情形與家庭運作的背景，以作為規劃後續療育服務的方針。

 教學案例 1-2

華華是五歲大的聽障兒童，原來和父母與一個哥哥同住在新北市。日前父母離異，華華和哥哥、媽媽搬出去住。華華的媽媽從事藍領工作，但收入經常入不敷出，目前家庭經濟為中低收入戶。華華在學期中轉學安置在一所標榜採行蒙特梭利教學法的私立幼兒園大班，並接受雅文基金會的聽覺口語法療育。他的需求主要在聽能與語言發展，儘管園方知道華華的教育需求，也將這些目標列入教學計畫，然而，由於學前教師未帶過聽障兒童，又正值學期中無法申請聽障巡迴教師服務，因此媽媽對華華的聽語學習感到十分憂心。

案例分析

在案例 1-2 中，華華最重要的微系統即是家庭，而華華的家庭成員帶入彼此不同的人格個性、能力、價值觀與信仰等。華華另一個重要的微系統，則是有著不同教育理念與教學資源的學前教育方案教師。

在居間系統中，主要是華華母親與方案之間的互動以及華華母親的雇主。如：學前方案通常歡迎且盼望家長的參與，然而，在華華接受的學前方案中未有帶過聽障兒童的經驗，又暫時無法申請聽障巡迴教師服務，因而造成家庭及學前教育方案人員溝通間的問題。

在外系統方面，可由學校與就業政策加以說明，如：經營學前教育的學校系統乃是一股強大的融合倡導，因此，雖然華華是個聽障兒，但他同樣有機會和普通同儕一樣進入住家附近的學校。然而，園方缺乏具

有特教背景的專業團隊人員，因而直接影響華華在環境中參與和學習的能力，足見園方教育政策與人事對提供華華教育需求與服務上具有直接的影響。

在大系統上，該家庭住在新北市，並接受政府對於中低收入戶的相關補助和療育補助。然而，由於華華在學期中進行轉學，使原來校方提供的聽語服務無法接軌，因而難以提供新學校促進華華聽語問題上的實質幫助。

針對華華的情形，聽覺口語法療育團隊除了協助華華家庭相關補助的申請外，也將主動拜訪幼兒園教師，透過溝通、合作的方式，讓園方了解華華的學習需求與可能需要的協助。

二、以家庭為中心模式實施聽覺口語法的目的和要素

以家庭為中心的實務可界定為促進專家和不同家庭間的夥伴關係，當家庭為中心的服務理念應用於兒童與家庭福利領域中，其主要目的有六（Dunst et al., 1991）：(1)增進社區感；(2)動員相關的資源和支持；(3)分擔責任和合作；(4)確保家庭的整體性；(5)強化家庭功能；(6)提供正向積極的人類服務模式，由強調家庭的優勢而非其劣勢，提高家庭對於相關資源的選擇與控制，達到家庭與專業人員間的合作關係。

Rhoades（2010）認為以家庭為中心模式實施聽覺口語法實務，須透過尊重、了解、合作、資源連結的要素，尊重家庭在文化和結構上的差異性，如：專家敏察於家庭的差異性、彈性回應家庭的需求，經由重視家庭優勢、個別性與互動方式，從而了解家庭選擇和控制運用資源，提升家庭的能力以及和專家合作的夥伴關係，使家庭生活得以和社區的家庭活動連結，成為療育活動的基礎。故聽覺口語法的療育團隊成員在與家長合作時，宜注意以下要素：

(一) 了解家庭的組成

家庭乃是由自然、相互支持的成員組成,故了解組成家庭單位的成員將是與家庭有效工作的第一步,如:透過詢問聽障兒童或其他重要他人,收集關於家庭成員、關係、地址與電話等資料,以界定家庭系統中成員所扮演的角色。

(二) 每一位成員皆是資源

作為聽覺口語療育的實務工作者,儘管了解多數聽障兒童的學習需求,然而,關於個別孩子的需要與了解仍有賴於與家長合作。

為發展信任,家庭成員應能感受到聽覺口語療育團隊尊重與重視關於彼此間的資訊;因此,家庭成員不應僅被視為是訊息的提供者,在進行療育或服務設計時,皆應了解其意見與相關經驗。

(三) 家庭隨著時間而變動

聽覺口語法的療育團隊成員需要敏於體察家庭的需求,方能提供有效的療育服務。每一個家庭就如同每位不同的個體,並非靜止,而是隨時間有所變動;家庭成員之間也是相互影響、牽動著彼此,舉凡父母離異、主要照顧者更換,甚或處於不同家庭生命週期所重視的議題。以下筆者參考 Leal(1999)的主張,彙整聽障生在不同生命週期中可能面對的重要議題,如表 1-3 所示。

(四) 每一個家庭的文化皆是獨特的

每一個家庭在組成、背景與傳統上皆是獨特的,而不同的文化和族群,許多方面乃是相當不同的。因此,家庭可能基於自身的文化與傳統,賦予聽障兒不同的意義,如:有人視為是恩賜,有人則看成是項懲罰。作為有效的聽覺口語法療育提供者,宜了解與尊敬文化與家庭的差異,以提高家庭參與聽覺口語法療育的意願。

表 1-3 ▪ 家有聽障兒童的家庭在不同生命週期所面對的議題

生命週期階段	議題
嬰幼兒與學前期	• 聽覺障礙診斷 • 通知他人診斷結果 • 調整父母親的期望 • 找出必需的支持服務 • 符合兒童的生理需求 • 回應他人的反應 • 依附 • 接受兒童障礙的事實 • 調整服務遞送系統
小學期	• 聽覺障礙診斷 • 轉銜至學校環境 • 參與個別化教育計畫 • 承認兒童與其他同齡學生的差異 • 兒童生心理發展較多的不一致 • 融合 • 處理來自兒童同儕團體的反應 • 符合兒童的生理需求
青少年期	• 性別議題 • 可能的同儕隔離與拒絕 • 轉銜計畫至成人期 • 兒童對於獨立需求的增加 • 符合生理需求

　　儘管療育服務的提供者、教師或其他實務者可能不斷來來去去，然而，家庭卻是千絲萬縷維繫的持續關係，因此，聽覺口語法重視提升主要照顧者的能力與強化家庭功能，使其成為聽障兒童日常生活中學習聽和說的主要教導者，幫助聽障兒童在自然的情境中建立聽語能力。

第三節 從早期療育的理論觀點 看聽語早期療育之重要性

在研究早期療育的議題上，有諸多理論相繼提出，同時，亦引導出不同的教育思維，有些乃是著重解釋與說明存在於兒童發展中的成熟因素，有些則側重於學習的成效、環境的影響，進而提出積極的預防觀點。以下將探討早期療育的理論觀點，期能透過不同的理論了解聽語早期療育的重要性。

壹 早期療育的理論觀點

儘管影響聽障兒童聽語發展的變項甚多，舉凡性別、確診年齡、聽損程度、家庭與家長參與程度、認知能力與早期療育的品質、使用聽覺輔具的一致性、溝通模式、評量行為、評量者與其他障礙等因素，皆增加客觀評估聽障兒的聽語療育成效的難度（宣崇慧，2009；Hogan et al., 2008; Wu & Brown, 2004）。然而，早期療育本身的成效有其發展歷史之背景脈絡、實徵研究支持及理論發展依據，一般而言，早期療育理論常見的觀點有四，包括：發展觀點（developmental perspective）、行為觀點（behavioral perspective）、生態觀點（ecological perspective）與預防觀點（preventive perspective），每一觀點所關注的問題與對聽語早期療育實務上的啟示有所不同，茲就此四大主要理論觀點簡述如下，並整理如表 1-4 所示。

一、發展觀點

發展觀點主要係以個人成熟觀點出發，認為個體的成長乃由成熟而來。兒童與生俱來即伴隨著某部分的生心理能力與限制，一旦成熟，生心理的能力將從而進行更複雜、整合性之心智運作（蔣明珊、沈慶盈，1999；Bailey & Wolery, 1992）。

表 1-4 ▪ 早期療育理論觀點比較表

觀點	基本主張	應用於聽語早療實務
發展 觀點	• 係以個人成熟觀點出發，認為個體的成長乃由成熟而來。	• 強調由環境中逐漸摸索學習的重要性，因此，早期療育的要務即在於增加聽障兒童對環境的探索機會。
行為 觀點	• 係認為兒童成長與發展的主要目的即在於學習。	• 強調應提供能促進成功的經驗與支持，並確認及運用有效的增強，以有助於快速、有效率的學習。
生態 觀點	• 係以「全兒童」的角度來看待兒童發展的問題，並強調幼兒與環境之間的交互作用。	• 凸顯提供聽語早期療育機構服務者，須更為審慎考量聽障兒童個人的特質、家庭背景及其生態環節。
預防 觀點	• 係將人視為一整體，個體的生理與心理乃是交互影響。	• 掌握早期的學習關鍵時刻，運用專業整合性服務，及時給予聽障兒童適當的療育。

資料來源：修改自林桂如、蔡昆瀛（2007：114），修改部分為應用於聽語早療實務之內容。

　　許多認知發展學派學者相信兒童自出生起，即有探究、認識與學習之本能動機，當個體逐漸成長與成熟後，其肢體與認知能力將隨之發展。Piaget的認知發展理論，即是依循此一觀點，主張孩子的認知發展影響其認知成熟的能力，並相信孩子的學習乃是透過探索與遊戲（Brockman, Morgan, & Harmon, 1988; White, 1959；引自 Bailey & Wolery, 1992: 25）。

　　發展觀點反映至現今的聽語早期療育實務上，乃是強調聽障兒童在環境中逐漸摸索學習的重要性，對於聽障兒童而言，儘管具有健全的腦神經功能系統及語言發展機制，然而，囿於其聽覺管道的喪失，致使在認知與溝通能力的發展過程中受到程度不一的阻礙（宣崇慧，2009）。是以，聽語早期療育的要務將有賴於增加聽障兒童對環境的探索機會、接受聽覺和語言刺激，並安排兒童高度感興趣的環境與教材，以促使聽障兒童的聽語潛能得以有最大的發揮。

二、行為觀點

行為觀點主要係認為兒童成長與發展的主要目的即在於學習（Bijou & Bear, 1961, 1965, 1978；引自 Bailey & Wolery, 1992: 25）。該學派認為，透過與環境交流的過程，兒童的行為將因環境提供的重複增強互動而模塑形成；是以，若能提供適當與足夠的措施或模仿對象，即使是障礙兒童，仍可改變其行為（Bailey & Wolery, 1992; Blasco, 2001）。

行為觀點反映至聽語早期療育實務上，乃強調家長和療育者應提供聽障兒成功的經驗與支持，並確認及運用有效的增強，以有助於快速、有效率地發展聽語能力。

三、生態觀點

生態觀點係以「全兒童」（whole child）的角度來看待兒童發展的問題，認為兒童的發展問題是多面向而複雜的（Woodruff & McGonigel, 1988）。因此，幼兒發展與學習問題的成因與處遇，除了由個體內部來了解與審視，以進一步解析幼兒與環境之間的交互作用，並對幼兒之特殊需求有整體而深入之關照（蔡昆瀛，1999）。

生態觀點對於聽語早期療育實務的啟示，凸顯出兒童問題並非是單一因素所致，在檢討成因之餘，實需更深層考慮其周遭的環境因素，對於聽語早期療育工作者而言，在提供服務的過程中，實宜更審慎考量兒童個人特質、家庭背景及其生態環節。

四、預防觀點

預防觀點主要係將人視為一整體，個體的生理與心理乃是交互影響。對於發展遲緩嬰幼兒而言，透過早期發現、早期診斷、早期治療，並立即提供專業性的醫療、復健、教育、轉介及福利等協助，將能有效降低其障礙程度，並有效預防次障礙的發生（蔣明珊、沈慶盈，1999；Bailey & Wolery, 1992）。

　　反映至聽語早期療育實務上，預防觀點乃強調掌握早期的學習關鍵時刻，及時給予聽障兒適當的療育，因此，關注的焦點在於兒童發展的可塑性與開發兒童的聽覺潛能。

貳　聽語早期療育之重要性

　　研究顯示，在六個月大以前確認聽障問題的兒童，其理解性及表達性語言能力皆優於晚期發現聽障的兒童（Yoshinaga-Itano, Sedey, Coulter, & Mehl, 1998）。國內 Lin 等人（2011）針對二十九名個案接受聽覺口語法療育超過六個月以上、且無其他顯著發展問題、家庭參與度皆為中上或更好的聽障兒童進行研究，亦發現在標準化語言評量工具的表現上，六個月前開始接受療育的聽障兒（十一名）顯著優於六個月後（十八名）開始接受療育的孩子，同樣呼應了聽語早期療育的重要性。後續在一項針對一百五十位（十二個月大至七歲）聽障兒童所做的縱貫研究中更指出，早期確認聽障的表現優勢可一直持續至七歲（Moeller, 1998）。

插圖 1-2 ▪ 早期接受聽覺口語法療育的兒童將有發展良好聽語能力的可能

　　聽語早期療育的服務型態多元，其中「聽覺口語法」療育強調以聽障

兒童、聽障兒童的主要照顧者為服務對象，並提供以家庭為中心的服務。近期關於聽覺口語法相關的研究結果（如表 1-5），可歸結出透過良好的早期療育，足以逐步協助障礙兒童及其家庭盡可能過著正常化的生活，並透過有效的啟發，讓孩子日後在選擇手語、讀唇等溝通方式之外，達到具備一般聽語能力的可能性。

聽覺口語法療育的國內外相關研究，普遍肯定聽障兒童接受聽覺口語法的實質效益，因此，早期介入聽覺口語法療育對聽障兒童的重要性可歸納為五點：(1)協助聽障兒順利融入一般教育環境；(2)提升聽障兒的閱讀能力；(3)促進聽障兒的語言學習和表達能力；(4)增進聽障兒發展合宜的社交能力；(5)提高重要他人對聽障兒的期待等（林桂如，2011a），加以探討。

一、協助聽障兒順利融入一般教育環境

在 Goldberg 與 Flexer（1993, 2001）的調查研究中指出，七成以上接受聽覺口語法的學生能順利回歸至主流教育環境，與一般同儕共同學習，且相較於一般同儕在校的適應表現，教師亦多肯定接受聽覺口語法療育的聽障生在校的「常規適應」表現佳（王文惠，2009），而「人際適應」及「溝通表現」次之。

二、提升聽障兒的閱讀能力

在針對接受聽覺口語法療育的兒童家長所進行的問卷調查顯示，有85%的家長肯定他們的孩子具有平均或更高的閱讀表現，且這群孩子在接受正式的評量後，亦顯示出八成以上具有中上能力（Robertson & Flexer, 1993），凸顯提升聽障兒聽語能力將帶動閱讀能力的實質發展。

三、促進聽障兒的語言學習和表達能力

(一)提升聽障兒的聽覺理解和口語表達

國內 Lin 等人（2011）針對比較十一名六個月前與十八名六個月後開始

接受聽覺口語法療育的聽障兒童，結果發現早期接受療育的兒童在國內三項標準化語言評量工具（包括：畢保德圖畫詞彙測驗、學前兒童語言能力測驗、修訂學前兒童語言障礙評量表）的表現佳，進而歸結聽語早期療育對於聽障兒童語言學習具有正向影響。

表 1-5 ▪ 近期國內外在聽覺口語法療育研究之議題與發現

議題	研究者	研究發現摘要
回歸／融合情形	Goldberg 與 Flexer（1993）	• 一百五十七名研究對象平均接受十一年的聽覺口語法（N ＝ 366，回收率＝ 42.9%），且在求學階段多能完全回歸。
	Goldberg 與 Flexer（2001）	• 追蹤平均接受 11.7 年聽覺口語法療育的學生（N ＝ 319，回收率＝ 36.0%）十年後融合的情形。
	王文惠（2009）	• 針對就讀國小普通班低年級的三十九位聽障生普通班教師進行問卷調查，教師肯定接受聽覺口語法療育的聽障生在校的「常規適應」表現佳，而「人際適應」及「溝通表現」次之。
閱讀能力	Robertson 與 Flexer（1993）	• 針對五十四位習語前失聰兒童的父母進行問卷調查，85%家長認為他們的孩子具有平均或更高的閱讀表現，且三十七位兒童在標準化評量的結果，有三十位具有中度以上的表現。
語言能力	Pappas 等人（1994）	• 六位一歲前接受聽力、耳科管理與聽覺口語法教學的唐氏症嬰兒，相較於控制組，具有適齡的語言發展。
	Duncan 與 Rochecouste（1999）	• 比較學前接受聽覺口語法的十三位聽障兒童和十三位聽力正常兒童（簡稱聽常兒童）在語句長度和複雜度的表現。結果指出，前者在表達性語言上有遲緩的情形。
	Easterbrook 等人（2000）	• 多數學生完全回歸主流，其語言能力與白人常童的落差不到一年。
	McCaffrey 等人（2000）	• 一名在十三個月大接受聽覺口語法的嬰幼兒，二十五個月大植入電子耳後，在「胡謅期」與「二字期」的表達性語言表現皆有進步，凸顯早期植入電子耳的積極效益。

（續下表）

議題	研究者	研究發現摘要
語言 能力	Rhoades 與 Chisolm （2001）	• 四十位接受聽覺口語法的兒童達到 100%的語言發展，即和聽常兒童一樣的成長速率。與語言能力相當的聽常兒童相較，其生理年齡與語言發展年齡間落差是接近的。
	Warner-Czyz 等人 （2005）	• 參與研究的一名幼童在說話、語音、詞彙上可改善至與一般聽常兒童的表現相當。
	曾淑賢、潘惠銘、 蘇宜青 （2005）	• 針對一百九十七位聽障兒童（平均年齡為 4.5 歲）分析其自然語言的平均句長，結果顯示，接受聽覺口語法後，顯著促進兒童習得聽覺理解和表達。
	曾馨玉（2008）	• 針對一名學前大班幼兒，及二名分別就讀國小三、四年級的聽障兒童進行單一受試研究，結果顯示聽覺口語法能明顯增進聽障兒童的句子理解能力。
	Lin 等人（2011）	• 比較十一名六個月前開始接受療育的聽障兒和十八名六個月後才接受療育的聽障兒的語言表現，結果指出前者在三項標準化評量工具的表現相對較佳。
社交 能力	Duncan（1999）	• 針對學前十一位接受聽覺口語法的兒童和十一位同齡聽常兒童的表現。結果發現接受聽覺口語法的兒童在社交溝通技巧表現上與聽常兒童未有顯著差異。
	Wray 等人（1997）	• 教師認為十九位接受聽覺口語法的學生在社交情緒及主流教學情境中的學科表現皆佳。
他人 觀感	Wu 與 Brown （2004）	• 二十位聽障兒童的治療師（八位）與家長（四十位）皆對接受聽覺口語法具有高度期待，此外，兒童的表達性與接收性語言發展可由鑑定時間、聽覺輔具適切性、接受聽覺口語法的時間及教師的期待加以預測。

資料來源：修改自林桂如（2009），修改部分為加入王文惠（2009）、Lin 等人（2011）
　　　　　以及曾淑賢、潘惠銘與蘇宜青（2005）的研究結果。

在探討接受聽覺口語法療育兒童的語言能力表現上，儘管有部分研究指出，聽障兒童在語句長度和複雜度的表現仍有表達性語言遲緩的情形（Duncan & Rochecouste, 1999），然而，更多研究指出，早期接受聽覺口語法教學的聽障兒具有趨近適齡的語言發展（Easterbrooks, O'Rourke, & Todd, 2000; McCaffrey, Davis, MacNeilage, & Von, 2000; Pappas, Flexer, & Shackelford, 1994; Rhoades & Chisolm, 2001; Warner-Czyz et al., 2005），並肯定聽覺口語法能明顯增進聽障兒童的句子理解能力（曾馨玉，2008），確實促進兒童習得聽覺理解和表達（曾淑賢、潘惠銘、蘇宜青，2005）。

(二) 發展趨近聽力正常兒童的語言能力

近期針對接受聽覺口語法兒童在說話及語言發展的進步情形所做的研究指出，接受九個月聽覺口語法療育後的兒童，在接收性與表達性語言及口語上，將能與相同語言年齡、字彙接受量、性別與社經地位的聽常兒童達到相同的發展（Dornan, Hickson, Murdoch, & Houston, 2007）。另一研究亦提出聽覺口語法有助於加速兒童的早期語言發展速率（Hogan et al., 2008），肯定聽障兒早期接受聽覺口語法療育的效益。

四、增進聽障兒發展合宜的社交能力

研究指出，接受聽覺口語法的兒童在社交表現上，其溝通技巧具有與聽常兒童相當的表現（Duncan, 1999），而教師亦肯定接受聽覺口語法的學生在社交情緒及學科表現皆佳（Wray, Flexer, & Vaccaro, 1997）。

五、提高重要他人對聽障兒的期待

在探討相關專業團隊和家長對於接受聽覺口語法療育兒童觀感的研究指出，治療師與家長皆對聽障兒接受聽覺口語法抱持高度期待，而此一期待在預測兒童表達性與接收性語言發展具有正向的意義（Wu & Brown, 2004），亦即當治療師與家長對聽障兒有越正向的期待時，聽障兒的語言學習越好。

綜合當前國內外聚焦於探討聽覺口語法療育成效的初探性研究結果，普遍多肯定接受聽覺口語法療育的聽障兒童對於未來融入一般教育環境、閱讀、語言、社交能力具有實質的助益，亦即，透過有效的聽覺口語法療育，聽障兒也能和聽力正常的孩子學得一樣好！

第四節　專業團隊在以家庭為中心之聽語早期療育中的角色

理想的聽覺口語法專業團隊服務成員，應包括家長、學校相關人員、聽語治療人員、社工師、聽力師、耳鼻喉科醫師與聽輔器材公司（Estabrooks, 1994），並納入一般聽常同儕及其家人（Boothroyd-Turner & Sheppard, 2006），以形成共同支持與協助聽障兒童學習與適應的團隊網絡。

壹　以家庭為中心之聽語早期療育實施的專業團隊

提供聽障兒童及其家庭良好的聽語療育品質，有賴專業的聽語療育團隊的協力。林桂如（2011b）整理自 Estabrooks（1994）以及 Boothroyd-Turner 與 Sheppard（2006）所提出專業的聽覺口語法的重要團隊成員與互動模式（如圖 1-2 所示），強調聽覺口語法服務團隊乃是結合醫療、教育、社政體系和聽輔器材公司的協力，由醫師確診孩子聽力損失的程度、聽力師進行聽力追蹤和確認聽覺輔具的運作、心理師和語言治療師提供孩子及家長心理與語言學習上的支持，經由社工師媒合社會資源，搭配聽覺口語師在早療階段的聽語教學，與學校行政與教學人員、班級同儕及其家人的接納支持，再納入聽障家庭成員的積極參與和努力，期能讓聽障兒童處在最佳的學習環境，發展出良好的聽與說能力。

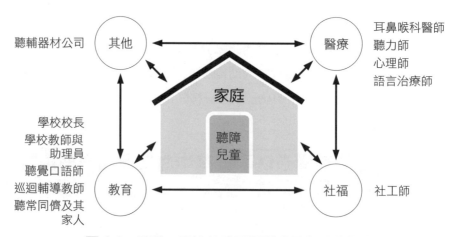

圖 1-2 ▪ 聽覺口語法的重要團隊成員與互動模式

資料來源：取自林桂如（2011b：21）。

貳 以家庭為中心之聽語早期療育專業團隊應有的正思

聽覺口語課程主要由聽覺口語師、聽障兒童及其家長共構成一個三角互動關係（Duquette et al., 2002; Easterbrooks & O'Rourke, 2001; Hogan et al., 2008; Warner-Czyz et al., 2005; Wu & Brown, 2004），透過密集、個別化的方式，幫助家長成為孩子學習聽語能力的教學促進者。

聽覺口語療育主要以家庭中心實務為服務核心，然而，當服務提供者與政策制定者不完全了解家庭中心實務時，卻很可能產生迷思、誤解與錯誤（Hanson & Lynch, 2004）。為提供符合家庭需求的療育服務，以下將探究以家庭為中心之聽語早期療育專業團隊應有的正思。

一、結合家長和專業團隊成員的合作乃是促進有效介入的要件

在轉變為家庭中心的聽語療育服務後，相較於家長的角色，專業團隊成員的重要性可能降低，因而專家經常會誤解不需要提供家長訊息來支持其做決定。

事實上，假若你今天因嚴重的聽力問題而去尋求耳科醫師的協助時，

你會期待醫師能傾聽你的病徵，也可能希望專家能與你分享專家建議、資訊，甚至也可能會希望醫師在診療中能發揮他們的專業知能。

相同地，家庭在為其聽障孩子尋求聽語療育專家的協助與支持時，家長也需要一張友善的臉孔將這些知識與能力放在家庭背景脈絡——即價值、信念、優勢與需求之中。因此，家庭中心的聽語療育實務乃包含專家知識、經驗與專業，專業人員乃是扮演促進彼此信任、發展夥伴關係，以達成有效介入的要角。

二、家長和專業團隊成員之間的真誠討論尤其重要

延伸專業團隊成員不受重視的迷思，服務提供者可能誤認為只需要強調家庭界定的議題即可，因而，假若家庭僅關注兒童的嚴重問題行為，專業團隊成員也不需要提出認為孩子可能有聽障的疑慮。

事實上，這樣的觀點與家庭中心實務並不同。若家長是最重要的決策制定者，則應提供家長必要的資訊，並尊重家長最後的決定（Able-Boone & Sandall, 1990）。若家庭與專家能發展真實的夥伴關係，專業團隊成員不應保留他們自己覺得重要的訊息，而應首要考量家庭關心的議題，再與家庭一起努力、優先處理家庭關心的事，並表達他們自己關心的問題，再徵求家庭在後續處理上的同意。

三、正式支持不可少

Dunst、Trivette 與 Jodry（1997）對早期療育的定義，係將正式支持作為支持家庭需求的一部分。以前述例子為例，若你有嚴重的聽障問題，除了尋求專家的協助，可能還會找朋友、家人商談，或參加有類似需求的支持性團體等。每個人的做法可能不同，然而，這些卻都是關於這項問題的學習與情緒上的因應。

聽障兒童的家庭面對聽障兒童本身或其家庭的需求，在因應上也可能是類似前述策略，然而，非正式資源（如：家人、朋友、鄰居、同事、社群等私人支持網絡）固然重要，亦往往是提供支持的主要來源，卻鮮少能

真正提供關於聽障的具體建議。因此，直接尋求正式的支持亦不可少（如：專家與機構的專業服務）（Dunst, 1999）。

事實上，由於每位聽障兒童及其家庭所面臨的挑戰各有不同，因而將有可能需要尋求各種不同的正式支持，如：家庭諮商、機構組織的融合或親職團體，提供專業而有效的服務。

四、家長和專家都需要保有改變的彈性

當家庭有越來越多複雜的問題、兒童有越多需求時，早期療育者需要提供廣泛、整合、家庭中心的服務（Bruder, 2000; Krahn, Thom, Hale, & Williams, 1995），以落實家庭為中心的療育實務。

聽覺口語法療育專業團隊，隨著家庭狀況的改變，需要調整介入的策略與程度。值得注意的是，對於「甲」家庭有效的介入實務，對於「乙」家庭卻未必有效，故專業團隊成員應與家長共同合作，以確保服務具有彈性整合。

五、避免不必要的迷思與誤解

家庭中心實務是提供家庭期望與重視的支持服務，在尊重家庭與專業團隊成員關係的基礎下，共同增進孩子與家庭的適應，因此，若實務的推動上能依循此一定義，將能減少彼此之間的迷思、誤解。

 結語

聽覺口語法療育首重家長與家庭成員的參與，透過提升其效能，幫助家長在日常生活中運用聽覺口語法，自然提升聽障孩子的聽語能力。因此，服務本身奠基於專家與家長之間具信任、對等的合作關係時，方能有效推動以家庭為中心的聽語療育服務，進而提升療育的實質效果。

　　聽覺口語法的療育團隊主要包含聽覺口語師、聽力師、社工師等三大專業人員，期能藉由療育的提供，確認聽覺輔具能帶給孩子適合的增益，也幫助聽障兒童的家長成為自己孩子最棒的老師，實現聽障孩子在日常生活中學習自然聆聽和口語表達的可能。

Part 2

聽覺口語法療育之
理論與實務

2

聽覺口語法療育服務與
課程實施

林桂如

人工電子耳是給孩子殘存聽力或聽力的潛能，但是如果你不用正確的訓練方式，而且很努力訓練的話，開不開刀是一樣的。

～倪安寧（1996）

 # 前言

　　小恩是六歲的中度聽障兒童，她的資源班老師同樣有聽障問題，所以更能體會小恩的學習需求。在聖誕節前夕，小恩的老師寫給她一張卡片，勉勵她要正面看待陪伴她上課、生活的助聽器，因為──它們就是耳朵，可以幫助自己聽得到、聽得好。

　　儘管戴上助聽器或人工電子耳和真實擁有一隻功能完好的耳朵仍有差距，然而，對聽障兒童而言，透過正確的聽能管理概念與良好的聽語療育，將有助於拉近與聽力正常兒童的學習表現，亦提供聽障兒童學習聽得清楚、說得明白的可能，以順利銜接未來就學與生活適應。

　　聽覺口語法根植臺灣迄今已超過十五年的光景，服務數千位臺灣聽障孩子及其家庭，並成為國內聽障早療服務的主要型態之一。當越來越多研究證實透過早期發現、早期療育確實可提升聽障兒童的聽語能力之際，本文將以聽覺口語法的療育服務與課程實施進行闡述，盼能提供聽障兒童的家長及相關療育人員作為參考。

第一節　聽覺口語法的緣起與發展

　　在美國 2000 年通過《早期聽力覺察和介入法案》（Early Hearing Detection and Intervention Act，簡稱EHDI）時，僅有不到半數的嬰兒會在出生

時進行聽力篩檢，因而有許多孩子遲至二歲半到三歲才被發現聽覺障礙，甚至有些孩子直到五、六歲才被察覺聽障問題，因而導致許多聽障兒童嚴重的語言與溝通遲緩。時至今日，逾 93%的新生兒在一出生時即接受聽力篩檢，而因著這項法令的實施，每年有數千位鑑定出聽障的兒童得以順利接受早期療育服務，家長也及時獲得關於孩子溝通和語言發展的機會（Murphy, 2010）。

隨著《EHDI》的通過，使得美國兒童聽障的狀況大為改變。這項立法和經費補助實質落實早期發現兒童聽障，並及早提供介入服務，包括：新生兒聽力篩檢測驗、聽能診斷評估與早期介入，如：醫藥服務、早療方案與家長支持。國內在 2012 年 3 月 15 日起全面實施免費新生兒聽力篩檢服務，可望將有助於落實早期發現、帶領聽障療育邁入另一個新紀元。

鑑於絕大多數聽障兒童皆具有可利用的剩餘聽力（Goldstein, 1939；引自 Estabrooks, 2006: 4-5），因此，透過聽覺口語法將有助於幫助孩子透過聽能學習口語溝通，以語音刺激剩餘聽力與強調聽能運用，讓孩子在自然的情境中逐步學習聽得見、聽得懂、能夠說、說得好，奠定未來聽語溝通的基礎。

壹 聽覺口語法在國外的發展

隨著科技的進步，許多重度聽障的聽障兒童在助聽器、人工電子耳、無線調頻系統等輔具的協助下，擁有了相較於過去在聽語學習上更多的可能性。

一、從過去到現在

十七世紀以前的歐洲，聽覺障礙教育幾乎處於被放棄的狀態，若有，也僅是上流社會或貴族的家庭教育；自十七世紀起，則開始有綜合說話、讀書、寫字到指拼文字的語文教育；當邁入十八世紀，聽覺障礙者開始有機會普遍接受教育，而手語法、口語法亦在此時成為歐洲啟聰教育的兩大

勢力。1880 年，在義大利米蘭召開的國際聾教會議，大會主席 G. Tarra 宣布採用口語法作為聽障者學習語言的方法，自此以後，手語、口語教學法的地位，遂產生重大的轉變，而口語教學亦逐漸為歐洲各國採用，在美洲亦掀起採行口語、手語的爭論（林玉霞，2008）。

事實上，在十八世紀中葉以前，開始有人注意到所謂真正「全聾」（total deafness）者並不存在，因為多數聾人仍能在經過訓練後聽到字詞（Lim & Simser, 2005）。在 1895 年德籍 Victor Urbantschitsch（1847-1921）所撰寫的《聾啞與聾人聽覺訓練》（*Auditory Training for Deaf Mutism and Acquired Deafness*）一書中闡述，藉由有系統和持續性刺激剩餘聽力的聽覺訓練，將有助於促進極重度聽障兒童的教育、心智和社交適應能力。聽覺口語法的教學理念就此萌芽（Estabrooks, 2006）。

隨後，Max Goldstein（1870-1941）於 1914 年在聖路易創辦一所專門教導聾童開口說話的學校——Central Institute for the Deaf，並在 1939 年提倡「聽音法」（acoustic method），訓練先天聽障兒童由察覺聲音到發展以聽能為主要學習管道的方式，幫助聽障兒童發展良好的聽語能力（Estabrooks, 2006; Rhoades & Duncan, 2010）。

在 1940 年代聽覺輔具科技大躍進的時代背景下，社會大眾開始肯定多數聾童擁有的剩餘聽力，且能在可攜式助聽器的幫助下聽得更好，因而堅定了聽覺口語的先驅者努力實踐藉由擴大聲音、幫助聽障兒童學習聽與說的信念。時至二十世紀中葉，隨著科技的日新月異與專業人才的興起，陸續有相關研究證實大多數聽障兒童具有剩餘聽力的事實後，聽覺口語法即正式推展開來（Lim & Simser, 2005）。

二、代表人物

聽覺口語法是一套提供協助聽覺障礙兒童發展聽與說能力的療育實務，最早乃是由 Beebe（1953）、Griffiths（1967）和 Pollack（1970, 1984）三人提出與倡議。當時主要以單一感官教學法（acoupedic instruction）稱之，強調早期發現、配戴聽覺輔具、家長訓練、一對一的教學、降低說話時的

視覺提示、經常性的聽能評估與及早融入一般學校（引自 Erber, 2009: 7）。

值得注意的是，1969 年 Pollack 在丹佛市推動「單一感官方案」（aco-upedic programme），正式開啟聽覺口語法的推動，強調透過邏輯、重要的指導原則，協助聽力損失及具有剩餘聽力的兒童學習傾聽、發展口語，進而說話，並讓孩子得以在一般學習與生活的環境中成長，使其未來成為主流社會中獨立、具有參與性與貢獻的中流砥柱（Goldberg, 1993）。

回顧聽覺口語法的推動歷史，其代表人物首推 Helen Beebe（1909-1989）、Doreen Pollack（1920-2005）以及 Ciwa Griffiths（1911-2003）（Rhoades & Duncan, 2010）。此外，發展林氏六音的 Daniel Ling（1926-2003）畢生倡導聽能訓練的重要性，對聽覺口語法的貢獻卓著，因此 Estab-rooks（2006）將其與 Helen Beebe、Doreen Pollack 並列，並肯定三位為聽覺口語法療育的三大先鋒。

三、願景

美國的「國際聽語溝通委員會」（International Committee on Auditory-Verbal Communication，簡稱 ICAVC）在 1981 年以「特別委員會」名義，受邀參加「亞歷山大格雷貝爾聽障協會」（Alexander Graham Bell Associ-ation，簡稱 A. G. Bell）的董事會，之後在 1986 年 10 月由 ICAVC 的中央會議投票通過，成為獨立的非營利組織——「聽覺口語法國際協會」（Audi-tory-Verbal International，簡稱 AVI），並以增進聽覺口語法價值與效能為目標（Goldberg, 1993）。

2005 年，A. G. Bel 宣布與 AVI 聯合，共同提供聽障兒童與成人學習口語，並逐步實現讓每一位聽障的兒童與成人有機會在主流社會中學習聽、說與獨立生活，共同努力增進大眾的了解，並致力發展專業人員與家庭教育方案，進而為聽障者倡議完全參與主流社會的願景（Ripper, 2005）。

插圖 2-1 ▪ 聽覺口語法是幫助聽障兒順利融入主流環境的專業療育

貳 聽覺口語法在國內的發展

聽覺口語法療育在臺灣的扎根與推廣，主要推手乃是一位聽障兒童的父母──鄭欽明、倪安寧夫婦，他們在 1996 年於臺北創立「財團法人雅文兒童聽語文教基金會」，正式將聽覺口語法引進臺灣，並透過將該療育法本土化的歷程，嘉惠更多在臺的聽覺障礙孩子。

一、聽覺口語法扎根臺灣的背景

回顧國內的聽障早期療育服務發展，在鄭欽明、倪安寧夫婦的努力下，抱持著期許讓二十年後的臺灣，再也沒有不會說話的聽障兒童的心願，於 1996 年在臺北創立「財團法人雅文兒童聽語文教基金會」，並特地自加拿大聘請若干國際知名的教育專家來臺，協助專業師資的訓練與教學，正式將聽覺口語法引進運用於中文環境中，教聽障兒童學習聽與說，而非使用傳統手語及讀唇。

為嘉惠更多臺灣的聽障兒童，1997 年至 2005 年間，該基金會先後在高雄、宜蘭、桃園設立服務據點，致力於提供專業的聽覺口語療育服務，協助更多臺灣聽障兒及其家庭，並於 2010 年獲得國際聽損組織 A. G. Bell 肯

定，授頒卓越貢獻團體的殊榮（施靜茹，2010）。

隨著聽覺口語法引進臺灣、逐漸獲得迴響與共鳴之際，2005 年臺中承輝聽能復健中心與雅文基金會首度合作進行聽覺口語師訓練，並在堅持「適當的聽能復健，才能使輔具發揮最大的效果」的專業理念支持下，在臺中正式成立（臺中承輝聽能復健中心，無日期），同步提供臺中地區聽障兒童以聽覺口語法學習聽和說的療育服務。

二、聽覺口語法在臺灣推行的使命與願景

聽覺口語法療育團隊主要集合聽覺口語師、聽力師、社工師等專業人員，並納入聽障家庭成員的積極參與和努力，共同肩負幫助聽障兒童學會聽與說、融入有聲世界與發揮其天賦的使命。以臺灣的雅文基金會為例，即是透過在華語早療體系不斷進行聽覺口語法的推廣合作、研發創新與複製傳承的策略，實踐聽覺口語法成為華語族群兒童聽障療育首選的願景（財團法人雅文兒童聽語文教基金會，無日期 a）。

第二節　聽覺口語法療育服務的內涵 ♥

壹　聽覺口語法的服務對象

聽覺口語法療育的服務對象主要分為兩大類：具有聽覺潛能的聽障兒童及其主要照顧者（如圖 2-1），茲分述如下：

一、具有聽覺潛能的聽障兒童

聽覺口語法支持不同聽力損失程度的孩子發展良好的聽語能力，學習使用口語與他人溝通，以成為主流社會中獨立且有貢獻的公民。在教育上，依據我國《身心障礙及資賦優異學生鑑定辦法》（2013）之定義，聽覺障礙係指由於聽覺器官之構造缺損或功能異常，致以聽覺參與活動之能力受

1. 聽覺器官構造缺損，或機能發生部分或全部的障礙，導致對聲音之聽取或辨識有困難者。
2. 已配戴適當的聽覺輔具。
3. 具有聽覺潛能。

1. 願意與專業團隊成員共同合作。
2. 願意承擔聽障兒主要的聽語學習及教導責任。
3. 可在日常生活中與孩子進行有意義的聽語輸入與互動。

聽障兒童

主要照顧者

圖 2-1 ■ 聽覺口語法療育的服務對象

到限制者。前項所定聽覺障礙，其鑑定基準依下列各款規定之一：(1)接受行為式純音聽力檢查後，其優耳之五百赫、一千赫、兩千赫聽閾平均值，六歲以下達二十一分貝以上者；七歲以上達二十五分貝以上；(2)聽力無法以前款行為式純音聽力測定時，以聽覺電生理檢查方式測定後認定。

　　隨著聽覺輔助器具及人工電子耳科技的日新月異，多數聽障兒童在選配適當的輔具後可獲得適當的增益，並循著一般聽力正常兒童的聽能發展。一般而言，自孩子選配合適的聽覺輔具、開始有聽能經驗起計算其「聽覺年齡」，亦即自孩子開始在清醒的時間中，全時配戴聽覺輔具的年紀（Dornan, 2003）。

　　聽障兒童腦部聽覺的發展大致和聽常的新生兒的階段發展一樣，如：聽障孩子現在是五個月大，他真正開始全時配戴聽覺輔具是在兩個月大時，因此，儘管實際上他的生理年齡已有五個月大，然而其大腦的聽能發展卻可能僅有三個月大，故家長和教學者應以其實際的聽覺年齡加以設定期待和教學目標（Dornan, 2003）。以下整理歸納出聽覺年齡在零至二歲間在生活中的聽覺潛能指標行為如表 2-1（蔡岳璇，2011；Estabrooks, 1998; MacIver-Lux, 2005）。

表 2-1 ▪ 聽障兒聽覺潛能行為的觀察指標

聽覺年齡	反應
0-4 個月	對於聲音有以下行為： 1. 眨眼或眼睛睜大。 2. 放慢或加快吸吮。 3. 感到驚嚇而晃動手腳。 4. 安靜／啼哭。 5. 有注意的行為。 6. 有搜尋的動作。 7. 疑惑的表情。
4-9 個月	1. 可慢慢轉向水平方向尋找聲源。 2. 可慢慢轉向水平與下方尋找聲源。 3. 發出聲音回應。
9-13 個月	1. 可慢慢轉向水平與下方尋找聲源。 2. 回應名字。
13-16 個月	1. 慢慢轉向水平、下方與抬頭尋找聲源。 2. 會表現出「聽到了」的行為。
16-21 個月	1. 可水平、上方、下方尋找聲源。 2. 孩子可配合指令看向玩具或家人。

資料來源：整理自蔡岳璇（2011）、Estabrooks（1998），以及 MacIver-Lux（2005）。

二、聽障兒童的主要照顧者

　　家庭是兒童的第一個學校。聽覺口語法重視家庭本位介入，強調讓家庭成員參與聽障孩子的療育，相關研究指出，經由主要照顧者與專業團隊成員共同配合的教學，對於身心障礙學生有相當的助益（Smith, Polloway, Patton, & Dowdy, 2001）。針對每位孩子不同程度的加強，由家庭作為服務的核心，可提供聽障孩子自然學習與訓練聽語能力的契機。

　　每一個家庭，不論其經濟、教育程度或社經地位高低，皆能成為兒童最主要的管理及倡導者，協助孩子學習傾聽並發展口語；透過主要照顧者承擔學習及教導的責任，在日常生活中與孩子進行有意義的互動，落實創造一個發展聽能及語言的學習環境。因此，聽覺口語法療育的核心服務對

象主要包含聽障兒及其主要照顧者。

貳　聽覺口語法療育服務與課程實施主張

聽覺口語法的最終目標乃是期望聽障孩子能學習聽說（Estabrooks, 1993），強調透過專業人員與家長的共同協力，經由適當輔具的配戴與介入，透過有意義且具結構的遊戲課程，引導具有剩餘聽力的聽障兒童及其家庭走出寂靜。其整體療育結構如圖 2-2 所示。

一、早期發現、早期療育效果佳

根據 Yoshinaga-Itano 等人（1996）的研究顯示，相較於較晚發現的聽障兒童，在出生六個月內就被檢查出具有聽力障礙並及早接受療育課程的兒童，在語言、認知及社會適應能力方面的整體發展超前一至二年。

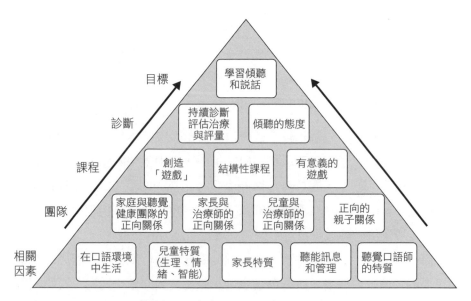

圖 2-2 ■ 聽覺口語法療育的結構

資料來源：修改自 Estabrooks（2006: 233），修改部分為加入網底與左側文字。

二、早期接受聽覺口語法療育將具有趨近常童聽語發展的潛能

　　研究亦指出，早期接受聽覺口語法療育可使聽障兒童的語言發展達到和聽常兒童相同的成長速率（Dornan, Hickson, Murdoch, & Houston, 2007; Geers, 2006; Rhoades, 2001），且可有效加速聽障兒童的口語發展（Hogan, Stokes, White, Tyszkiewicz, & Woolgar, 2008）。國內郭韵璇、林桂如、李韵葳與何筑婷（2009）在比較一名聽障個案與十一名聽常童的整體單韻母母音空間時，亦肯定早期確診、配戴合適聽覺輔具，並接受聽覺口語法療育的聽障兒童，確實有機會發展出和聽常兒童相當的單韻母母音空間表現。

三、有效的聽覺口語法療育將引領聽障兒童成為獨立的個體

　　Goldberg（1993）在回顧相關實徵研究中，歸結多數聽障兒童具有可利用的剩餘聽力，當適當配戴聽覺輔具時，聽障兒童可察覺多數語言頻譜圖上的語音，且透過聽覺的一般方式學習語言、閱讀和溝通等技巧，在日後將能真正成為獨立、具有貢獻的公民。

四、提供家長具邏輯、個別化的聽語療育服務

　　聽覺口語法是強調運用聽能、早期發現聽障問題與配戴適當的輔具以提升聽語能力的療育方法（Caleffe-Schenck, 1992; Lim & Simser, 2005），奠基於一套具邏輯的指導原則，期能透過適當的聽覺輔具與接受早期的聽語教學刺激，協助聽障兒發展傾聽與口語溝通能力，其具體指導原則如下（Estabrooks, 2006）：

1. 提升新生兒及嬰幼兒的早期聽力診斷，並予以立即性的聽能管理與聽覺口語治療。
2. 建議立即性的評量與使用最先進的聽能技術，獲取對於聽能刺激的最大效益。
3. 指導家長協助孩子運用聽能作為發展口語的最重要感官。
4. 透過積極參與個別化的聽覺口語治療，指導家長成為孩子聽語發展的

主要促進者。

5. 指導家長在兒童的日常事務中，營造有助於獲得語言支持的聽能環境。

6. 指導家長協助孩子將聽能和口語全面融入生活中。

7. 指導家長運用聽能、說話、語言、認知和溝通的自然發展。

8. 指導家長協助孩子透過聽能進行自我監控。

9. 進行持續性的正式和非正式診斷評量，以發展個別化的聽覺口語治療計畫，同時監控進步情形與評量兒童及其家庭之效能。

10. 由學前教育開始，提升普通班中聽障學生與聽力正常同儕的教育與適當的服務。

五、五大領域齊教學

聽覺口語法強調針對每個孩子不同的聽損程度和不同的學習方式，及每個家庭的情況和需求，同時根據孩子目前的聽能、說話、語言、認知和溝通等方面的發展狀況，設計適合個別學習需求的教學內容（王文惠，2002；Estabrooks, 2006）。

聽覺口語法乃是協助具有聽覺潛能的聽障兒童，經由適當輔具的配戴，教導孩子學習傾聽、進而發展口語溝通的能力，帶給聽障兒童及其家庭走

聽覺口語法將加強個別兒童的聽能、說話、語言、認知和溝通！

插圖 2-2 ▪ 聽覺口語法是具有多元性和個別性的療育服務

出寂靜的可能。因此，聽覺口語法的關鍵要素乃包括良好的聽能管理與早期確認輔具的合適性，經由聽能作為主要的語言輸入刺激與家長為中心的服務模式，提供及早、密集性的療育，協助聽障兒童透過聽能學習語言與說話，促進家長在日常生活融入聽能活動，以提升聽障兒童在一般環境中的適應力。

第三節　聽覺口語法療育課程實施 💙

每位聽障兒童的聽損程度、年紀、個性及學習情況皆不盡相同，因此，聽覺口語法的課程設計首要即是考慮學生本身的個別差異，擇定適當的目標進行教學，期能達到符合每位孩子的獨特學習需求。

壹　早期療育階段的聽覺口語法課程

雅文基金會主要以提供零至六歲聽障兒童聽覺口語法療育課程為主，該課程規劃主要可由五大領域進行設計：聽能、說話、語言、認知及溝通，其具體目標與設計重點請參見表 2-2。

貳　學齡聽障學生療育課程規劃

為幫助學前聽障兒童順利轉銜至國小教育，抱持著不間斷的無接縫服務理念，國內的雅文基金會亦推動學齡聽障學生的聽語療育服務。該課程主要參照張蓓莉（1991）對國小聽障學生句型理解能力研究結果、林寶貴（1994）對聽障學生在詞彙、語言、學習、制控信念和自我概念上的研究與討論，並參照 Bernstein 與 Tigerman（2002）以及 Duncan（2006）等人在兒童聽語發展上的重點，進一步規劃學齡聽障學生在語言、聽能、認知與心理社交技能層次的課程學習（如表 2-3 所示）。

表 2-2 ■ 聽覺口語法療育課程規劃

領域	目標	重點	訓練內容舉隅
聽能	培養兒童在日常環境中隨時傾聽的習慣。	加強增進聽能技巧訓練。	1. 使用華語檢測音（ㄨ/u/、ㄜ/ə/、ㄚ/a/、ㄧ/i/、ㄑ/tɕʰ/、ㄙ/s/）（Hung, Lin, Tsai, & Lee, 2016）進行察覺與辨識活動。 2. 聽辨片語中的字詞。 3. 聽覺記憶：可聽辨、理解句子的長度。 4. 聽覺描述：訓練孩子由聽懂他人描述某特定事物的特徵，連結正確的意義。 5. 辨識聲符的特性。 6. 辨識兒歌及童謠。 7. 聽錄音帶的指示及故事。 8. 在吵雜的環境中傾聽。 9. 在團體對話中傾聽。
說話	幫助兒童的語音更趨精準，以達到和他人溝通無礙。	加強發音清晰度與正確性。	1. 超語段的練習（如：聲音的大小、高低、長短的變化）。 2. 聲母及韻母的發音練習。 3. 結合各種聲母及韻母練習。 4. 在有意義的詞彙及句子中練習。
語言	經由單字的重複、詞彙的運用到詞句的組合，讓孩子在自然有意義的活動情境中進行模仿與學習。	增加詞彙及句型的多樣化，增進其表達能力。	詞彙、情境用語、句型、常用文法元素等。
認知	依據兒童的年紀及程度，循序漸進給予認知目標，並融入聽能及語言目標。	聽能、說話、語言、認知及溝通各方面的均衡發展。	配對、分類、推理、類推、數字、順序、故事接龍、問題解決等。

（續下表）

領域	目標	重點	訓練內容舉隅
溝通	讓聽障兒童能具備與他人溝通的能力，更有自信地與他人互動。	依兒童的學習需求，練習各項溝通及社交技巧。	1. 溝通行為：眼神的注視、輪替、禮貌問候語（例如：再見、謝謝、對不起……）、主動與他人互動。 2. 溝通策略：要求重複、證實部分訊息、要求說明、適當地轉換話題、分享對話的主導權、提供說明。

資料來源：修改自林桂如（2011：36），修改部分為調整部分舉例的文字。

表 2-3 ▪ 學齡聽障學生療育課程規劃

領域	目標	重點	訓練內容舉隅
聽能	培養兒童將傾聽的習慣內化為日常生活的一部分。	善用察覺、分辨、辨識、理解能力，發展字彙、句子與段落的傾聽理解。	短文記憶、句中錯誤字詞的辨識、延續故事和對話內容、發展電話技巧、側聽技巧訓練等。
說話	建立兒童自我修正說話清晰度和正確性的能力，發展與人溝通的能力。	加強兒童自我修正說話清晰度和正確性的能力。	朗讀、說故事、對話交談練習等。
語言	結合語意、語法、語用的知能，讓孩子在自然情境中學習與擴展語言。	透過多樣化的對話和閱讀，增進其語言理解。	造句、語法結構、段落理解、句型理解、文法判斷、歸結大意、模稜句（雙關）、因果句等。
認知	依據兒童的年紀及程度，循序幫助學生了解自己知識的內容與獲取的方法。	增進兒童已習得的知能保留，並在生活中落實與擴展。	閱讀教學、後設認知訓練等。
心理社交	讓聽障兒童具備與他人互動的合適技巧。	依據兒童的需要，練習不同情境下的溝通及社交技巧。	正向的自我概念、客觀的自我歸因、尊重他人意見、同理心等。

參 聽覺口語法的訓練技巧

聽覺口語法的目標是期待孩子學習聽說，因此在教學過程中，強調透過觀察家長、孩子的談話內容與表現，提供持續的診斷評估治療，並針對兒童的不同能力與學習需求設計遊戲、結構性課程等有意義的活動，經由團隊提供教育、醫療、社政的服務，並以全人、全家庭的角度考量聽障兒童及其家庭的需求。其具體訓練技巧如下：

一、教學目標循序漸進

身心障礙的溝通訓練的一般性教學原則，應循著常童的語言發展順序加以設計教學內容（曾進興，1998）。在聽覺口語療育的課程中，聽覺口語師將依照一般常童在聽能、語言、溝通、認知和說話等五大領域的發展，依序為聽障孩子設定符合其能力的學習目標（倪安寧，1996）。

二、在遊戲中學習

在進行聽覺口語法療育的課程中，教學者經常會將教具或圖卡融入遊戲式的療育課程中。一般而言，實物乃是最具體、真實的物品，其次為立體的模型、彩色圖片、黑白圖片、線條圖，而語言文字或語音則是最抽象的輸出材料（鄭靜宜，1996；Easterbrooks & Estes, 2007）。故教學者將需要考慮聽障兒童的學習需求，加以挑選不同具體程度的教材，幫助聽障孩子在遊戲中學習。筆者以「蘋果」為例，依教材選擇的難易度描繪如圖2-3。

遊戲是兒童的天賦本能，亦是重要的學習媒介。聽覺口語法強調透過不同形式或規則的語言遊戲，教導兒童熟悉新的語言技巧，由簡單的遊戲活動，讓孩子愉快學習，使其在聽能、語言、說話、認知、溝通及情緒與社會化等面向皆能獲得刺激與成長。

<table>
<tr><td>實物</td><td>模型</td><td>圖卡</td><td>線條圖</td><td>文字或語音</td></tr>
</table>

具體（易）━━━━━━━━━━━━━━━━━▶ 抽象（難）

圖 2-3 ▪ 教材選擇具體至抽象的圖例

三、鼓勵家長實際參與課程

參與聽覺口語法教學的家長，在課堂中可學習相關的聽覺口語法訓練技巧，成為孩子語言發展的啟蒙者，同時，為鼓勵家長能實際參與，教學者在療育的過程中將遵循下述方式（倪安寧，1996）：

1. 告知：在進行每一個活動之前，先告知、說明目標。
2. 示範：清楚示範策略。
3. 參與：開始活動後，交接給家長練習。
4. 回饋：給家長正面的回饋。

當家長們學會正確地將聽覺口語技巧融入日常生活中有意義的活動和經驗時，他們的孩子也將擁有發展聽說能力的最佳契機，進而奠定日後語言發展的基礎。

四、使用孩子的母語

提供豐富的語言環境，孩子就可以浸淫在此環境中而不經意地聆聽學習，這就是任何一種語言的最佳和最重要的學習方法。此外，孩子的語言大部分也都是透過不經意的聆聽而學習。聽障的孩子透過慣用的助聽器的使用、人工電子耳的植入，或二者兼用，遵循聽覺口語法來學習，將其剩餘聽力發揮到最大（倪安寧，1996；Estabrooks, 2000, 2006）。

　　一般而言，為促進聽障兒童精熟語言，以及具備未來在一般學校受教的基本語言能力，建議主要照顧者和其他家庭成員宜盡可能以單一語言與聽障兒對話——亦即孩子未來接受教育時主要使用的語言。

五、適時輔助與逐漸減少遮口

　　為提醒聽障兒童建立注意聆聽的習慣，聽覺口語法的教學過程中將適時輔助以攤平手掌、45度角斜靠在上嘴唇的手勢遮口（hand cue），提示聽障孩子此時應該「注意聽」，並鼓勵孩子運用聽覺去理解訊息，達到優化孩子聽覺能力的成效。

　　在使用時機上，主要針對過去太晚配戴助聽器、配戴不合適的助聽器，或原來的療育重點未放在發展剩餘聽力的聽障孩子，教學者將適時輔助遮口、減少視覺線索，以鼓勵孩子運用聽覺，逐漸褪除原來的視覺依賴，轉而發揮其聽覺潛能。

　　然而，值得注意的是，對於嬰幼兒、本身並沒有依賴視覺線索習慣的聽障者，或當孩子能自然地以聽能與他人互動溝通時，教學者不需要刻意使用遮口，且使用遮口的對象建議以孩子的主要照顧者為主，其他如學校中的師長、同學等並不需要刻意使用（Estabrooks, 2006）。

聽聽喔～牠是動物，牠會「汪、汪、汪」的叫，牠是誰？

是動物、會汪汪叫……牠是小狗！

插圖 2-3 ■ 對於已有傾聽習慣的聽障兒童，
主要照顧者應逐漸減少遮口的使用

六、自然減少口型視覺線索

主要照顧者最好能就近坐在孩子聽力較好的優耳側，或配戴人工電子耳的那一側。當我們越靠近孩子的耳邊，說話的聲音宜越輕，增加孩子聽見較不明顯語音的機會（倪安寧，1996）。

此外，教學者可利用不同的語調起伏、教具呈現，引導孩子將注意力放在教具或活動上，降低孩子對於口型視覺線索的依賴，自然專注在學習目標上，達到強化聽能的目標（Estabrooks, 2000, 2006）。

七、納入相關的教學技巧與支持

聽覺口語法並非僅是使用手勢遮口或消極避免孩子讀唇，事實上，尚需要結合其他相關教學技巧（如：正向行為支持、親職教育等）與療育資源（如：特殊教育、語言治療等）。

肆 聽覺口語法的課程特色

為提供聽障兒童最好的教學品質，聽覺口語法乃結合聽覺口語師、聽力師、社工師、教育推廣人員及行政支持體系，組成專業的服務團隊，並納入聽障家庭成員的積極參與及努力，期能讓聽障兒童處在最佳的學習環境，發展出良好的聽與說能力。其主要特色如下：

一、採取專業團隊合作方式

理想的聽覺口語法專業團隊服務成員，應包括家長、學校相關人員、聽語治療人員、社工師、聽力師、耳鼻喉科醫師與聽輔器材公司（Estabrooks, 1994）。Boothroyd-Turner 與 Sheppard（2006）進一步指出，促成聽覺口語法對孩子發揮有效助益的成員，除了有賴前述人員的配合外，尚須納入一般聽常同儕及其家人，以共同支持與協助聽障兒童的學習與適應。

二、主要照顧者的深度參與

Marlowe（1993）指出，聽障兒童的主要照顧者透過積極、深度的參與，將引發其主動學習，並且主動探求發展子女的聽覺功能的策略。

透過主要照顧者的參與，除了可配合聽覺口語師教學時的示範外，將提供教師有關兒童溝通意圖與發展現況的訊息，並在自然、有意義的情境中融入運用習得的知識技巧教導兒童，完成教師設定的教學目標（Estabrooks, 1993; Simser, 1993）。

三、以語音為主要的聽覺刺激

為促進聽障兒童對於語音的聽取能力，聽覺口語法強調以語音作為主要的聽覺刺激（Simser, 1993），並視兒童不同的聽損程度，利用不同的方式呈現刺激，如：透過直接對話、收錄音機、電話等。

四、依循正常發展程序來教學

聽障兒童的發展與正常兒童相似，惟發展的速度較為緩慢。對於聽障兒童而言，同樣需要學習與一般聽常兒童相同的聽能學習基礎（Pollack, Goldberg, & Caleffe-Schenck, 1997），因此，聽覺口語法課程乃是循著正常發展為架構，加以設定教學目標。

五、強調聽覺的運用

聽覺是發展口語、讀寫、學科學習與專業能力的基礎，透過強化聽覺，可促進聽障兒童在說話、語言、認知等方面產生良好的循環效應，由增進兒童在聽取訊息內容的能力，實質帶動其他領域的發展（Cole & Flexer, 2007）。

為達到真正刺激聽覺的效果，教師會運用一些輔助技巧，如：遮住臉部或口部、與兒童平行而坐、運用錄音帶等，以減少環境中的視覺提示（Estabrooks, 1993, 1994; Marlowe, 1993; Simser, 1993）。

六、有效的聽能管理

聽覺口語法中的聽能管理，主要包括：持續觀察聽覺系統是否有變化、協助配置合適的聽覺輔具系統、聽覺輔具的保養與維護，以及提供家長相關的諮詢服務等，以提供聽障兒童高品質的學習環境。

聽覺口語法的療育課程中，主要照顧者乃是積極參與的聽障兒童的教學者，而非旁觀的觀察者，因此，舉凡聽力學、助聽器保養、正向行為管教、聽覺口語法教學技巧等皆需要參與學習。經由主要照顧者與專業團隊的合作，將可幫助聽障兒在良好的聽語療育和聽能管理下逐步學習與成長。相關教學實例可參考〈附錄二：聽覺口語法教學實例〉與〈附錄三：教具設計分享觀摩〉。

第四節　從事聽覺口語法療育應備之專業知能 🍃

聽覺口語法療育服務主要是促進聽障的新生兒、嬰幼兒透過傾聽發展理想的口語，故一位合格的聽覺口語療育從業人員將有賴提升聽語教學的專業知能與技巧，目前專業聽覺口語師的認證方案主要的推廣者包括 A. G. Bell、國內的雅文兒童聽語文教基金會等。

壹　國際 LSLS 認證方案

2005 年，AVI 併入 A. G. Bell 中，成為一個獨立管理的分部，稱為亞歷山大格雷貝爾聽能與語言學會（The A. G. Bell Academy for Listening and Spoken Language）。此學會願景之一為協助專業人員和聽障家庭得以成功學習傾聽和說話。該組織與國際認證機構（National Commission for Certifying Agencies and Prometric）一同努力，領導全球服務提供者在測驗、評量服務

上無可取代的認證方案。

為確保聽語人員的專業性，A. G. Bell 在 2007 年發表一套為全世界聽語專家設計的新認證方案——「聽語專家」（Listening and Spoken Language Specialists，簡稱為 LSLS），期能透過認證制度，確保從事聽覺口語療育教學人員的專業性，進而增進嬰幼兒、學前以及學齡兒童學習傾聽和發展口語的機會。目前學會集合了許多不同的專家，包含：合格的聽覺口語師、語言治療師、聽力師、教育者，共同建立「聽覺口語治療」（LSLS Cert. AVT）和「聽覺口語教育」（LSLS Cert. AVEd）二項認證，申請者可依個人的學科背景與專業經歷選擇適合的認證方案，詳細申請方式可參閱 http://nc.agbell.org。

A. G. Bell 所定義的「聽覺口語治療」認證方案，主要著重於教導聽障兒童得以成功融入主流教育所需的聽說技能，而「聽覺口語教育」認證方案則主要是以教導聽障兒童透過傾聽和口語教學加以學習聽和說，二者的差異在於對家長角色定位的不同。

在「聽覺口語治療」的課程中，主要是個別式的課程，其關注的主體同時包括兒童和家長（或主要照顧者）在課程中的實際參與和表現；「聽覺口語教育」課程中，關注的主體僅針對兒童，而家長（或主要照顧者）不一定要出席，因此，課程的實施可以是團體或個別的課程（Dornan, 2010）。以下彙整二者從業人員應備的十項守則如表 2-4 所示。

貳 國際 LSLS 聽覺口語治療／教育專家應備知能

作為聽覺口語領域的專業人員，最重要的莫過於提升自身傾聽與說話相關的知能以協助聽障嬰幼兒及其家庭，因此，在尋求認證的過程中，專業人員可透過積極參與活動，如：成立研究小組、閱讀和分享研究文獻、同儕間的觀察與評論，以及參與線上課程或工作坊等，充實在聽覺與聽覺科技；聽能；口語溝通；兒童發展；家長指導、教育及支持；聽語發展策略；歷史、哲學和專業議題；教育（著重於擴展兒童在一般教育中的聽語

表 2-4 ▪ 國際 LSLS 聽覺口語治療／教育專家從業守則

LSLS 聽覺口語治療原則	LSLS 聽覺口語教育原則
1. 提升新生兒及嬰幼兒的早期聽力診斷，並予以立即性的聽能管理與聽覺口語治療。	1. 提升嬰幼兒的早期聽力診斷，並予以立即性的聽能管理與聽覺口語治療。
2. 建議立即性的評量與使用最先進的聽能技術，獲取對於聽能刺激的最大效益。	2. 提升立即性的聽能管理和口語教學，以發展兒童的聽能與口語技巧。
3. 指導家長協助孩子運用聽能作為發展口語的最重要感官，而非手語或強調讀唇。	3. 在兒童的日常事務中創造和維持聽能環境。
4. 透過積極參與個別化的聽覺口語治療，指導家長成為孩子聽語發展的最主要促進者。	4. 透過積極參與個別化的聽覺口語治療，指導家長成為孩子聽語發展的最主要促進者。
5. 指導家長在兒童的日常事務中，營造有助於獲得語言支持的聽能環境。	5. 提供家庭和孩子在家裡、教室、治療室、醫院或診療的有效教學。
6. 指導家長協助孩子將聽能和口語全面融入生活中。	6. 透過教學計畫和課程活動，提供孩子具關注且個別化的教學，以促進聽能和口語的最大發展。
7. 指導家長運用聽能、說話、語言、認知和溝通的自然發展。	7. 與家長和專業人員共同發展目的、目標和策略，以達到聽能、語言、說話、認知和溝通的自然發展。
8. 指導家長協助孩子透過聽能進行自我監控。	8. 提升每位孩子透過聽能進行自我監控。
9. 進行持續性的正式和非正式診斷評量，以發展個別化的聽覺口語治療計畫，同時監控進步情形與評量兒童及其家庭之效能。	9. 運用診斷評量加以發展個別化的目標、監控進步情形與評量教學活動的效能。
10. 由學前教育起提升聽障生在普通班和聽力正常同儕一同受教的機會。	10. 儘早提升聽障生在普通班和聽力正常同儕一同受教的機會。

資料來源：整理自 A. G. Bell（2012b）。

技能）；與讀寫萌發（著重於以聽語方式促進讀寫技能的獲得和發展）等
九大範疇的知能和療育策略（如表 2-5 所示）。相關進修或認證訊息可參閱
A. G. Bell 網站（http://nc.agbell.org/）或進一步與該協會聯繫。

表 2-5 ■ 專業 LSLS 應知的九大範疇知識

範疇		領域內容
一、聽覺與聽覺科技	（一）聽語科學	1. 耳科解剖學與神經傳導
		2. 耳科生理學
		3. 聲音物理學
		4. 聽覺心理學
		5. 聽知覺
		6. 語言的聲學特徵
		7. 環境中的聲學特徵
		8. 聽障成因
		9. 聽障類型
		10. 早期鑑定和高危險因素
	（二）聽覺科技	1. 聽覺輔具
		2. 支持性聽覺輔具
		3. 耳模
		4. 聽覺輔具疑難排解策略
二、聽能		1. 聽語技能發展
		2. 正式與非正式的嬰兒聽力發展功能性聽能評估與評量
		3. 語言知覺和產出的音素
		4. 功能性的聽能使用
三、口語溝通	（一）說話	1. 說話／聲音機制的解剖學
		2. 說話／聲音機制的生理學
		3. 超語段、音段、協同構音（共音）
		4. 一般兒童說話的發展
		5. 配戴不同聽覺輔具者的說話發展
		6. 正式及非正式的說話評量
		7. 說話的教學技巧
		8. 聽障兒童的說話特徵
		9. 國際音標
		10. 聽能對於說話的影響

（續下表）

範疇	領域內容
（二）語言	1. 聽能對於語言的影響
	2. 語言的觀點
	3. 一般語言發展
	4. 正式和非正式的語言評量
	5. 表達性與接收性語言的教學技巧
	6. 依語言聲學特徵選擇語言目標的影響
	7. 發展複雜的會話技能
	8. 發展聚斂性和擴散性思考
	9. 抽象語言和進階語意使用
四、兒童發展	1. 一般兒童發展階段
	2. 影響兒童發展的因素
	3. 聽障兒童伴隨的其他問題
五、家長指導、教育及支持	1. 家長系統
	2. 聽障對家庭的影響
	3. 家庭諮商技巧
	4. 家庭指導和引導
	5. 家長引導的相關因素
	6. 行為管理技巧
	7. 成人學習型態
六、聽語發展策略	1. 聽能策略學習
	2. 適度等待
	3. 語言促進技巧
	4. 提示技巧
	5. 反應式教學
	6. 創造兒童說話的需求
	7. 強調聲學的策略
	8. 聽覺呈現優於視覺
	9. 口語示範
	10. 有意義且具互動的會話
	11. 經驗本位的自然語言活動
	12. 經驗和個別化的書籍

（續下表）

範疇		領域內容
七、歷史、哲學和專業議題	（一）歷史和哲學	1. 聽障者的教育史
		2. 溝通方式的歷史觀點
		3. 當前聽障者個體的溝通方式和原則
	（二）專業議題	1. 道德要求與議題
		2. 專業發展要求與機會
		3. 經驗本位的實務和研究發現
八、教育		1. 持續的教育進修和社區安置
		2. 課程目標與符合當地教學的標準
		3. 學科教學前和教學後的策略
		4. 學科教學前和教學後的語言需求
		5. 整合聽語目標在課程中的策略
		6. 認知和學科評量
		7. 發展個別化教育計畫的過程
		8. 與學校專業人員合作的策略
九、讀寫萌發		1. 背誦手指謠和童謠
		2. 說故事或複述故事
		3. 活動和故事排順序
		4. 唱歌和參與音樂活動
		5. 製作經驗小書
		6. 了解書本的封面、封底、書名和作者
		7. 閱讀的順序
		8. 區分字、句、空格和標點符號
		9. 拼音
		10. 聲韻覺識
		11. 認字
		12. 了解意義的背景線索
		13. 口語閱讀流暢性的發展
		14. 閱讀理解策略
		15. 摘述和抽象性語言
		16. 不同的問題理解

資料來源：整理自 A. G. Bell（2012a）。

參 國內聽覺口語師專業知能培訓認證方案

　　當前，國內聽覺口語師資培訓主要以雅文兒童聽語文教基金會的專業知能培訓認證方案為主。為與國際接軌，國內的雅文兒童聽語文教基金會自 1995 年起開始投入培育本土化的聽覺口語療育之專業人員，並在 2004 年與中原大學合作開設「聽覺口語法學程」。

　　為符合華語聽障兒童及其家庭的需求，雅文兒童聽語文教基金會的專業知能培訓認證資格的學歷背景，得是教育部認可之國內外聽語、聽障教育、幼兒教育、護理、心理、語文教育、兒童福利或復健等大學以上相關科系畢業。在培訓方案的設計上，除了參照國際 LSLS 聽覺口語治療／教育專家的培訓重點外，更加入國內的聽障教育發展現況及文化特性，使課程內容的學習更聚焦於專業的聽語知能與實務工作能力。

　　在聽覺口語師專業的師資培訓過程中，主要將充實聽覺和聽力學、聽覺功能訓練、聽覺口語法理論與實務、口語溝通、兒童發展、家長諮商與輔導、聽障教育的發展及融合教育等八大範疇的知能（如表 2-6 所示），並進行至少六個月的密集專業課程訓練和教學演練實習，經通過培訓者始獲頒證書。

表 2-6 ▪ 國內專業聽覺口語師應知的八大範疇知識

範疇		領域內容
一、聽覺和聽力學	（一）聽力科學	1. 耳朵生理構造
		2. 聽力損失的原因和類別
		3. 新生兒聽障的高危險群
	（二）聽能輔助科技	助聽器、FM 調頻系統、人工電子耳、耳模等基本使用概念
	（三）聽力學	1. 聽力圖和聽力圖解讀
		2. 聽力檢查的種類與方式
		3. 聽覺與聽覺輔具評鑑之建議

（續下表）

範疇		領域內容
二、聽覺功能訓練		1. 聽能發展 2. 傾聽技巧的發展階段和評估 3. 傾聽技巧的教學策略等
三、聽覺口語法 理論與實務	(一) 聽覺口語法 理論	1. 聽覺口語法的原則與特色 2. 有效的聽能管理 3. 團隊經營的合作模式 4. 家長參與的角色
	(二) 聽覺口語法 實務	1. 個別療育計畫擬訂：聽能、說話、語言、認知和溝通等五大目標的發展順序及其交互運用。 2. 傾聽技巧的學習及其融入日常生活和經驗之學習方法 3. 個別課程設計 4. 強調聲學的策略 5. 教材設計
四、口語溝通		1. 一般兒童的語言和說話發展 2. 聽障兒童的語言發展和說話特徵
五、兒童發展		1. 兒童的肢體動作、社會行為、情緒、認知、溝通、遊戲等之發展階段 2. 聽障兒童融合教育 3. 各類障礙概論 4. 早期療育觀念 5. 適合零至六歲兒童的遊戲 6. 促進聽障兒童讀寫萌發的閱讀技巧
六、家長諮商與輔導		1. 諮商理論與實務 2. 聽障對家庭的影響 3. 家庭特性（文化差異、教養態度、經濟狀況、生活型態等） 4. 親職教育 5. 兒童正向行為管理 6. 輔導技巧

（續下表）

範疇	領域內容
七、聽障教育的發展	1. 聽障教育的發展及現況 2. 聽障教育相關法令 3. 身心障礙兒童社會福利及資源
八、融合教育	1. 聽障兒童成功融合至教育環境中的技巧 2. 跨專業團隊成員的合作與交流

資料來源：整理自財團法人雅文兒童聽語文教基金會（無日期 b）。

 結語

　　每位聽障兒童個別差異大，舉凡聽損程度、年紀、個性及學習情況皆不盡相同，因此，聽覺口語法的療育服務與課程設計將優先考慮聽障兒童及其家庭的需求，擇定適當的目標進行教學，提供以家庭為中心的療育服務與教學內容。

　　Anderson（2011）曾將聽障兒童比擬為哈利‧波特，並說明最大的相似處，在於同樣都面臨到如何與不同的挑戰抗衡，包括學業學習、生活適應、同儕相處等。這是一個看似異想天開的比喻，然而，卻也十分貼合聽障兒童在學習與生活適應上的現況。事實上，聽障兒童戴上聽覺輔具後，並不等同擁有一支萬能魔杖，因而需要透過家長、教師與相關專業人員的合作與教導，方能幫助聽障孩子學習聽清楚、說明白，進而引領聽障兒努力不懈、克服阻礙，在未來成為獨立、具貢獻的個體。

3

運用聽覺口語法進行
聽能訓練之療育設計

林桂如

- 了解聽能與兒童發展的關聯
- 闡述運用聽覺口語法進行聽能訓練的目的
- 運用聽覺口語法進行聽能訓練的策略
- 活用聽覺口語法增進兒童察覺、分辨、辨識、理解能力的技巧

Listening is where hearing meets brain... in children and adults.
對兒童和成人而言，傾聽乃是結合聽見聲音與大腦處理的能力。

~Beck & Flexer (2011)

 前言

　　近幾年，隨著新生兒聽力篩檢的啟動，聽障兒童的確診年齡有逐漸下降的趨勢，帶動聽障早療領域開始吹起「『小』子風」。儘管早期配戴助聽器或植入了人工電子耳，然而，聽障兒童由「聽見」到「聽懂」的過程，仍有賴結合正確的聽能管理概念與良好的聽能溝通訓練，方能讓早期療育發揮最大成效、建立暢通的溝通管道（林桂如，2011a）。

　　國內自 2012 年 3 月 15 日起全面推動免費的新生兒聽力篩檢服務，透過早期發現、確診與療育，協助聽障兒童逐步發展聽得到、聽得懂、說得對、說得好的可能，落實早期療育的理念。

　　發揮幼兒的剩餘聽力與幫助其語言發展是聽覺障礙幼兒接受特殊教育的主要目的（蔡昆瀛，2001）。為協助聽障兒童掌握語言學習的關鍵期，有系統的聽能訓練遂成為聽覺口語法的關鍵要素。本章將就聽能與兒童發展之關係、運用聽覺口語法進行聽能訓練的面向，以及增進聽能發展之教學策略加以闡述，盼能提供家長及相關人員在採用聽覺口語法進行聽能訓練之參考。

第一節　聽能與兒童發展之關係

壹　聽能對人類發展的影響

　　Kiessling等人（2003）在探討溝通回饋模式時，曾將「聽」（hearing）詮釋為「接觸有聲世界和對聲音的感知能力」；「傾聽」（listening）是「有目的性和注意的聽」；「理解」（comprehension）則是「接收到訊息、意義或意圖」；而「溝通」（communication）則是「雙向交換有意義訊息的過程」（如圖 3-1）。就個體的溝通而言，倘若其溝通能力不佳，即便其聽的能力沒問題，仍會對訊息的接收和理解產生負面影響，然而，若個體能有效運用語言和聲學線索等傾聽的對話修補策略獲取訊息，則將對其溝通能力產生正向的影響（Sweetow & Henderson-Sabes, 2004）。

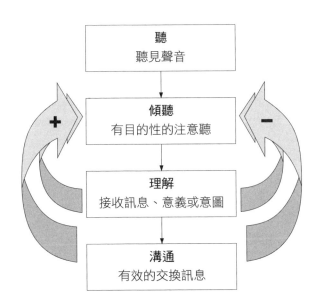

圖 3-1 ▪ 溝通回饋模式

資料來源：取自 Sweetow 與 Palmer（2005: 495），圖片經作者同意授權使用。

　　有鑑於此，我們可以確信當聽障兒童戴上聽覺輔具、開始聽見聲音後，家長和療育者仍需要幫助兒童循序發展傾聽的技巧，以提升其理解能力，奠定未來有效溝通的基礎。

　　Pollack（1985）在 *Educational Audiology for the Limited Hearing Infant and Preschooler* 一書中，主張兒童聽覺和口語乃是循序發展（如圖 3-2 所示），並強調聽障兒童和常童發展歷程相似，同樣是透過聽到聲音、注意聽、模仿聲音來學習語言，惟聽障孩子需要配戴合適的聽覺輔具及接受有效的聽語療育，並透過早期有效的刺激聽覺，幫助聽障兒童循序發展聽語能力。

　　人類發展乃是由聽能、語言、閱讀和書寫、學科技能循序發展，進而發展專業能力（如圖 3-3 所示），這些能力並非可獨立切割或單一發展（Cole & Flexer, 2007）。鑑於聽障的孩子同樣需要循序發展這些能力，因此，透過適當的聽覺口語法療育課程指導，將有助於孩子在日常活動中奠基聽能的基礎。

貳　聽能在個體語言溝通發展上扮演的角色

　　曾進興（1998）在討論身心障礙兒童的溝通訓練上，指出口說能力在日常生活中使用率最高、較具有實用性，因此應列為首要考慮的選擇，此外，兒童聽、說、讀、寫的能力乃是漸進而成，且聽、說的能力發展又早於讀、寫能力。鄭靜宜（1996）分析溝通的歷程，指出語言的溝通類型分為口語溝通與文字溝通兩種，並可依照輸入（input）（接收性語言）、輸出（output）（表達性語言）模態分為四個部分：聽覺理解（auditory comprehension）、口語表達（oral expression）、閱讀理解（reading comprehension）與書寫表達（written expression），其中，輸入模態皆為輸出模態的基礎或先決條件，例如：聽覺理解即為發展口語表達的基礎。筆者參考鄭靜宜（1996）概念繪製個體中語言溝通的組成要素如圖 3-4 所示。

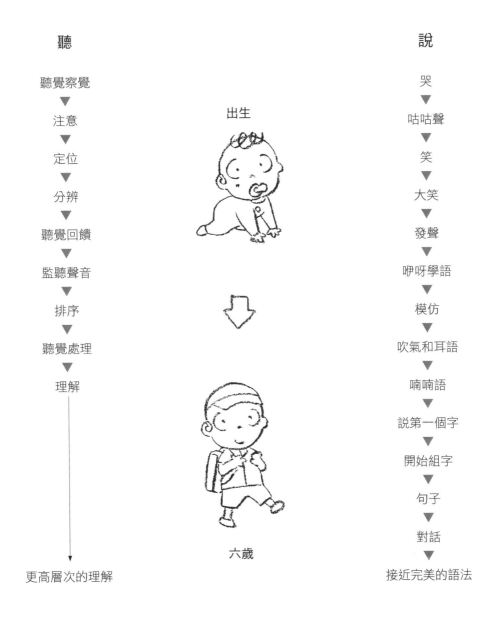

圖 3-2 ■ 聽和說的發展階段

資料來源：修改自 Pollack（1985），修改部分為加入插圖。

圖 3-3 ▪ 聽能在人類發展中的重要性

資料來源：修改自 Cole 與 Flexer（2007），修改部分為改為橫式，並加入圖框。

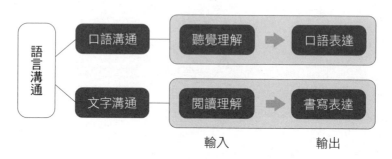

圖 3-4 ▪ 個體中語言溝通的組成要素

　　有鑑於聽覺理解為口語表達的先備能力，因此，在聽覺口語法療育中強調語言的輸入應以聽能為優先，例如：當我們向孩子介紹一樣新玩具時，先不讓孩子看到玩具，而是以活潑的語調向孩子描述，吸引孩子傾聽的注意力，之後，當孩子看到玩具、開始玩玩具時，再重複描述和擴展相關的語彙，幫助孩子發展聽覺理解，奠定孩子口語表達的基礎。

參　聽能、說話和語言發展的關聯

　　人的耳朵在正常狀態下可以聽到 20 至 20,000 赫茲的頻率，由於耳朵位在頭的兩邊，聲音進入大腦時會有千分之幾秒的差異，憑著這一點差異，大腦即可判斷音源方位（洪蘭，2006）。對於聽障兒童，由聽見聲音、發展聽能、建立理解和發展溝通能力，則有賴系統化的聽能療育服務。

　　Anderson（2011）在討論聽障兒童的可聽度（audibility）與辨識度（intelligibility）二者的關聯時曾指出，當兒童具備較佳的語言能力和背景知識

時，透過上下文的預測將有助於提升其辨識度，反之，倘若孩子尚未有良好語言能力和背景知識，則辨識度將可能低於可聽度，足見聽能與語言能力的關聯性。舉例而言，當僅聽見「小明今天去……玩盪鞦韆，玩得很開心」一句時，對於具有良好語言背景知識的聽障者而言，藉由上下文的預測即可辨識出該地點為公園；反之，對於未具備良好語言背景知識的聽障者而言，則可能聽見完整的文句，卻無法辨識出地點指的是公園。

正因聽能、說話和語言發展三者之間密切相關（Easterbrooks & Estes, 2007），故在教學目標活動的設計上，將需要針對兒童的學習需求，提供不同的外在因素（包括：背景噪音、情境線索、語言複雜度和其他刺激）、所欲訓練的大腦運作（包括：察覺、分辨、辨識、理解）能力、聽語技巧（包括：超語段、韻母、聲符和連續說話）訓練和期待兒童反應的方式（如：指認、口語表達等），協助在教學目標擬訂上能清楚掌握進行的方式和所欲達到的目標（如圖 3-5），如：協助兒童在安靜的環境（外在因素）中，透過正確指認（兒童反應）辨識（大腦運作）韻母「ㄚ」和「ㄨ」（聽語技能）。筆者依聽能、說話和語言發展之關聯繪製如圖 3-5。

圖 3-5 ▪ 聽能、說話和語言發展模式

第二節　運用聽覺口語法進行聽能訓練的內涵

　　助聽器或人工電子耳並不等同於另一隻功能完好的耳朵，對聽障兒童而言，「聽得到、聽得懂」需要有效的學習與訓練，無法一蹴可幾，也並非藉由輔具的幫助，就能擁有與一般人相同的聽力表現。因而在選配適當的輔具後，即需要接受系統的聽能訓練，以協助聽障兒童奠定未來發展良好聽說的能力。本節將針對運用聽覺口語法進行聽能訓練的目的、策略與內涵加以分述如後。

壹　運用聽覺口語法進行聽能訓練的目的

　　自 Alexander Graham Bell（1847-1922）於 1876 年發明電話後，正式開啟藉由電能放大聲音的大門，至 1930 年代真空管的來臨更真正將聲音訊號有效放大（李千毅譯，2005）。時至今日，隨著科技的發展，聽能輔助系統在效能、輕巧、美觀上皆有長足的進步，並帶給聽障孩童學習聽清楚、說明白的契機。然而，適當地選配聽覺輔具尚需要配合良好的聽能訓練，循著和一般兒童經由「聽—說」的歷程，學習建立自身對於聲音的認知（陳家瑩，2004）。

　　綜合文獻（Lalios, 2000; Ling, 1986），以聽覺口語法進行聽能訓練，主要目的包括以下要點：(1)強調以聽覺作為獲取資訊的主要管道：融入聽能訓練的原則，經由診斷性教學、家庭為中心的服務，讓聽覺成為聽障兒童獲取資訊的主要方式；(2)積極傾聽：跳脫過去消極「學習聽」（learn to hear）的框架，轉而積極教導聽障兒童「學習傾聽與透過傾聽來學習」（learn to listen and learn by listening）；(3)發展清晰流暢的口說能力：藉由聽知覺能力的提升，進而促進合宜的說話和語言能力。

插圖 3-1 ▪ 聽覺口語法是幫助聽障兒學習傾聽與透過傾聽學習的療育

 運用聽覺口語法進行聽能訓練的策略

　　Estabrooks（1994：2）曾描述「聽覺口語法乃是科技、策略、技術和程序的運用和管理，以幫助聽障兒童學習傾聽和透過口語與人溝通。」孩子若能越早確診、配戴合適的聽覺輔具，將能越早開始藉由聽能學習語言。助聽器以及電子耳能協助聽障的孩子成功地聽取口語對話中的聲音，而運用聽覺口語法將有助於提供孩子們在一個充滿意義的語言刺激環境下藉由聽能加以學習。

一、聲音的選擇

　　在進行聽能訓練的過程中，林於潔（1996）將常用來訓練聽障兒童聽能技巧的聲音分為樂器音、環境音和語音。聽覺口語法療育實務中，常用於聽能訓練的聲音則包含環境音、有聲玩具（包括樂器和其他可以發出聲音的玩具，如：音樂盒）和語音三類。

(一)環境音

在運用聽覺口語法進行聽能訓練的過程中，環境音的選擇通常會參照兒童的聽力表現，挑選和兒童生活經驗相關的聲音，如：居家環境中的鬧鈴聲、敲門聲、電話鈴聲等環境音作為訓練音。

(二)有聲玩具

可發出不同頻率的樂器或能發出聲音的玩具，如：大鼓、鈴鐺等，使用上則須參考兒童的聽力表現，優先使用兒童容易聽取的頻率聲音。一般而言，頻率越高，音調也越高，聲音也就越尖銳，因此，日常的有聲玩具的頻率由低至高大致可區分為大鼓、小鼓、木魚、響板、笛子、三角鐵等。建議一開始可準備頻率差異較大的有聲玩具（如：大鼓和笛子），再逐步使用頻率差異性較小的有聲玩具（如：大鼓和木魚）進行練習。

(三)語音

由人發出的聲音，包含：字、詞、短句、長句等。在運用聽覺口語法進行聽能訓練的過程中，語音的選擇主要包含具有頻率特定性的華語檢測音：ㄨ/u/、ㄜ/ə/、ㄚ/a/、一/i/、ㄑ/tɕʰ/、ㄙ/s/（Hung, et al., 2016），以及與兒童生活經驗相關的詞彙為優先，如：孩童姓名、家人稱謂等，再逐漸擴展為短句、長句。

二、提升兒童可聽度與辨識率的策略

聽覺口語法的課程本身將融入多種教學技巧，其中，透過強調聲學（acoustic highlighting）的策略（如圖 3-6 所示），將幫助兒童循序提升訊息接受的可聽度和辨識度，逐步強化兒童察覺、修正說話上的錯誤，進而發展適當的溝通能力（Easterbrooks & Estes, 2007; Estabrooks, 2006），茲就相關策略說明如下：

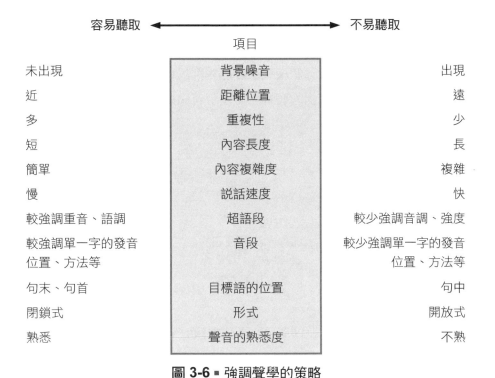

容易聽取 ←	→ 不易聽取	
	項目	
未出現	背景噪音	出現
近	距離位置	遠
多	重複性	少
短	內容長度	長
簡單	內容複雜度	複雜
慢	說話速度	快
較強調重音、語調	超語段	較少強調音調、強度
較強調單一字的發音位置、方法等	音段	較少強調單一字的發音位置、方法等
句末、句首	目標語的位置	句中
閉鎖式	形式	開放式
熟悉	聲音的熟悉度	不熟

圖 3-6 ■ 強調聲學的策略

資料來源：修改自 Ling（1987，引自 Estabrooks, 2006: 16），修改部分為第一、二欄對
調，並將第二欄加入網底、單箭號改為雙箭號。另修改目標語的位置由句末
最易、句首最難聽取，改為句末、句首最易聽取，句中最難聽取。

(一) 逐漸加入主題背景噪音

背景噪音會干擾所有聽障兒童的訊息接收與對語言的理解程度。相對
於安靜的環境，在有噪音的情境下進行教學活動將顯得較為困難。透過逐
漸加入不同程度、類型的噪音，將能鼓勵孩子在背景噪音下發展適當的聽
能技巧，有助其未來融合至普通學校與日常生活的適應（林桂如，2011b；
Estabrooks, 2000）。

對孩子而言，成功的聽能經驗將有助於孩子未來因應吵雜情境的能力。
在聽能訓練方案中，須從安靜、低度背景噪音開始，之後再逐漸增加噪音
值。一般而言，低度的噪音是指一般穩定的環境噪音，包括：冷氣運作的

聲音、風扇轉動的聲音；中度的噪音則是指隨機、不可預測的環境噪音，包括：按喇叭的聲音、垃圾車的音樂聲等；高度的噪音是指其他人也在講類似主題的內容，如：當在訓練孩子聆聽一則故事時，此時，身旁若有人在讀一則類似的故事，這樣的聲音將比電視新聞播報的聲音更具有干擾性（如圖 3-7 所示）。

安靜環境	一般環境	吵雜環境
低度噪音	中度噪音	高度噪音
• 穩定的環境噪音，如：冷氣運作的聲音、風扇轉動的聲音。	• 隨機、不可預測的環境噪音，如：喇叭聲、垃圾車的音樂聲。	• 與當下溝通情境類似主題的聲音，如：說故事時，出現談話性的廣播。

圖 3-7 ▪ 聽能環境中不同主題的背景噪音

資料來源：修改自林桂如（2011b: 23），修改部分為加入網底。

(二) 調整不同的距離位置

對於一般人而言，傾聽者與說話者即使隔著一小段距離，仍能理解說話者的言語，而非僅僅聽到聲音而已。然而，對聽障兒童而言，聽取他人在較遠距離下的說話內容並不容易。為提升聽障兒童練習遠距聽力，在聽覺口語法的聽能訓練方案中，一開始可以讓孩子在聲源旁，建立成功的聽能經驗，之後再調整距離聲源約 150 至 180 公分，甚至是從另一個房間發出聲音（Estabrooks, 2000）。從調整不同聲源的距離，建立兒童在未來真實情境中不同遠近下的聆聽習慣與技巧。

(三) 語言輸入刺激的型態

1. 重複性

重複，是開始學習語言時常用的自然策略之一，對於聽障兒童而言尤

其需要。療育者應掌握在有意義、不同的情境重複新詞或短語，保持兒童在不同情境下重複聽到相同語言數次時的興趣（Estabrooks, 2006），如：第一次介紹「汽車」時，先將車子藏在盒子裡，告訴孩子「盒子裡有『汽車』」；下一次則讓這件玩具出現在沙發後面，並告訴孩子「『汽車』躲在後面」。

為避免孩子養成不專注聆聽或習慣性地略過第一次聽到的內容，或總是一再請對方重複訊息內容，當聽障兒童能在第一次即成功聽取訊息內容時，家長或療育者即應適時予以鼓勵。

2. 內容長度與複雜度

有意義的語言輸入是語言學習的基礎。對聽障兒童而言，簡短、複雜度低的語句固然容易了解，然而，值得注意的是，基本的語言結構乃是語句，因此大人在輸入語言時宜避免只是輸入單詞，例如：當請兒童關掉電燈的按鈕時，可請孩子「把電燈關起來」，而避免簡短地說「關起來」。隨著孩子年紀漸長、聽語能力漸增，家長和療育者應逐漸增加語句的長度和複雜性，以有效協助兒童學習語言與擴展（Cochlear Ltd., 2005; Estabrooks, 2006），如擴展為「請把臥房角落的落地燈關起來」。

3. 說話速度與超語段

早期階段的聽力訓練中可能頻繁使用的超語段技巧，主要是以較大的音量或加重語氣凸顯句子當中的字詞，如：「有車子，叭─叭─叭。」隨著孩子的聽能發展，該策略的使用頻率將逐步減低。然而，在引導兒童學習新的詞彙或一個新的語言結構時，該策略仍然相當有助益，如：兒童在學習代名詞「他」感到困難，可透過加重語氣的方式強調，如：「他～去公園」（Estabrooks, 2006），協助孩子更容易聽取訊息。

在孩子剛開始學習傾聽時，療育者可運用有高低起伏的聲音強調關鍵字詞。當兒童聽能的技巧提升後，再逐漸運用較自然的聲音速度和節奏，幫助孩子適應在一般自然情境的說話速度。

4. 目標語的位置

Ling 於 1987 年未發表的手稿中，提出目標語詞置放在句末時將最容易

被聽取，其次為句中，而置放於句首最不易聽取（引自 Estabrooks, 2006: 16）。在認知心理學中，關於前述觀點的討論則有不同的見解。認知心理學的序列位置曲線（serial position curves）指出，在研究記憶的實驗中發現最先和最後呈現的項目，回憶的正確率最高，形成所謂的「初始效應」（primary effect）和「時近效應」（recency effect），客觀證實最先呈現的項目，因為複述（rehearsal）的次數多，已進入長期記憶，而最後呈現的項目則尚在短期記憶中，因此目標語置放於句首和句末是最容易回憶的位置（張春興，1994；鄭昭明，1993；鄭麗玉，2006）。

此外，有研究指出嬰幼兒較能有效聽取、學習位處邊陲（句首和句末）的新字詞（Seidl & Johnson, 2006, 2008），尤其是放置於句末的語詞，因無其他接續的語音訊息，故較不會受到後向遮蔽（backwards masking）的干擾，因而語詞辨識度較高（Sundara, Demuth, & Kuhl, 2011）。

在聽覺口語法的療育實務中，不時可見到部分聽障兒童有習慣性地只聆聽前半段或後半段訊息的狀況，對於句中的訊息容易錯失。因此，筆者建議教學者首應敏察於兒童的聆聽習慣。在實務中，建議可先將目標語置放於句首或句尾的位置，再依據兒童對於目標語詞的理解、聽取的表現調整變化，以保持兒童聽取訊息的專注力，也避免養成兒童只聽取特定位置訊息的習慣。

插圖 3-2 ▪ 可視兒童的聆聽習慣變化目標語的置放位置

(四) 說話者聲音的熟悉度

　　早期使用來幫助兒童清楚聆聽訊息的策略乃是「幼兒導向式語言」（child-directed speech）（洪右真、林桂如，2015），常見的名稱另有「家長話」（parent talk）（Dornan, 2003），或稱「媽媽語」（motherese）、「家長語」（parentese）（Simser, 2011），意指透過兒童熟悉對象（如：家長或主要照顧者）的豐富語調、明顯聲音大小變化的話語，幫助兒童更容易聽取訊息。

　　Dornan（2003）在討論家長為聽障兒童進行日常生活中的語言輸入時，建議可以針對兒童的學習需求調整幼兒導向式語言使用的程度，如：對於初階學習聽覺口語法的聽障兒童可以增加幼兒導向式語言的技巧，俟兒童的能力提升後，再逐步褪除，逐漸減少刻意對關鍵字詞的強調、重複和誇張性，轉而回歸比較自然的聲調、重音、語調、節奏和說話速度，並加入練習聽取陌生人聲音的訓練，幫助聽障兒童適應自然情境中不同人的聲音。筆者參考其主張整理如表 3-1 所示。

表 3-1 ▪ 幼兒導向式語言的使用

初階兒童	進階兒童
• 放慢說話速度。	• 使用一般說話速度。
• 在片語和句子中加入多一點的停頓。	• 在片語和句子中減少停頓。
• 加入多一點的高低音。	• 減少高低音。
• 重複關鍵字詞。	• 逐漸減少重複關鍵字詞。
• 強調關鍵字詞。	• 逐漸減少強調關鍵字詞。
• 多一點表達。	• 多一點表達，但少一點誇張。
• 多一點聲音的變化性。	• 可逐漸回歸平常講話的音調。

資料來源：整理自 Dornan（2003）。

三、適時輔助與逐漸減少遮口

　　如第二章中「聽覺口語法的訓練技巧」（參見第 50 頁）所述，為提醒

聽障兒童建立注意聆聽的習慣，聽覺口語法的教學過程中將適時輔助手勢遮口，提示聽障孩子注意聽、參與輪替及運用聽覺去理解訊息，透過適時使用該技巧，將有助於發展進階的聽能技巧，如：接聽電話、在吵雜環境下的傾聽，和在團體中不經意聽取同儕討論內容的側聽（overhearing）會話技巧等（Simser, 2011）。

當針對嬰幼兒、本身並未依賴視覺線索習慣的聽障者，或能自然地以聽能與他人互動溝通的孩子時，教學者不需要刻意使用手勢，且使用手勢的對象建議以孩子的主要照顧者為主，其他如學校中的師長、同學等並不需要刻意使用（Estabrooks, 2006; Simser, 2011）。

四、運用教具呈現不同程度視覺線索

一般而言，聽能理解的加強策略，主要可透過聽覺記憶與聽覺描述加以訓練，所使用的教具應挑選兒童已熟悉的物件，鼓勵孩子由聽取到的描述語句中做出正確的反應。

綜合文獻（林桂如，2011c；Easterbrooks & Estes, 2007; Estabrooks, 2006; Tye-Murray, 2009），當教學者進行聽能理解活動時，可依孩子不同的學習需求提供三種不同程度的訓練，包括：(1)閉鎖式（closed-set）：提供特定、有限的項目，如：教具、圖卡、字卡等物品的視覺線索，讓孩子看見進行指認；(2)有限式（limited-set）：在教學情境中加入有限的自然情境或背景線索，提供兒童思考的依循方向，如：讓孩子幫忙將動物模型收入盒中，讓孩子自然產生看過哪些動物模型的印象；(3)開放式（open-set）：完全不提供視覺線索，亦即一開始就不讓孩子看見有哪些教具。筆者茲針對前述三階段的視覺輔助呈現多寡舉例如圖 3-8 所示。

基本上，教學者將先以口語描述語句，再視兒童的學習表現彈性提供不同程度的視覺線索，期能以逐步褪除視覺線索輔助的依賴，幫助兒童建立良好的傾聽習慣。在實務上，當兒童在「閉鎖式」情境下的能力穩定後，為協助兒童逐步褪除對視覺線索的依賴，並減少兒童轉換完全依靠聽覺聽取訊息可能遭遇的挫折，因此教學者可先透過有限式的教學，提供部分視

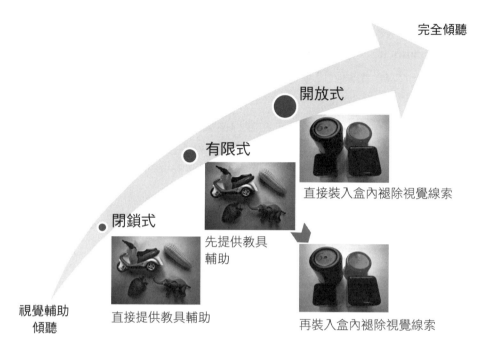

完全傾聽

開放式

有限式

直接裝入盒內褪除視覺線索

閉鎖式

先提供教具
輔助

視覺輔助
傾聽

直接提供教具輔助

再裝入盒內褪除視覺線索

圖 **3-8** ▪ 教具運用的策略類型示例

覺線索的輔助，等孩子表現穩定後再進入開放式的教學。

五、多層次的教學互動模式

(一)提供中介學習經驗的聽能和思考學習

Feuerstein（1980）曾提出「中介學習經驗」（mediated learning experience），強調中介學習經驗乃是源自個體與環境間的互動，由中介者（如：家長、手足）從環境中選擇刺激，再依特定目標將刺激傳達給學習者，藉由持續互動誘導個體認知能力及心智運作，進而選擇並塑造個體適當的反應模式，將潛能化為實際的表現，因此，透過適當的中介學習，將有助於身心障礙學生發揮自己的學習潛能。

　　為協助聽障兒童能更加理解教學內容，教學者和家長可善用中介教學

經驗的互動模式。首先，在提供聽能訊息上，建議透過「聽覺三明治」（auditory sandwich）的技巧步驟，由教學者和家長掌握一開始先以口語的方式解說教學內容，讓聽障兒童透過平常主要以聽能學習的方式先理解教學內容；其次，使用必要的視覺輔助說明教學內容（如：手勢動作），協助聽障學生對於課程的理解；最後，在課程結束前，教學者以口語重述課堂重點，協助聽障孩子自然地透過傾聽加以理解與學習教學內容（Estabrooks, 1994; Rhoades & Jovanovic, 2003）。

最後，應用中介學習經驗理論在擴展聽障兒童發展更進一步的認知能力上，建議教學者還可以運用「思考三明治」（thinking sandwich）策略（Easterbrooks & Estes, 2007），如：在教導新詞彙「斑馬」時，教學者可引導兒童思考：「牠是『斑馬』（兒童未知的詞彙），牠的身上有『條紋』（兒童已知的詞彙），牠是『斑馬』（兒童未知的詞彙）。可以幫我找找其他的斑馬嗎？」以兒童已知的詞彙作為學習的中介，幫助聽障兒童擴展詞彙的學習。

(二) 提供鷹架支持的概念學習

Vygotsky（1978）曾提出「近側發展區」（zone of proximal development）的教學概念，強調兒童在主動建構知識的歷程中乃具備解決問題的既有能力，以及在成人或有能力的同儕協助下，可誘發出的潛在能力。Wood、Bruner 與 Ross（1976）進一步提出與 Vygotsky 相呼應的「鷹架」（scaffolding），並將幼兒譬喻為正在搭建的建築物，而社會文化環境是幼兒在搭建過程中最關鍵的鷹架，它支持著幼兒的發展，使其能繼續建構出新的能力。

應用在聽覺口語療育實務中，在擴展兒童的概念學習上，強調教學者或家長應適時提供聽障兒童鷹架支持的「概念三明治」（concept sandwich）技巧（Easterbrooks & Estes, 2007），協助孩子學習由已知的概念理解不熟悉或未知的概念，如：「如果你有五元，你可以存在『撲滿』（兒童已知的詞彙）裡；如果你有很多很多錢，你可以存在『銀行』（兒童未知的詞

彙）裡，它就像『撲滿』（兒童已知的詞彙）一樣可以存錢。」該方式主要乃是以兒童已知的概念作為學習的基礎，幫助聽障兒童延伸不同概念的學習。筆者參考 Easterbrooks 與 Estes（2007）概念繪製聽覺口語療育實務技巧之運用如圖 3-9 所示。

六、適時等待建立輪替概念

等待是一個很有用的策略，尤其是在孩子剛開始學習語言的階段。在和孩子互動的過程中，家長或療育者可提供孩子用聲音回應的機會，如：在等待孩子有所回應時，試著稍微轉向孩子或抬起眉毛，讓孩子知道你在等他的回應，逐步建立孩子在聽取訊息後做出回應，進而奠定口語溝通一來一往模式的基礎。

有意義的語言輸入同樣需要標點符號，或停或頓，適時給予聽障兒童學習回應、表達的機會。值得注意的是，當察覺到孩子是真的不知該如何回應時，家長或療育者應引導孩子表達「請幫忙」等的求助策略，避免強迫孩子猜測或終止活動進行（Easterbrooks & Estes, 2007）。

參　運用聽覺口語法發展聽能技巧之內涵

兒童的聽能發展是一個具有階段性的連續歷程，由察覺和分辨不同的

	聽覺	思考	概念
不提供視覺線索		未知	已知
提供視覺線索		已知	未知
不提供視覺線索		未知	已知

圖 3-9 ▪ 聽覺口語療育實務技巧之運用

資料來源：修改自林桂如（2012：12），修改部分為加入思考、概念圖框內容的對應。

聲音、有意義的連結聲音，逐步發展出聽能理解與進階聽能技巧，因此依循「傾聽模式」（model of listening），將可作為相關專業人員與父母在檢核孩子於接受療育後的進步情形及計畫上的引導（Estabrooks, 2000）。

　　Erber 於 1982 年指出聽見聲音到傾聽聲音的過程，乃是包含四種不同的聽能技巧發展，此主張是歷史上的第一人（Flexer, 2004）。聽知覺是指個體將耳朵所接收到的刺激音分析成有意義的意象的歷程，Erber（1982, 2011）認為主要包含由單純到複雜的四項技能：(1)察覺（detection）：知道聲音之存在有無；(2)分辨（discrimination）：能由聲音的聲學特性、音強及時長最小差異區辨聲音的異同；(3)辨識（identification）：該能力普遍使用在臨床評估上，主要是觀察兒童能否將聲音與物體做連結，用重述、指出或寫出的方式反應；(4)理解（comprehension）：依據既有的語言知識，了解聽覺訊息的意義，用回答問題、聽從指示的方式反應。

　　值得注意的是，Tye-Murray（2009）指出前述四項技巧發展並非可明確區隔的能力，舉例而言，個體在聽覺發展的技巧中有可能是同時表現對聲音可以進行分辨和部分辨識，故其聽能技巧發展上乃是有其重疊性，因此在療育教學活動設計上亦需要敏察於兒童的表現，適時延伸療育目標。

　　不同於前述將聽能技巧發展區分為四大範疇能力，Nevins 與 Garber（2005）認為對於植入電子耳者的教學訓練，將聽能技巧細分為五項聽覺功能（auditory functions）可能更為有效，包含：(1)在不知道是什麼物品發出聲音和聲音代表的意義之下察覺或聽見聲音；(2)依據聲音的樣貌配對或區分（如：分辨單音節或多音節的字音）；(3)分辨刺激音的異同（該能力通常不會特定設計作為教學訓練，而多作為比較和對比刺激音之用）；(4)在多重的選擇下辨識或重述聽到的字彙（該能力通常立基於良好的字彙或語言基礎）；(5)理解或合適地回應語言，如：單獨透過聽能回應問題。

　　Ling（2002）將聽能技巧區分為五項能力：察覺、分辨、指認（recognition）、辨識、理解，並說明「指認」乃是「在閉鎖式的情境下，由有限的選擇清單中指出目標物」，而「辨識」則是強調「在開放式的情境下，由無限的選擇清單中確認目標物」（引自 Flexer, 2004: 286）。在聽覺口語

法療育實務中，主要將聽能技巧區分為察覺、分辨、辨識（含指認）、理解，並協助聽障兒童循序發展。筆者綜合文獻（Erber, 1982, 2011; Ling, 2002，引自 Flexer, 2004: 286）與實務，將聽能技巧之發展繪製如圖 3-10。

　　綜上所述，儘管目前對於聽能技巧的內涵不盡相同，然而，卻同樣肯定聽能技巧發展有其順序性。在聽覺口語法療育實務中，其要務乃是帶領孩子在配戴聽覺輔具或人工電子耳後，逐步發展察覺聲音，學習分辨、辨識（含指認），進而理解、聽懂語言訊息，達到與人溝通的實質目的。

第三節　運用聽覺口語法訓練聽能處理能力的策略

　　兒童的語言學習主要包括啼哭、咕咕、微笑、咯咯笑、發出不同聲音（如：「Y～」）、玩聲音、模仿聲音、學著吹氣和呢喃、模仿大人音調，到發出第一個有意義的字、短詞、組句、會話等，儘管每位兒童的語言發展歷程未必相同，然而，可確定的是兒童如何學習說話將取決於本身聽見

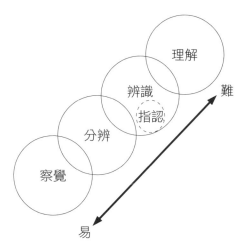

圖 3-10 ■ 聽能技巧之發展

資料來源：修改自 Tye-Murray（2009），修改部分為加入指認與虛線。

什麼，以及聽見多少具有意義的語言刺激。在聽覺口語法療育實務中，透過循序訓練兒童的聽能處理能力，將幫助兒童從「聽得到」到「聽得懂」，奠定未來聽語能力的基石。

壹 提升聽障兒童察覺能力的教學策略

聽，第一步是對聲音的認識，透過開始注意周遭的聲音，孩子可能會回應聲音或對環境中大的聲響有反應。為確定孩子是否有注意到環境的聲音，學習觀察聽障兒童的反應（如：微笑、眨眼）將是重要的，因為這項察覺的技能乃是學習傾聽過程的基礎。

一、察覺能力訓練的目的

察覺能力是所有聽障兒童在展開聽覺口語療育首要建立的能力。為建立孩子判斷聲音存在的有無與學習回應聲音，在聽覺口語法療育課程中，教學者將幫助孩子跨出聽能發展的第一步——學習適當地回應聲音。在察覺能力的訓練過程中，孩子必須學習等待聲音的出現，再加以回應。

二、察覺能力訓練的實施

在聽覺口語法療育課程的察覺訓練中，教學者首先應參考聽障兒童的聽力圖結果，挑選孩子目前在配戴上助聽器或植入電子耳後，所被期待察覺到的聲音，透過觀察孩子「自發性的警覺反應」（spontaneous alerting response）（如：眼神尋找或轉頭、停下手邊活動、變得安靜、吃驚或喊叫）或尋找聲音的來源。當孩子一歲後，教學者可開始進行「制約遊戲反應」（conditioned play response），亦即聽到聲音時馬上做回應（如：聽到聲音就將球丟進桶子），以觀察孩子是否有聽見（Easterbrooks & Estes, 2007; Estabrooks, 2006）。

一般而言，聽覺口語法療育實務在察覺訓練中，主要多關注在幫助兒童注意環境中的不同聲音（如活動 3-1），並依照兒童學習的需求與表現，

逐步拉長距離的察覺練習（如：12 公分→50 公分→1 公尺→2 公尺），幫助兒童隨時將耳朵打開，注意聽這個世界。

活動 3-1 察覺能力訓練的教學活動設計

　　教學者可以設計在自然環境中察覺聲音的活動，觀察兒童對以下聲音的反應（Estabrooks, 1998）：

1. 對有聲玩具的反應，如：鼓、鈴、鈴板。
2. 對音樂節奏的反應，如：踏步。
3. 對環境內的響亮聲音的注意（如：攪拌機、吸塵器、電視機等）。
4. 請孩子注意聽某個環境外的聲音，如：引擎聲、救護車、警車等，孩子當下的表現。
5. 當聽到聲音時，孩子能指指耳朵、點點頭、發聲或微笑。
6. 在沒有提示孩子注意聽時，孩子能覺察環境中有意義的聲音或語音。

　　此外，教學者還可以在活動中觀察兒童察覺聽覺輔具運作的反應：

1. 能反映聽覺輔具的耳模有無戴好。
2. 能反映助聽器或人工電子耳是否正常運作。

活動提示

一、目標聲音的選擇

　　建議參考聽力圖的結果、孩子的生理年齡與過去的學習經驗，選擇察覺活動的目標音。

二、教具教材準備注意事項

1. 數量：每次準備二至三種玩具，可視兒童喜愛或專注程度更換。
2. 教具教材特性：
　　(1) 符合孩子的喜好，能引發其興趣。
　　(2) 符合兒童手部精細動作發展、易抓握、操作簡便、複雜度低。
　　(3) 若是孩子害怕的玩具，須斟酌使用的必要性，並注意在呈現時

應與孩子保持一定的距離，降低其焦慮與恐懼。

三、活動進行方式

1. 事前準備：聽覺輔具的配戴與功能檢查。

2. 活動進行中：

   (1) 留意受試者的生理狀況與測試地點的環境噪音控制。

   (2) 注意音量與距離的控制，教師應坐在靠近孩子優耳側進行施測。

   (3) 施測音量大小要一致，且用一般音量即可。

   (4) 一次只發出一個聲音，以確認特定音的察覺反應。

   (5) 若是語音的察覺活動（如：發出「ㄚ～」），教師宜避免讓孩子看見嘴型或感受到發出聲音的氣流。

   (6) 當兒童做出正確反應時即給予正向增強。

3. 適時調整策略：過程中，教學者依兒童的表現，加入重複、調整與孩子之間的距離（如：12公分、50公分、1公尺、2公尺）或加入部分視覺線索。倘若兒童一直難以察覺，教學者可以帶著兒童找尋是什麼物品發出的聲音。

貳 提升聽障兒童分辨能力的教學策略

一、分辨能力訓練的目的

聽覺分辨能力是一種能夠認知和辨別各種不同聽覺刺激音的能力，因此，該能力具有聽知覺恆常性，亦即當以不同的方式呈現時，仍能認知聽覺刺激音的異同（洪清一，1999）。

為了幫助孩子學習分辨兩個以上相近語音的異同，包括：區辨音質、音調的高低、聲音的長短與音量的強弱，分辨能力訓練一般是利用在發音部位、方法和發聲接近的語音加以設計的活動。常見的訓練活動包括聽聲

音一樣或不一樣（如：分辨同屬前位音的ㄅ、ㄆ的聲音是否相同），或「請你跟我這樣說」（如：請重複「ㄇㄚ-ㄇㄚ-ㄇㄚ、ㄅㄚ-ㄅㄚ-ㄅㄚ」）的遊戲（Tye-Murray, 2009）。

為分析兒童的學習需求，當兒童在辨識或理解訓練時出現錯誤，則將進一步進行分辨活動。因此，教學者多傾向將分辨訓練視為是聽障兒童開始學習自我修正與聽能回饋的工具（Easterbrooks & Estes, 2007），藉由分辨活動加以確認兒童是「聽不好」抑或是「說不好」的問題。

二、分辨能力訓練的實施

教學者在訓練的過程中可依兒童的反應適時重複、加入視覺線索輔助，此外，教學目標的擬訂上宜從聲學差異性較大的聲音開始進行，鼓勵孩子注意聆聽聲音的異同。

以活動 3-2 為例，在兒童既有理解的語彙與認知範圍中，當孩子經常「ㄎ」、「ㄊ」不分，如：當大人說「褲子」，孩子卻總說成「兔子」時，教學者可透過請兒童分辨語音異同的方式確認兒童「聽」的學習需求，以確認聽覺輔具的增益是否適切。

過程中，教學者在兒童剛開始做出正確反應時，可再變化以二至三種不同的韻母組合加以確認其反應的真實性，如：當兒童反映「兔子、兔子」聽起來是一樣的或「褲子、兔子」聽起來是不一樣的時候，教學者可以加入韻母（如：ㄧ、ㄚ等）變化，如：詢問孩子「ㄎㄚ ㄊㄚ」或者「ㄎㄧ ㄊㄧ」聽起來一樣嗎？此外，也可改變所說語彙的順序，如：「梯子、兔子」、「兔子、梯子」，以作為評估聽覺輔具的增益是否適切的參考。

若兒童在過程中可以正確分辨語音的異同，在表達上卻仍經常將「褲子」說成「兔子」等語音不清的情況時，教學者可以進一步進行辨識活動，透過鼓勵孩子指認、書寫等方式以確認孩子是否獲得適當的聽覺輔具增益值，再加以衡量兒童本身語音發展的技巧與成熟度，以提供後續規劃說話練習與轉介語言治療服務的參考。

活動 3-2 分辨能力訓練的教學示例

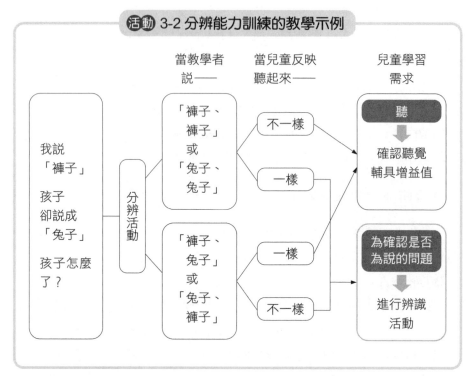

活動提示

　　當家長說褲子，孩子卻說成兔子時，經常會讓家長擔憂孩子究竟是說不好？抑或是聽不好？在分辨的活動中，透過教學者描述：「褲子、兔子」或「褲子、褲子」，讓孩子分辨聽到的聲音「一樣」與「不一樣」，將有助於釐清兒童的學習需求是否在於「聽」，以進一步確認聽覺輔具的增益值（各頻率音量放大的分貝數）的合適性。

　　值得注意的是，如欲釐清孩子學習需求是在於「說」，則應進一步進行辨識活動（參見活動 3-4）。

提升聽障兒童辨識能力的教學策略

在這個階段，孩子開始將相關的聲音與相關的物體連結。這時候的聲音開始變得有意義。最方便可用的聲音是一般物體的聲音介紹，例如，用「喵～喵～」介紹小貓，用「咕～咕～咕」介紹小雞。教學者可再觀察孩子能否在聽到這個聲音時認出特定的物品。例如：多次重複以「喵～喵～」介紹小貓，每次一有小貓出現就呈現「喵～喵～」的聲音，多次重複後，當孩子聽到「喵～喵～」的聲音會去注視小貓時，即意味著已經開始具備連結有意義聲音的能力。

一、辨識能力訓練的目的

辨識能力訓練主要為建立兒童學習將聽到的聲音和事物進行有意義的結合，了解聲音代表的意義，又可稱為聽覺辨識（auditory identification）或聽覺連結（auditory association）（Easterbrooks & Estes, 2007）。

二、辨識能力訓練的實施

兒童須將聲音與物體做連結（可以用重述、指出或寫出的方式反應）。為幫助兒童將生活中的聲音做有意義的連結，教學者可利用聲音差異性較大的物品，如：呈現狗、牛、雞、青蛙的圖卡，問孩子：「汪汪叫的是哪一個？」接續再觀察孩子是否能將「汪汪叫」與「小狗」連結，如活動3-3。在實務中，常進行的活動包括：辨識兒歌和童謠、辨識環境音、有聲玩具或語音等，另外，教學者可視兒童學習需求與表現，逐步練習長距離的辨識（如：12 公分→50 公分→1 公尺→2 公尺以上）。

活動 3-3 辨識能力訓練常見的教學活動設計

汪汪

活動提示

　　過程中，教學者依兒童的表現，加入重複、換句話說、使用較熟悉的同義詞、縮短句型設定、選擇聲音差異性較大的物件或提供些許視覺的線索，幫助孩子進行辨識。

　　此外，針對部分語音清晰度較弱的孩子，如：大人說「褲子」，孩子卻經常說成「兔子」，為釐清聽障兒童的學習需求是否在於「說」，聽覺口語法療育課程中常見的辨識能力訓練的教學活動（如活動 3-4），主要是透過鼓勵孩子以指認或寫出的方式，確認孩子是否需要加強語音清晰度的說話練習，如無法正確辨識，則仍應再確認聽覺輔具增益的合適性。

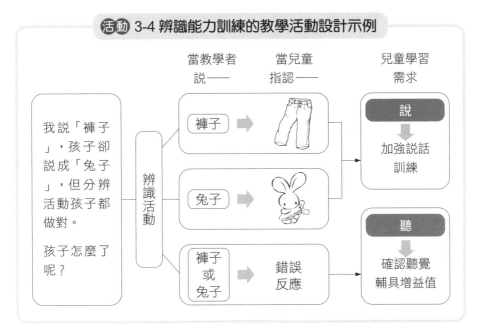

活動 3-4 辨識能力訓練的教學活動設計示例

| | 當教學者
說—— | 當兒童
指認—— | 兒童學習
需求 |

我說「褲子」，孩子卻說成「兔子」，但分辨活動孩子都做對。

孩子怎麼了呢？

辨識活動

褲子 ➡ （褲子圖）

兔子 ➡ （兔子圖）

褲子或兔子 ➡ 錯誤反應

說
➡
加強說話訓練

聽
➡
確認聽覺輔具增益值

活動提示

　　過程中，教學者可依兒童的表現，進行三至五次的辨識活動，若孩子能夠穩定正確分辨聲音的異同，也能正確辨識，則在後續的療育中應加強兒童說話的清晰度；倘若僅能穩定分辨聲音的異同，卻無法正確辨識，則很可能是由於孩子聽得不清楚所致，故應再次確認聽覺輔具的增益值。

肆　提升聽障兒童理解能力的教學策略

　　聽覺理解係指兒童能夠處理和回想已經聽過的內容，林寶貴與錡寶香（1999）曾指出語言理解的評量主要可包含：聽覺訊息的區辨、聽覺記憶、語法理解、語意理解，和口語篇章或短文理解等五大向度能力，其涵蓋的範疇相當廣泛。此外，Easterbrooks與Estes（2007）則是認為聽覺理解應包

括四項能力：聽覺記憶、遵循指令、聽覺序列與聽覺整合的能力，前三項能力主要為兒童的長、短期記憶能力，後者則屬於進階的聽覺能力。整體而言，為協助聽障兒童發展有效的溝通，聽覺理解將是不可或缺的能力。

一、理解能力訓練的目的

發展在課堂上或一般日常對話中理解語言和回答問題的能力。

二、理解能力訓練的實施

兒童須依據既有的語言知識，了解聽覺訊號的意義（可以用回答問題、聽從指示的方式做反應）。由描述細部特點或細節，判斷是否能以自身先備知識了解意義，如：問孩子：「有一種動物，有四條腿，是人類最忠實的好朋友」，觀察孩子是否能將前述訊息與「小狗」連結。

三、理解能力的訓練

聽覺口語法療育實務中，為奠定聽障兒童良好聽能處理能力的基礎，將針對不同能力的聽障兒童設計不同的聽覺記憶、聽覺描述與進階聽覺技巧活動，進而引導聽障兒童逐步擴展其理解能力。

(一)聽覺記憶

1.聽覺記憶訓練的目的

聽覺記憶（auditory memory）的儲存是語言學習的關鍵，亦是與日常會話和課堂參與高度相關的能力（Estabrooks, 2000）。聽覺記憶訓練的目的乃是延展孩子的聆聽長句與建立語言理解的基礎，藉由兒童從聽能管道接收的口語語言訊息，經口語反應記憶的能力。常見的訓練活動主要為模仿和複述訊息（洪清一，1999；陳美芳，1999）或複述句子（錡寶香，2006）。

2.聽覺記憶訓練的實施

在聽覺口語法療育課程中，兒童的聽覺記憶是指兒童回憶聽到的內容

（如：兒童將教師說過的故事內容演出來）。當兒童可以穩定完成一個字（one-word）的指令後（如：跳、推），建議聽覺口語師或家長可開始訓練兒童的聽覺序列記憶（auditory sequential memory）（引自 Easterbrooks & Estes, 2007: 12）。在實務上，當兒童聽覺記憶能力逐漸穩定時，透過要求兒童練習將聽取到的訊息內容進行正確的先後順序排列，將有助於奠定未來口語表達、閱讀的基礎。常見實施活動設計如活動 3-5。

活動 3-5 聽覺記憶訓練活動設計

項次	教學目標	目標句範例
一項	一個動詞	拍拍；坐坐；洗澡。
二項	二個名詞	西瓜和葡萄。
三項	二個名詞＋一個介系詞	把故事書放在桌子上面；把牛奶放在冰箱裡面。
四項	二個名詞＋二個動詞	姊姊說故事，弟弟唱歌。
五項以上	二個名詞＋二個動詞＋時間副詞	爸爸在吃飯之後要幫小狗洗澡。
	三個單位詞＋三個名詞	我要一個鱈魚堡、兩份薯條和三杯果汁。

活動提示

　　過程中，當兒童無法反應正確的選項時，教學者可重新複述完整句。若依舊無法完成，則可經由大人的操作及示範讓孩子了解。此外，當教學者尚未說完指令，孩子卻急著伸手拿物品時，可將物品放遠一點、請兒童注意聽或等一下，或者教學者也可將手輕輕擋在孩子的前面以示阻止〔註：修改自林桂如（2011c），修改部分為加入活動提示〕。

訓練過程中，聽覺口語師將視聽障學生的學習需求與能力，如：兒童的生理年齡、聽覺年齡、認知程度、動作發展等，選擇兒童已熟悉或可指認的事物作為主要描述的內容（記憶項次），再加以選擇適當的教學目標及提供視覺線索的程度。

對於年紀較小的小孩，一開始輔助的教具選擇原則為具安全性、易操作、與真實物品相仿的教具，因此以選擇兒童常接觸的物品為主，如：尿布、奶瓶等，進而延伸至生活中經常可見的事物，如：水果、食物等。當孩子學習能力逐漸提升，可再擴展至動物、水果、蔬菜、交通工具類的事物，也可搭配使用平面的圖片、照片等。對於年紀較大的大小孩或聽語表現佳的兒童，則可利用文章、故事內容進行或提問。

(二) 聽覺描述

1. 聽覺描述訓練的目的

聽覺描述（selection by description）主要是以描述性的語句來敘述所要表達的人、事、物，且不直接說名稱，讓孩子聽完後做出正確選擇（Simser, 2011）。具體而言，其目的旨在透過聽能建立完整的思維，幫助兒童練習聆聽較長、完整的句型，以培養推理和連結思考的能力，奠定未來口語表達與描述事物能力的基礎。

2. 聽覺描述訓練的實施

(1) 訓練方式

雅文基金會創辦人鄭欽明、倪安寧夫婦在創立之初，曾於 1990 年代間邀請若干國際知名的教育專家來台為聽覺口語法紮根。當時，聽覺描述訓練主要劃分為閉鎖式與開放式兩階段的練習，並進一步將閉鎖式階段細分為四：重複狀聲詞（sound-word repeated）、由關鍵字確認（identify by key words）、辨識兩組相似特徵事物（pairs of similar characteristics）、由同類別中選擇（identical category）；開放式階段練習則細分為：重複狀聲詞、加入關鍵字、複雜的描述（complex description）、透過詢問問題找答案（identify by questioning），幫助教學者可適時針對兒童的學習表現調整教

學目標（Simser, n.d.）。

　　後續，Simser（2011）進一步修正調整閉鎖式階段為三：重複狀聲詞、由關鍵字確認、辨識包含相似特徵事物（include objects with similar charac-teristics），並建議前述能力穩定後，方才展開開放式階段的練習。

　　國內的聽覺口語法療育在實施上，考量自然減少聽障兒童對於視覺線索的依賴與增加語言輸入豐富性的必要性，因而建議當孩子具有穩定二項聽覺記憶時，教學者即開始進行閉鎖式階段的練習，並鑑於閉鎖式的訓練乃是開放式訓練學習的基礎，故建議當教學者在確認兒童閉鎖式第二階段訓練的表現穩定後，可開始進行開放式第一階段的訓練，以此類推。筆者參考Simser（n.d.）與國內現行聽覺描述訓練實施程序，繪製國內聽覺描述訓練實施階段如圖 3-11。

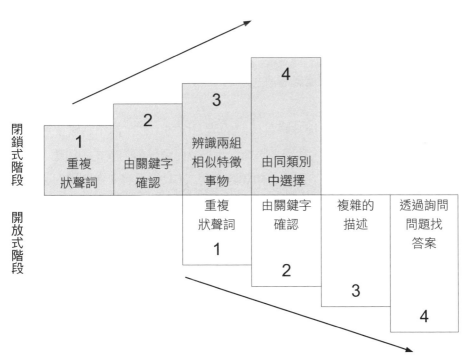

圖 3-11 ▪ 國內聽覺描述訓練實施階段圖

(2) 訓練技巧

　　對於初階的兒童，教學者每次可運用四種教具來進行描述選項，亦即由四個物件中選出一個。聽覺描述閉鎖式與開放式階段訓練活動範例請見表 3-2。過程中，教學者宜鼓勵孩子在聽完所有描述語句後再做出選項，一開始描述時主要以教學者或家長示範使用三至四個短句描述，若兒童能力較進階，教學者或家長可擴展更長的描述句或改由兒童進行描述，再由大人們聆聽後指認物品。

　　由於聽覺描述訓練有賴聽障兒童專注的傾聽方能做出正確選項，因此，練習時建議進行聽覺描述一至二次即可。當兒童指認出正確選項時，應給予正向鼓勵，倘若兒童選錯，也可試著鼓勵孩子再仔細聆聽一次，避免急於糾正。

(三) 進階聽覺技巧

　　學習傾聽的能力應融入在日常活動中，透過經常性、規律性的練習，使傾聽逐漸成為生活的一種方式。因此，聽能訓練並不僅限於教室情境的環境安排，身為家長和療育者宜把握任何可以讓孩子練習傾聽和說話的時機。

　　隨著孩子通過聽覺提升語言理解的能力增加，在生活中將需要發展進階的聽覺技巧。實務中，教學者將進一步指導兒童學習開放式的傾聽，如：遠距傾聽、在背景噪音下傾聽、傾聽錄音帶或 CD 的內容、在團體對話中傾聽、接聽電話與透過在生活情境中的側聽等活動加以學習（Cole & Flexer, 2007; Estabrooks, 2006）。

　　每一個學習的經驗都該是愉快的。當聽障兒童能夠積極參與、從遊戲中獲得成就與認同時，許多學習都會發生。聽覺口語法療育實務是透過結合多種技巧、透過系統療育規劃，引導聽障兒童喜歡去參與、預測、操作日常生活中的活動，進而逐步發展聽語能力。相關聽能教學活動請參見〈附錄四：聽能教學活動實例〉。

表 3-2 ▪ 聽覺描述閉鎖式與開放式階段訓練活動示例

	階段	目標句範例	教具準備
閉鎖式	第一階段：重複狀聲詞	它會在天上飛飛飛，它會發出「ㄚ～ㄚ～ㄚ～」，它是什麼？	蘋果、斑馬、飛機、冰箱
	第二階段：由關鍵字確認	牠會跳，牠的耳朵長長的，牠喜歡吃紅蘿蔔，牠是誰呢？	小狗、兔子、魚、飛機
	第三階段：辨識兩組相似特徵事物	牠是動物，牠的身上有條紋，牠喜歡吃肉，牠很兇猛，牠是誰呢？	老虎、斑馬、火車、汽車
	第四階段：由同類別中選擇	牠是動物，牠有翅膀，牠有兩隻腳，牠的腳有蹼，牠的脖子長長的，牠是誰呢？	鵝、雞、鴨、小鳥
開放式	第一階段：重複狀聲詞	牠是動物，牠會「汪、汪、汪」地叫，牠是誰呢？	不提供直接的視覺線索
	第二階段：由關鍵字確認	牠有四隻腳，牠的身上毛茸茸的，牠會叫，牠喜歡吃肉骨頭，牠是誰呢？	
	第三階段：複雜的描述	牠是一種可被飼養的寵物，有很多種毛色，看到陌生人的時候會大聲地吠叫，有的還可能會咬人，能幫主人看家，見到熟人時尾巴會不斷地左右晃動，牠是誰？	
	第四階段：透過詢問問題找答案	T：請猜猜我手上是什麼東西。 P：請問它是哪一類？ T：牠是動物類。 P：請問牠有幾隻腳？ T：牠有四隻腳。 P：請問牠喜歡吃什麼？ T：牠愛吃肉骨頭。 P：我知道了，牠是小狗！	

資料來源：修改自林桂如（2011c），修改部分為開放式第四階段教師（T）、家長（P）的目標句示範。

 結語

　　在雅文基金會 2012 年推動的「家長教練模式方案」的活動中，曾將聽
覺輔具、家長和專業聽覺口語法療育人員比喻為空氣、陽光和水，表達在
灌溉、教育每一株聽障兒童的幼苗上彼此關係的密不可分。尤其是對於聽
障兒童而言，助聽器或人工電子耳並不等同於另一隻功能完好的耳朵，因
此，如欲發展「聽得到、聽得懂」的能力，端賴持續的專業聽語訓練與家
長的深度參與，方能讓聽障早期療育發揮最大的成效。

　　早期療育是為了協助身心障礙兒童及其家庭盡可能正常地生活（引自
Bailey & Wolery, 1992: 47），而聽覺口語法正是屬行實踐這項理念的療育服
務。戴上聽覺輔具後的兒童，儘管聽覺輔具能將聲音放大，然而運用聽能
仍是需要經過有意義的學習，因此，聽覺口語法鼓勵家長在日常生活幫助
孩子自然學習聆聽和表達，帶給聽障兒童及其家庭一個聽得見的希望、說
得好的可能。

4
聽覺口語法之語言教學

洪右真

學習目標

- 學習從不同角度談述和定義語言
- 了解構成語言的要素
- 依據聽障兒童的個別語言表現來推斷其對應的語言發展階段
- 了解兒童運用何種學習策略來鞏固語言基礎
- 學習和思考主要照顧者和療育者可運用之語言教學技巧

The limits of my language mean the limits of my world.
語言能力界定了我的世界。

~Ludwig Wittgenstein

 前言

　　Wittgenstein（2005）曾說：「並非紅色讓這個詞產生了意義，而是指著紅色物體的那個手勢。」（It isn't the colour red that takes the place of word red, but the gesture that points to a red object.）這句話雖然饒舌，卻能一語道破語言在人類世界中所扮演的角色。當小羽用手指向一朵紅色的花時，背後隱藏的溝通動機是希望能夠喚起同伴的共同注意力（joint attention），將自己當下的想法傳達給對方。假設此時小羽用手指著花第一次說出「瓜拉」，那同伴會分不清「瓜拉」是指那朵花，還是花的顏色，抑或只是花瓣。但若小羽自此以後總是規律地將不同的紅色物體指稱為「瓜拉」，那她的同伴即能漸漸從使用的規則性裡體會到「瓜拉」真正的含義，也就是意指著紅色這個顏色。於是，口頭語言就在這樣的一來一往間形成了，成為了溝通方式之一。

　　每一種語言都是一套複雜的符號系統，而符號間相互的排列與組合，都傳遞著不同的意念和想法，用來達到不同的溝通目的。若要有效幫助聽障兒童學習語言，即應先了解構成語言系統的要素，以及兒童習得語言的歷程，了解他們在每個學習階段的語言表現，才能安排合宜且適性的階段性教學。另外，針對聽障教育，本章將進一步探討可能影響聽障兒童語言發展的因素，期能幫助聽障療育者釐清不同的可能性，即時進行跨領域的合作或是家庭諮商。最後，兒童在語言習得過程中常會運用到的學習策略，以及療育者可利用的語言教學策略，亦為本章之著墨重點，盼能藉以協助聽障療育者針對聽障兒童的個別狀況進行教案的設計與執行。

第一節　語言內涵

　　廣義來說，語言是一套用來組織、傳遞、溝通想法的符號系統。根據文獻記載，目前世界上約有六千九百種不同的語言（Lewis, 2009）。每種語言都是由一組恣意形成的符號遵循著有限的規則組合變化而成，並可藉由書寫、口說或是特定媒介（如：手勢或旗幟）來呈現。然而，從最初把語言當作是一種歷史、社會或心理現象來探討，到現今將之與物理、生物學做連結，都在在顯示語言所觸及的領域範圍廣泛，因此其定義也會隨著不同的視野角度而有所變異。

　　現代語言學之父——Ferdinand de Saussure 最先嘗試將語言從十九世紀盛行的歷時性（diachronic）分析法中抽拉出來，並強調語言共時性（synchronic）。不同於歷時性分析法注重符號如何隨著時空的演變而發展，如分析漢字「之」在不同歷史背景裡的意義及用法，共時性分析則僅關注在一個時間點上的語言特性。此外，Saussure 還認為語言的展現並非一成不變，每個人都有自己的「語言風格」，因此語言可謂為人類話語能力下的社會文化產物。若要正確描寫語言內涵，就應注重語言符號在當下所代表的深層意義和價值。依據這樣的觀點，他更進一步主張語言（langue）是約定俗成的規約，但它的外在體現則會隨著言語（parole）的使用而有差異。

　　另一方面，語言學家 Noam Chomsky 則在 1960 年代後主張語言是一種心智器官（mental organ），認為人類的語言表達是在進化演變過程中自然獲得的能力。藉由遞迴法（recursion）的應用，詞句才能依據千萬種的想法，從一套有限的語法規則延伸出無限的組合。依循這樣的想法，Chomsky更進一步建議語言研究不應只侷限於某種特定的符號系統，也就是不僅單看一種語言，而是去探索所有語言所共享的運行機制。

　　因此，許多學者也隨著科技日新月異的腳步，開始透過各種管道試圖探尋語言的本質。有的希望可以藉由物種比較實驗釐清語言演進的脈絡，進而解開語言根源之謎；有的則嘗試以腦造影技術（如：事件誘發電位腦

電波或功能性磁振造影）為媒介，來探討大腦與語言處理的關係。然而，語言是否可以作為人類與其他動物的分水嶺儘管未有確切的定論（Hauser, Chomsky, & Fitch, 2002），在人類語言的構成要素上卻已有其共識，茲分述如下。

壹　組成語言的要素

　　語言雖是一套縝密繁複的符號系統，但依據語言的運用型態，還是能將其約略區分成三大範疇（Bloom & Lahey, 1978; Owens, 2012）：形式（form）、內容（content）和用法（use）。筆者綜合以上觀點繪製如圖 4-1 所示，這三大範疇雖各自獨立，但若要正確理解或傳遞一份訊息，卻需仰賴其相互的重疊及融合。具體而言，形式掌管了一切可將無形思想轉換成有形符號的遊戲規則，包括：構詞、音韻及語法；內容則意指語意，也就是每個符號所代表的意義和概念；最後，用法則主要是著重於語用方面，即是考慮各種符號在不同情境及溝通目的下的表達方式。以下將逐一介紹構成語言的五大要素。

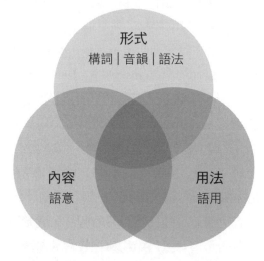

圖 4-1 ▪ 語言三大範疇之融合原型

一、構詞

　　構詞學（Morphology）又稱語形學，主要在描述和探討語詞組成的內部結構，其中最小的音義結合體——語素（morpheme）為最基本的單位。一個詞通常由一個或是多個語素所形成，例如：「貓」、「葡萄」和「胖貓」。其中，「貓」與「葡萄」分別為單音節和雙音節的單純詞，且兩者皆為語素；所謂的語素就是語詞無法再分割為更小的意義單位。相對於單純詞，合成詞「胖貓」的組成分子則為語素「胖」與「貓」。

　　依據存在的獨立性，這樣的語素又被稱為自由語素（free morpheme），因為它擁有獨立的語意，且能單獨成詞。反之，必須要黏附在其他語素上才能產生意義的則稱為附著語素（bound morpheme），又名詞綴（affix），擁有構詞的功能。根據出現的位置，詞綴則可再細分為前綴詞（prefix）、中綴詞（infix）和後綴詞（suffix）。以中文來說，如「小林」、「小王」和「小張」裡的「小」字皆屬於前綴詞；「睡不好」、「吃不飽」與「跑不動」中的「不」字則是中綴詞；而「刷子」、「梳子」和「鏟子」裡的「子」字則被歸類為後綴詞。上述例子中，這些能夠改變詞類（如：「梳子」）或語意（如：「跑不動」）的詞綴統稱為衍生語素（derivational morpheme）。

　　此外，中文裡還有一些附著語素是具有文法功能的，被稱為轉折語素（inflexible morpheme）。它們能描述時態、單複數型和所有格等，如常附著在動詞後面描述時態的「著」、「了」和「過」等。以上有關語素的概念，可以圖 4-2 清楚地呈現。

二、音韻

　　音韻學（Phonology）是一門主要研究口語語料的學科，著重於探討不同的語音如何依據規則串連組合成有意義的語言。每一種語言都有一套屬於自己的音韻系統。音素（phoneme）是音韻學裡很重要的一個觀念，它是具有意義區辨能力的最小語音單位（Bloomfield, 1933），反映的是一種心

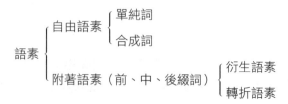

圖 4-2 ■ 語素種類之概覽

理語言系統內的歸納狀態。

　　一個音素可能同時擁有數種不同的發音，但每個發音所代表的語意卻是相同的，且此語言的使用者有時甚至無法察覺其間的差異性；換句話說，音素是一種心理的表徵（mental representation），而它的音位變體（allophone）則是透過不同的生理結構和物理原理所發出來的真實聲音。舉例來說，英語中的 /r/ 和 /l/ 為兩個不同的音素，但在日文中不是，所以許多日語母語者無法清楚分辨英文裡的 /r/ 和 /l/，因為這兩個語音對他們來說，在心理的表徵是一樣的（Bomba, Choly, & Pang, 2011; Goto, 1971）。又好比中文裡的ㄣ（/en/）和ㄥ（/eng/）雖是兩個不同的音素，但在臺灣許多中文使用者卻常混淆甚至無法分辨這兩個語音。此外，有別於許多語調語言（intonation language）裡的聲調使用是出自於情感的表達，中文是一種聲調語言（tone language），每個聲調又各自代表了獨立的音素，如：「媽」、「麻」、「馬」、「罵」都各有不同的語意。

三、語法

　　相較於構詞學鑽研語詞的內部構造，語法學（Syntax）則聚焦於規範語詞排列的法則。縱使習得眾多字彙，若無法按照使用中語言的規則性將其組合成有意義的序列，也是枉然，因為所要傳達的訊息可能會由於語法錯誤而導致內容紊亂不明。於是，語法描述了一個語言系統內詞彙排列的法則：語素如何相扣為詞，詞如何組合成短語，短語又如何和其他詞素排列成句子云云。好比在中文裡，「小明親吻小英」是合乎文法的句子，而「親吻小明小英」則不是。

根據語法功能，語言學家將字詞分成實詞和虛詞兩類：實詞具有實質語法意義，是構成句子的重要成分，如名詞、動詞、副詞、形容詞等；反之，虛詞大多扮演連結實詞的角色，無法單獨存在，如副詞、介詞和連接詞等（劉月華、潘文娛、故韡，2006）。

四、語意

語意學（Semantics）是一門專門研究意義的學科，其探索的範圍不僅僅侷限於詞彙層面，也包括了句子和文章的意義。顧名思義，一段「有意義的訊息」指的就是在一段訊息裡，符號元素的排列不但需要依循文法規則，其表達的語意還要符合情境的適切性，例如「芋頭酥吃了小明」這句話，雖然符合句法規定卻令人無法理解，因其語意謬誤，與一般人的背景知識有所出入。而癥結點就在於，一般說來，僅有有生命（animate）的個體能進行「吃」這個行為，而無生命體（inanimate）如「芋頭酥」則不行。因此在我們的認知裡，一個詞彙的有無生命性（亦可標記為：[±生命]）成了是否能與動詞「吃」搭配的最重要的一個語意特徵（semantic features）。語意特徵是構成一個詞彙語意內涵的最基本單位。一個詞彙的完整語意源自於許多語意特徵的結合，而詞彙間的語意差異指的就是各個語意特徵間的不同。茲將不同詞彙並列，進行語意特徵比較，遂能分析其語意的相異點，如表 4-1 所示。

表 4-1 ▪ 語意分析

項目	特徵				
	交通工具	汽油	方向燈	車窗	停靠站牌
腳踏車	＋	－	－	－	－
摩托車	＋	＋	＋	－	－
轎　車	＋	＋	＋	＋	－
公　車	＋	＋	＋	＋	＋

經由特徵比較後，表中「轎車」與「公車」這兩個詞彙乃相異於是否會「停靠站牌」。當然，類似的特徵比較是可以無限延伸和擴展的，也因此能使我們有系統地分辨兩個詞是否屬於近義詞（synonym），如「媽媽—母親」與「單車—腳踏車」，或是反義詞（antonym），如「冷—熱」和「胖—瘦」。

五、語用

語用學（Pragmatics）旨在研究種種超越文字層面的含義，也就是所謂的言外之意、弦外之音，如諷刺挖苦或是暗喻之運用。另一方面，語用學也探討語境（context）對於語言使用的影響；語境的不同會關係到句型、詞彙等的選用；為了達到溝通意圖，說話者（sender）必須考量當下的情境以及受話者（receiver）的認知狀態，挑選適合的方式來傳遞欲表達之訊息。

在文章中，語境泛指上下文或風格脈絡。然而，在自然溝通的情況下，語境又進一步包含了參與談話成員的背景、肢體語言、情緒狀態，或發生談話當下的環境、時間、地點等等，例如當一個學生因為學業繁忙向朋友抱怨「我的壓力大到要爆炸了」，指的並非是身體真的要炸開，而是以一種比喻方式來描寫當下心理的狀態。又如根據談話對象的身分，詞彙的挑選也會有所不同，如對長輩會使用「您」，對平輩或晚輩則為「你」。

因此，語用學是學習溝通時一個十分重要的環節；若無法領會對話技巧或特定文化背景下約定俗成的規約，將有可能因為語用失誤，造成在溝通時抵觸社會規範或人際倫理。

這些依據語言的外在體現所歸納定義的組成要素看似各自獨立，實質上卻是相互牽制與影響。符號系統的產生來自於對溝通的需求，因此對於構詞、音韻、語法和語意上的表達與解讀，也會隨著不同的語境而有所調整以合時宜。最後，表4-2為上述語言內涵的歸納與整理。

表 4-2 ▪ 語言內涵的三大範疇及其所屬之要素

層面	探討內容	元素	例子
形式	語音如何串連成字，字又如何組合成為詞彙，並依循規則排列形成合乎文法的語句。	【音韻】	不同的聲調或語音組合規則。
		【構詞】	如：中綴詞「不」在「睡不著」一詞中的用法。
		【語法】	規範語詞排列的法則，如：「志工保護樹木」是合乎句法的中文句子。
內容	字詞本身的含義，及詞與詞間的關係。	【語意】	如：「哀傷—悲傷」為近義詞，「悲傷—快樂」為反義詞。
用法	語言在日常生活情境下如何被使用。	【語用】	如：「你真的是個好人」這句話在不同的情境和語氣下，其意義上會有所轉換。

貳 語言習得之必備條件

　　語言的習得並非一朝一夕之事，需要時間累積而成，倘若心理和生理的架構沒有同步就緒，將有可能會導致孩童在語言學習的過程上遭遇困難或挫折。茲將語言發展之必備條件概述於下。

一、生理方面

　　生理方面泛指在表達及理解語言時所需之身體構造。語音的傳遞需要聽覺系統的合力運作，先將聲音從外耳經由中耳傳到內耳，爾後音訊在此轉化成電能刺激聽覺神經再一路將訊息傳遞至大腦皮層，最後由大腦語音處理機制將訊號解碼成可理解的資訊。因此，若周邊或中樞聽覺系統任何一部分發生病變或損傷，均有可能會導致聽覺上的障礙。

　　另一方面，言語是一連串快速且協調的動作行為，需要神經與肌肉的密切配合，因此動作技能（motor skills）的純熟度與語言和言語發展是息息相關且相輔相成的。此外，良好的構音（articulation）也需要呼吸、發聲和共鳴器官的相互配合。

最後，視覺系統也在語言發展中扮演著重要的角色，除了能讓表情、手勢或是嘴型成為視覺線索輔助語音處理外，它還能將語言與現實世界做連結，如「香蕉」是指一種黃黃、彎彎的水果。

二、認知方面

要能夠正常習得語言，健全的認知發展也是必要的，如注意力能影響語言學習效果（Schmidt, 1995），而與注意力密切相關的記憶可將已習得之符號形象及其所屬之意義儲存於大腦，並在必要時從心理詞庫（mental lexicon）裡提取應用，或能幫助辨識不同的文句結構，在合適時機組合使用以表達思維。

其他認知能力，如由教育心理學家 Charles H. Judd（1908）所提出的類化（generalization）技能，則能使個體憑藉固有之知識經驗解決新問題，如此觸類旁通、舉一反三，皆有助於學習的正向發展（Ausubel & Robinson, 1969; Cormier & Hagman, 1987）。

三、社會與環境方面

最後，語言的使用是來自對於溝通的渴望，可被視為是一種社會行為（Tomasello & Farrar, 1986; Vygotsky, 1962）。因而，語言的順利發展也仰賴其他社會同伴（如：主要照顧者、手足、同儕）不間斷地給予言語上的輸入和刺激，使其能夠透過溝通回饋加強適當語言的使用。

第二節　兒童語言發展

語言發展一直是許多研究學者關心的話題，也激發了各種不同的學派與假說。舉例來說，行為學習論認為語言的習得是來自於對其他同伴的模仿，而天賦論則主張語言是人類天生就具有的能力。相較於語言發展理論的不確定性，兒童的語言發展歷程就顯得較為一致。本節將先針對幾個重

要的語言發展理論進行簡單的闡述，並彙整不同學者所提供的兒童語言習得歷程之描述，盼能提供聽障療育者在進行語言發展評估時作為參考。

壹　淺談語言發展理論

若能對於不同的語言發展理論有所理解，將更能提升療育者誘導語言產生的敏感度。茲將幾項重要的語言發展理論介紹如下。

一、行為學習論（Behaviorist theory）

以 Burrhus F. Skinner 為首的行為學習學派主張語言就如其他行為一樣，是經由不斷地學習與操控制約（operant conditioning）所得出的結果（Skinner, 1975）。操控制約是一種行為塑造的方式，藉由正向增強（positive reinforcement），如獎勵回饋，可讓個體鞏固強化某種行為模式；反之，負向增強（negative reinforcement）則是藉由負面結果讓個體強化或是摒棄特定行為。

於是，當兒童模仿其他社會同伴言語時，會在溝通互動中藉由增強結果鞏固正確的語言用法，並修正錯誤的理解或表達。例如幼兒一開始的發聲行為通常會吸引旁人的注意力，若之後進一步發出與母語相仿的語音（如：媽媽、抱抱、爸爸等），更會贏得家人的關愛及讚美，而這樣正面的情緒回饋便能加強和促使幼兒類似的語言行為再度出現。

然而，縱使行為學習論能夠說明兒童語言習得的潛在促因，卻無法解釋兒童是如何僅憑模仿習得之語言知識去創造其他從未聽過或是看過的字句，同時也難以闡述兒童何以在語言發展中常出現過度類化（overgeneralization）的現象（Chomsky, 1959）。因此，行為學習論在討論語言習得時所面臨的最大難題，便是語言的創造性。

二、天賦論（Nativism theory）

每個人通常都能由一組會窮盡的字詞，依有限的規則組合製造出無限

的句子。有鑑於語言無止境的創造性，Chomsky（1959）為首的學者主張，語言的習得必定是一種與生俱來的能力，否則單憑模仿是無法解釋語言生成的基本遞迴特質。此派學者認為，大腦中有一抽象的「語言習得器」（Language Acquisition Device，簡稱 LAD），是掌控一切的語言器官。

在語言發展的歷程中，藉由與言語的密集接觸，兒童會逐漸領會其蘊含的規律性和控管此規律的普遍語法（Universal Grammar）。這樣的能力是天生固有的，被稱為語言能力（linguistic competence），而普遍語法則是人類共同擁有的深層語言結構，只要透過足夠的語言刺激便能經由不斷地自我修正，發展出完善正確的語法系統，而世界上不同的語言則是在不同環境下所發展出來的語言表現（language performance）。

然而，由於天賦論過度鑽研形式句法，並且認為語言是一套獨立運作的系統，不受任何因素左右，因而忽視了其他範疇如社會文化或是情緒對於語言影響的可能性，以及語言與認知發展之間深厚的關聯性（Everett, 2008）。此外，天賦論顯然也無法全面解釋，為何兒童會經歷不同的語言發展階段，如牙牙學語期或是雙字期（Owens, 2012）。儘管如此，近代依然有許多學者以 Chomsky 派的思想為主軸，並加以修正延伸來探討語言的發展，例如：從演化適應論探討語言本能的 Steven Pinker（1994）。

三、認知論（Cognitive theory）

認知論的發揚者 Jean Piaget（1926）認為思維成就了語言，語言是認知行為發展下的附屬品（有關 Piaget 之認知發展理論請參見本書第六章）。幼童的語言表現需要認知結構作為發展基礎，包括抽象化概念的理解，如時空關係或是序列排組。個體能透過感官探索周遭事物來豐富內建的心理基模（scheme），進而使用語言符號從事思想活動並開始對物體個別命名。

然而，有些學者主張語言能力顯然也無法完全與認知程度畫上等號（Yamada, 1990），並舉威廉氏症（Williams syndrome）患者為例，儘管他們通常被認定有輕度至中度的智能障礙，且對於空間處理表現不佳，其詞彙表現卻異常優秀，並擅長存取冷僻艱深的語詞（Bellugi, Lichtenberger,

Jones, Lai, & St. George, 2000; Bellugi, Marks, Bihrele, & Sabo, 1988）。

四、社會互動論（Social-interactionist theory）

相對於認知論，社會互動論的始祖 Lev S. Vygotsky（1962）認為，語言與思想活動一開始是各自獨立平行發展的，要到兩歲後幼童開始學會支配語言時，思維才會與語言相互交融。不僅如此，Vygotsky 更將語言視為一種社會行為，最初作為與社會同伴溝通的橋樑，之後才逐漸內化成一種心智工具。

然而，近代則有學者進一步主張，「溝通意圖」的產生才是語言發展的終極誘因，其中又以共同注意力（joint attention）之技能熟成為最重要的關鍵，因而發展出社會語用論（Social-pragmatic theory）作為語言習得的中心假設（Bruner, 1983; Nelson, 1985, 1996; Tomasello, 1992, 1995, 2003）。當幼童可以與同伴共享注意力，也就是一同專注在同一件物體上時，他便能在有意義的情境下，以模仿的方式從對方身上習得特定符號的形式和功用；而功用指的便是在何種情況下適合使用此符號以達到溝通的目的（Ninio & Snow, 1988; Tomasello, Kruger, & Ratner, 1993）。因此，充足的社會互動活動（social interactional routines），如：換尿布、洗澡、餵食、親子遊戲等，便成了幼童習得語言的最佳管道（Bruner, 1983; Nelson, 1985; Tomasello, 1988）。

貳　兒童語言發展歷程

依照言語表現來階段性地劃分兒童語言發展歷程，是一種普遍的語言習得分析手法。綜合不同學者的觀察和分類（Berry, 1969; Eisenson & Oglivie, 1983），茲將零至六歲兒童之語言發展歷程整理如表 4-3，並說明如下。值得注意的是，由於語言發展會依個體間的差異有所不同，如此的階段劃分僅是一種「快照式」的紀錄，因而其所代表的年齡範圍亦僅能作為參考（Case, 1991; Dromi, 1987; Mitchell, 1997）。

表 4-3 ▪ 零至六歲兒童語言發展歷程一覽表

年齡	里程碑	語言表現
出生	前語言期	• 理解能力優於表達能力。 • 反射性言語期 → 咕咕期 → 玩聲期 → 牙牙學語期 → 呢喃學語期。
	單字期	• 語言開始有指代性。 • 語言過度衍生的現象。 • 全句式的使用。
	雙字期	• 詞彙爆炸期。 • 電報式的言語。
	單句期	• 語句的長度和完整性增加。 • 理解且能表達中文基本句型（主語＋動詞＋實語）。
	複句期	• 好問期。 • 複合句的使用。
六歲	完成期	• 可以如成人般流暢地使用語言。

一、前語言期（pre-linguistic period）

普遍來說，學者都已認同嬰兒在口語技巧發展成熟前，就已具備與主要照顧者溝通的意圖與能力，其語言理解能力也遠高過於其表達力（Bates, 1979; Dromi, 1987）。前語言期的嬰兒首先會經歷反射性言語期（reflexive utterances），例如藉由哭聲反映生理層面的需求如飢餓，或心理狀態如疲睏和憤怒（Koopmans-van Beinum & van der Stelt, 1986; Oller, 1980; Stark, 1980）。因此，嬰兒的哭聲蘊含了有意義的抑揚頓挫變化。近幾年，更有研究指出，母語的聲學特性已能對這個時期啼哭聲的旋律變化產生顯著的影響（Mampe, Friederici, Christophe, & Wermke, 2009）。

接著，新生兒在經歷約莫兩個月的反射性言語期後即會依序進入咕咕期（cooing / gooing）、玩聲期（vocal play）、牙牙學語期（reduplicated ba-bbling）及呢喃學語期（non-duplicated babbling）。本書第七章第三節將提供有關上述各個發展時期的詳細描述。值得一提的是，即便是重度的聽障幼兒也有牙牙學語的表現。然而，假如聽障兒於此階段未得到妥善的診療，

也未配戴適合的輔具，將會由於聽覺回饋之匱乏而漸漸喪失玩弄聲音的樂趣和興趣。另一方面，有文獻特別指出視覺性的自我刺激（visual self-stimulation）能有效提升聽障幼兒呢喃語出現的頻率（Stoel-Gammon & Otomo, 1986），而視覺性的自我刺激通常可透過情境布置來增強，如：在嬰兒床上懸掛鏡子或是有聲光音效的旋轉玩具。

最後，根據觀察，嬰兒在進入單字期前的幾個月，便已能夠用聲音混合手勢表達溝通意圖，吸引主要照顧者的注意以滿足自我需求。換句話說，一般嬰兒在此時期已發展出最基本的語用能力，其中又以祈使（imperatives）、陳述（declaratives）的運用最為頻繁（Bates, 1979; Zinober & Martlew, 1986）。

二、單字期（one-word period）

一歲左右幼兒的口語表達，將由無意義的發聲練習轉換成有意義的符號使用，代表個體的語言發展已漸漸步入單字詞運用的階段。然而，由於個體語言表現的強烈獨特性（idiosyncratic），使得前語言期和單字期的分界變得極為不清（Braunwald, 1978，引自 Dromi, 1987: 15）。

平均來說，單字期大約持續至出生後十八個月左右（Darley & Winitz, 1961）。這個時期的語言開始變得有指代性（referentially），卻也伴隨著過度延伸（overextension）的現象，例如：將狀聲詞「汪汪」泛指所有毛茸茸、有四隻腳的小動物，而「球球」則是指所有球狀的物體，包括皮球、蘋果、葡萄（Clark, 1973）。隨著認知發展，此現象將隨著幼童對於物體概念化的思想形成而逐漸消失，了解到儘管外型相仿，每種不同的物體都還是會有其專屬的名稱。

插圖 4-1 ▪ 孩子在語言上過度延伸的現象會隨著認知的發展而逐漸消失

　　此外，除了名詞（球球、媽媽）的使用，這時期的幼童也開始學會使用動詞（吃吃、抱抱）、形容詞（髒髒、大大）和社交詞彙（好、不好）。值得注意的是，這個時期的句子是用全句式（holophrase）呈現，幼童會頻繁地使用單一的字詞來表現一個完整句子的語意（Barrett, 1986; Ingram, 1971; McNeill, 1970; Waxman & Hall, 1993）。因此，此階段的孩童常會利用語境或手勢（如：用手指指向某方）來輔助自己達到溝通的目的，例如單詞「爸爸」就有可能因為情況不同，而代表了「爸爸，抱抱」或「爸爸來了」。另一方面，全句式的出現也促使幼童減少以哭聲博取旁人注意的頻率。

　　相對於這階段語意成熟度的成長，語法運用就顯得停滯不前（Greenfield & Smith, 1976）。正因如此，通常僅有主要照顧者能理解這個時期幼兒語言表達的真正含義和溝通目的。

三、雙字期（two-word period）

當單字期發展成熟後，幼童的語言發展將會逐漸步入雙字期。根據研究指出，有些幼童會在這個時期突然對於物體的命名產生興趣，並透過指認學習物體名稱，急速累積單詞而產生詞彙爆炸（vocabulary explosion）的現象（Dromi, 1987; Gopnik & Meltzoff, 1987; Lifter & Bloom, 1989; Reznick & Goldfield, 1992），而這驚人的語言成長不僅反映在表達性語言上，Benedict（1979）即指出，這個時期幼童的詞彙理解量比表達性語言要高出五到十倍左右。不過，不是每一位幼童都會經歷極端性詞彙爆增的階段，且詞彙爆炸的時機也因人而異，但大多出現在一歲半到兩歲之間，其中以名詞習得的數量最多，再則分別是動詞和形容詞（Haryu et al., 2008; Reznick & Goldfield, 1992）。然而，也有學者指出，以中文為母語的小孩最先習得的詞類乃為動詞，而這可能與中文的主詞省略結構（pro-drop），或甚至是文化影響有關（Chan, Brandone, & Tardif, 2009; Tardif, 1996）。

這個時期幼童所表達的句子多由兩個部分組合而成，其中又以「動作者＋動作」，以及「動作者＋物品」的結合類型為最多，如「媽媽，抱抱」和「爸爸，ㄅㄨ ㄅㄨ」（程小危，1986；錡寶香，2002，2009；Brown, 1973）。由於這個時期的言語結構簡單鬆散，且常省略介系詞、副詞等虛詞，因此又被稱為電報式語言（telegraphic speech）。相較於單字期，雖然仍需情境的補足，但旁人大多已能理解這些句子隱含的溝通目的。

四、單句期（simple-sentence period）

約兩歲至兩歲半中間，幼童累積的詞彙量已十分驚人，且隨著認知的發展也開始理解代名詞如「我」、「你」、「他／她」的指代意義。另一方面，當孩子雙字詞的運用能力已達到穩定階段，他們會開始利用修飾語或是文法元素來增加語句的長度和完整度，以加強溝通效果，達到溝通目的。此外，這個時期學習中文的幼童也已經能理解和表達中文裡最基本的語法句型「主語＋動詞＋賓語」，如「我要吃蘋果」（錡寶香，2002）。

五、複句期（complex-sentence period）

約莫兩歲半到三歲的幼童會開始頻繁地使用問句，進入所謂的「好問期」，像是不厭其煩地問「為什麼」、「哪裡」或「什麼」。除了疑問句和簡單的語句外，較複雜的複合句也開始在口語表達中形成。然而，最初期的複合句大多是由兩個簡單句先後排列而成，且缺少連接詞的應用。例如：在「如果是妹妹的，我就不要」這樣的句子中，幼童在表達時常會省略句中的「如果」（李丹，1989；許洪坤，1987，引用自錡寶香，2009：181-182）。

六、完成期

隨著年齡的增加，複合句的結構將越來越完整，而連接詞如「雖然」、「但是」等的使用正確度也會趨近穩定。大致上，一般六歲左右的學齡兒童已經擁有相當的詞彙量，並能如成人般流暢地使用語言。

參　影響聽障兒童語言發展之因素

誠如前文所述，即便缺乏外界的聽覺刺激，聽障兒在前語言期還是會如聽常孩子般地牙牙學語（如：ㄅㄚ ㄅㄚ ㄅㄚ、ㄇㄚ ㄇㄚ ㄇㄚ），因此有些學者推測這個時期的發聲練習，不完全來自於對外界聲音的模仿（Appleton, Clifton, & Goldberg, 1975; Fry, 1966; Lenneberg, Rebelsky, & Nichols, 1965; Zanden Vander, 1981）。然而，聽障兒牙牙學語的起始點約在出生後第十一個月，較一般聽常孩童要來得晚（Oller & Eilers, 1988）。就聲學特性而言，也有學者特別指出，這個時期聽障兒的韻母頻率與聲母特徵顯然與聽常兒童有所不同，強調聽覺刺激和牙牙學語穩定度上的高相關性（Kent, Osberger, Netsell, & Hustedde, 1987; Oller & Eilers, 1988; Stoel-Gammon & Otomo, 1986）。另外，值得注意的是，持續性地聽覺刺激匱乏與缺少自我聽覺回饋（internal auditory feedback），會導致聽障兒漸漸漠視聲音的存

在，對其失去興趣，傾向不再使用聲音（鍾玉梅，1995）。

由上列引述的研究結果可得知正常的聽知覺對於孩童語言發展的重要性，其所造成的影響甚至在一歲前的發聲練習中就可以被察覺。除了聽取能力外，還有許多林林總總的因素可能會影響聽障兒的語言發展，如認知發展、動作技能、心理因素等。囿於篇幅，此節將僅針對聽損程度與類型、聽能創建（aural rehabilitation）、家庭療育三方向進行探討。

一、聽損程度與類型

不管聽力損失的程度如何，對於孩童的語言發展都會有相當的影響（Davis, Elfenbein, Schum, & Bentler, 1986; Kirk & Gallagher, 1983）。一般而言，在沒有配戴適合輔具的前提下，聽損程度越重的孩童越容易遭遇語言聽取和表達的困難（Schow & Nerbonne, 2013）。根據臨床觀察，極輕度（16-25 dBHL）的聽障幼童通常在小時候沒有太多的外顯語言遲緩徵兆。然而，若長時間下來無法正確清晰地聽取每個語音，除了隨著年齡增長而出現明顯的構音問題外，其表達的句子也常會出現文法問題，如遺漏非重音的虛詞等。輕度聽損（26-40 dBHL）對於語言發展的影響與極輕度較類似，但 30 dBHL 以上的聽障者就有可能遺漏 25%至 40%的語言訊息，導致語言學習的不完整。若沒有輔具和療育的介入，一個患有中度聽力障礙（41-55 dBHL）的孩子只會有有限的語言表達能力和詞彙量；而中重度以上（56 dBHL 以上）的聽損可能造成 100%的語音訊息遺漏率（Anderson & Noel, 2007）。

除了聽損程度外，不同的聽障類型也會造成語言表現的差異，如集中於高頻的聽力損失會導致聲母和氣音的聽取困難，影響語言理解力及言語清晰度。然而，聽損程度和類型並不是影響語言發展的絕對因素，其他如療育介入和家庭參與度，甚至是輔具配戴的穩定度，也都會對語言發展產生一定或是更強大的作用（Gilbertson & Kamhi, 1995; Moeller, 2000; Moeller, Tomblin, Yoshinaga-Itano, Connor, & Jerger, 2007）。

二、聽能創建

　　早在 1980 年代後期即有研究顯示，相較於延遲確診的聽障兒，較早獲得確診和療育介入的個案在語言能力上表現較佳（黃德業，1989；White & White, 1987）。然而，一直到了 1990 年代中期才有學者開始系統性地深入研究，確診年齡和療育介入年齡對於聽障兒童語言發展的影響（Apuzzo & Yoshinaga-Itano, 1995; Yoshinaga-Itano, Sedey, Coulter, & Mehl, 1998）。藉由明尼蘇達幼兒發展評分量表（Minnesota Child Development Inventory）的結果分析，Yoshinaga-Itano 等人（1998）發現，出生後六個月內確診的聽障嬰幼兒，爾後在表達性和理解性語言的能力表現，都要較六個月後才確診的個案來得顯著優異。此外，也有其他研究同樣強調療育介入的早晚對於語言發展的重要性，如接受早期介入的個案在五歲時的語言能力表現，甚至可以接近聽力正常的同儕（Meinzen-Derr, Wiley, & Choo, 2011）。

　　近年來，腦神經科學對於大腦可塑性（brain plasticity）的研究發展，也提供了更多支持聽能創建時效性的生理佐證。藉由大腦皮質聽覺誘發電位（Cortical Auditory Evoked Potentials，簡稱 CAEP）的實驗觀察，Sharma、Dorman 與 Spahr（2002）發現，人工電子耳的植入時間與誘發電位中第一正向波（P1）的潛時（latency）有關。證據顯示，三歲半前就植入人工電子耳的聽障兒，在開頻後六個月的 P1 反應潛時已與聽力正常的同儕相仿。反之，七歲以後才接受人工電子耳植入手術的個案，其 P1 的顯現時間則皆有延遲的現象。此研究成果說明人類的聽覺中樞系統在三歲半前具有高度的可塑性，若聽障兒童能即時配戴合適的輔具，接受聽能創建，其聽覺中樞將極有可能隨著聽覺刺激的累積，重組運作機制與神經迴路，趨近與常童相仿（Gilley, Sharma, & Dorman, 2008; Sharma & Dorman, 2006）。另外，也有研究指出人工電子耳的植入年齡和語言表現之間有顯著的相關性。越早植入人工電子耳，並且有參與療育課程的聽障個案，其語言的使用技能就表現得越好（Nicholas & Geer, 2006; Svirsky, Teoh, & Neuburger, 2004）。

三、家庭療育

隨著療育導向日漸以家庭為重心，近年來也有不少研究指出，主要照顧者的療育參與度及其親子溝通技巧的純熟度，也會明顯影響聽障孩童的語言學習成效（Bodner-Johnson, 1986; Calderon, 2000; Moeller, 2000; Roush & Matkin, 1994）。根據介入時間的早晚與主要照顧者參與度為影響語言能力因素的分析結果，Moeller（2000）發現，主要照顧者在療育上的高密集參與度甚至可以彌補介入時間過晚所帶來的負面影響。因此，不僅只有療育人員和聽障孩童被視為聽能創建中的主要成員，主要照顧者更擔任著舉足輕重的角色，而他們對於療育的動機、對小孩的期待和支持度，更會左右聽障兒童語言學習的成效（Harr, 2000; Wu & Brown, 2004）。

插圖 4-2 ▪ 除了主要照顧者外，手足在家庭療育中也扮演著重要的角色，可以作為聽障兒童語言模仿的對象

第三節　兒童之語言學習策略

語言是由不同的符號組合而成，每個符號都是恣意發明和約定俗成的結果。因此學會標籤（label）與概念或物體間的關聯性，如：可以用來盛裝液體、就口飲用（＝概念）的容器（＝物體）與其杯子（＝標籤）間的關

係，乃是掌控語言能力的先決要件之一。根據文獻指出，年約十四個月大的幼兒還無法穩定地理解物體和標籤間的指代關係（Owens, 2012）。然而，令人驚嘆的是，只經過一小段時間，十八個月大的幼兒卻能對此關係的建立駕輕就熟。若情境得宜，幼兒甚至能夠在沒有看到物體的狀況下，憑空習得一件物體的名稱（Tomasello, Strosberg, & Akhtar, 1996）。

關於聽障兒童是否利用特定的策略和機制來習得語言，仍缺少系統化的探討與研究，就連一般兒童的策略使用仍是一個尚未完全解開的謎。然而現今已普遍認同孩子在語言習得的過程中是採取主動的態度，並透過不斷的嘗試和練習去理解大人口中的聲音（Tomasello et al., 1996）。本節將整理介紹幼兒習得語言的過程中可能會使用的學習策略和原則。

壹　擴展原則

Golinkoff、Merris 與 Hirsh-Pasek（1994）指出，「理解每件事物都有一個專屬的名稱」是開始習得詞彙的先備條件。隨著年紀的增長和經驗的累積，幼童即會開始憑藉物體間的相似度使用擴展原則（the principle of extendibility）對物體命名。但是此時的擴展策略僅限於運用在主題式的連結（thematic relationship），或是感知（perceptual）層面上相似的物體。感知層面如類似的形狀、味道、聲音、口味或觸感等，都會促使幼童使用擴展原則嘗試對新的物體進行命名。其中又以物體的形狀為最優先的依循特徵（Clark, 1983; Smith, Jones, & Landau, 1992），而當擴展原則被過度使用時，即會出現所謂的過度擴展現象，例如：小羽將每隻有四條腿且毛茸茸的動物都叫成「狗狗」（Clark, 1973）。

在依靠知覺特徵（perceptual features）為擴展線索一段時間後，約十八個月大的孩子將會開始更進一步將線索提升至類別（categorical）層面，意識到一件物體的功能性，或是其生理上和結構上的相似度都可以成為擴展的標準。在這樣的狀況下，孩子有可能將所有可以裝盛液體的器皿都稱為杯子（Golinkoff et al., 1994; Owens, 2012）。即便擴展原則可能會導致命名

錯誤的現象，但這卻是小孩主動進行語言習得過程中的一項有利策略。

快速連配

通常約兩歲的孩子會開始展現驚人的語言能力。當熟悉的環境中出現陌生的詞彙時，他們會利用快速連配（fast mapping）的策略，有技巧地推論新詞的意義。舉例來說，假設桌上有兩樣物品，其中一樣是孩子熟悉的杯子，另一樣則是孩子從未見過的老虎鉗。當媽媽說「請給我老虎鉗」時，孩子會馬上將不熟悉的語言訊息與新的物體連結，做出正確的選擇。Carey與 Bartlett（1978）在一項顏色配對的實驗中發現，孩子會運用如此的推理能力學習新字，並將之稱為快速連配。

值得注意的是，在有意義的情境和語境下，孩子更可以藉由熟悉的線索，有效地利用快速連配策略來推敲大人語句中所指的人事物（Woodward, Markman, & Fitzsimmons, 1994）。例如：晚上就寢前，當爸爸說「請把故事書拿給我，我來講一段小故事給你聽」時，孩子已會藉由他所理解的動詞「拿」來推斷「故事書」應該是一件可以用手抓取的物品。再加上孩子藉由日積月累的生活經驗，知道晚上睡覺前爸爸都會講床邊故事，自然而然地便能推理出新詞彙的意思，並將其與物體做結合。

在快速連配概念裡，有學者提出幼兒是利用互斥原則（mutual exclusivity principle）來進行快速連配的推理（Markman, 1989; Markman & Wachtel, 1988）。也就是一件物品只會有一個代表的名字，因此兩個相異的名詞如「杯子」和「湯匙」就不可能是意指同一件物品。有趣的是，此原則的發展可以有效地削弱孩子在語言上過度擴展的現象（Barrett, 1978; Clark, 1983）。誠如上文中孩子老是將有四隻腳又毛茸茸的動物叫成「狗」，當孩子學習到綿羊的正確名稱時，他們便會開始停止再把綿羊也統稱為「狗」，以避免一件物體有兩個名稱。

然而，互斥原則並非沒有缺陷。根據此原則，一件事物理應不准有一個以上的名稱，但若以廣泛的角度來看，「綿羊」也可以被稱作為「動

物」，就如「公車」也可被當成一種「交通工具」是一樣的道理。換句話說，互斥原則便忽略了概念屬性中的從屬關係（superordinate-subordinate relationship）。針對這個問題，Clark（1990）則進一步提出了詞彙對比原則（lexical contrast），她主張快速連配的機制是建構在理解每一個詞彙都有其獨特的語意。如此一來在學習新詞時，幼兒便能接受一件物體可能會有一個以上的名稱，而且每個名稱的意義都有某種程度上的區別。

參 規約性假設

然而，幼兒如何確切地使用這些策略進行詞彙習得，還是個尚未完全釐清的難題。我們並不清楚在詞彙對比的原則下，孩子如何理解「綿羊」與「動物」是相互包容的語詞，但又同時可以坦然接受並自我修正「綿羊」不等同於「狗」的現象。

規約性假設（conventionality assumption）似乎可以解釋如此時而矛盾的學習現象。藉由規約性，孩子會認定每一種物件都會有其標準用法，也就是大家通常都會這麼說、這麼講。如每個人都會稱綿羊為「綿羊」，但不會稱綿羊是「狗」或是「黑猩猩」。經由語言經驗的累積和對於與人溝通的渴望，孩子便會自我修正，漸漸地採用正確通俗的說法來指稱一件事物（Clark, 1983; Golinkoff et al., 1994）。

當然，幼兒除了可能會經由上述這些隱性的策略習得語言外，有些外顯策略的使用也是可以被觀察到的。當幼童還未完全穩定習得一項名稱時，通常會指著物體或是藉由肢體表情的協助，來嘗試以口語的方式表達其正確的名稱。若大人可以在此時立即給予回饋，幼兒遂能確認方才詞彙使用的正確性，例如：當小羽指著遠方一隻毛茸茸的動物說「狗狗」，藉由媽媽的回應：「對呀！是狗狗。那是一隻小小、胖胖的狗狗喔！」小羽便能確認詞彙使用的正確性；反之，若媽媽說：「不是啦！那是一隻貓，是一隻會喵喵叫的貓。」時，小羽便能藉由如此的回饋修正詞彙與概念間錯誤的連結。McLean 與 Snyder-McLean（1978）將此稱為喚名式話語（evocative utterance），並指出這樣的策略將有助於幼兒加強詞彙與概念間正確連結的強度，有利於心理詞庫的建立。

除了喚名式話語的策略使用外，幼兒也會頻繁地使用疑問句（interrogative utterance），如：以「這是什麼」的問句來詢問一件事物的正確名稱（McLean & Snyder-McLean, 1978）。最後，無論是使用何種策略來習得語言，幼兒與大人之間的言語互動越頻繁，將越能促進幼童的詞彙發展（Owens, 2012）。

第四節　聽覺口語法中之語言教學策略

根據臨床觀察，儘管聽力損失可能會影響聽障兒在語言或學習方面的自然發展，但有研究指出，聽能創建的及時介入可使聽障兒童有機會發展出與同儕相當的語言能力。在療育的過程中，除了旨於發揮最佳聽潛能的聽覺管理外，不間斷又有意義的語言輸入也扮演著重要的角色。

普遍來說，擁有良好的聽潛能、且積極參與聽覺口語療育的聽障幼兒，儘管語言的習得時間點上可能較同儕遲緩外，在其他語言發展歷程上的表

插圖 4-3 ▪ 善用隨機教學將語言融入生活是促進聽障兒童
學習語言的最佳管道

現則大多與一般常童相仿。因此，在針對聽障兒童的需求改良後，一般的教學技巧與評估方式也都可以被有效地應用於聽覺口語的療育中。此節將整理歸納若干重要的教學策略和評估技巧，以及如何將其與聽覺口語法療育做緊密的結合。

壹　療育者的教學態度

療育是個持續的過程，身為療育者最重要的任務之一，乃是培養聽障兒童用一種自信、正面的態度來面對接踵而至的挑戰。於是乎，時時刻刻的觀察（observe）、等待（wait）和傾聽（listen），便成了療育者和主要照顧者應該學習的相處法則（Manolson, Ward, & Dodington, 1995）。

除了可以透過「觀察」來評估孩子的能力外，還可以藉此大致掌控孩子的個性、興趣，甚至是其肢體動作所代表的意義。針對孩子給予的回饋，再適當地調整活動進行的方式或日後教案設計的方向，以確保最高的學習熱忱。「等待」則是另一項必備的態度。在孩子應答前，給予足夠的時間思考，使其累積正面的經驗。最後，「傾聽」習慣的養成也能促進孩子自信心的建立，並讓療育者或是主要照顧者更了解孩子本身想要傳達的訊息。最重要的是，也從身教當中讓孩子體認傾聽他人的重要性。

若療育者能具備這三項態度，將能更有效地拉近彼此的距離，並能真正評估到孩子的語言能力，給予最適切的療育服務。

貳　語言教學策略

根據孩子的個別需求，療育者會採用不同的教學策略進行有效的語言輸入。綜觀聽覺口語療育裡常使用的教學策略，我們可以歸納出兩點核心技巧：隨機教學與重複輸入。療育者應配合自然情境和孩子專注的事物進行語言輸入，或是順勢製造機會誘發孩子使用語言。與自然情境結合的教學方式，更容易讓孩子將所學所得融入日常生活中。另一方面，在語言療

育的過程中，療育者也應嘗試遵守不斷重複的原則，運用不同技巧和方式重複呈現目標語，將能提高孩子開口模仿的機會。在開口模仿的過程中，孩子遂能有效練習到各個語言層面的技巧，如句型和語調。亦有研究指出，越會模仿的孩子就如那些開口次數較多的孩子一般，其語言表現也會相對較好（Carpenter, Tomasello, & Striano, 2005; Gallagher, 1993）。

最後，良好的聽能管理和傾聽習慣的養成仍是獲得優質語言教學的前提。因此，療育者應定期追蹤孩子輔具的效能，以確保孩子能發揮最佳的聽覺潛能，獲得最全面的語言輸入。以下將分享幾項在實務中及在聽覺口語法療育課程中，常被提及和使用的教學策略：

一、自我談話

在與孩子互動時，自我談話（self-talk）的策略乃是指：使用口語描述成人自己當下正在進行的事情（Rhea, 2006）。例如在扮家家酒的遊戲中，若媽媽正在分蛋糕給大家，便大聲清晰地說：「我正在分蛋糕喔！先把蛋糕切一切，再分一分。我來分蛋糕，我分一塊給你，我分一塊給熊叔叔，最後再分一塊給我自己。你看，我正在分蛋糕。」如此的自我動作描述，將可以準確地提供和加強孩子每個動作與語言間的連結建立。最後，縱使是自我談話，但由於真正輸入的對象為聽障兒童，成人還是需要視孩子能力保持適當的音量以及清晰的口音。

二、平行談話

不同於自我談話的內容在於成人本身的動作，平行談話（parallel-talk）的策略乃指：使用口語的方式描述孩子當下正在進行的事（Rhea, 2006）。由於孩子的專注力正集中於當下的情境中，同步的語言輸入將可以強化孩子對於此情境和相關語言的連結。例如當孩子正專心於玩玩具車時，在旁邊的人便可即時地替他的一舉一動加入旁白：「你在玩車車呀，你在玩紅色的車車呀。對呀，這是車車的輪胎喔，是圓圓的、會轉動的輪胎喔。」這項策略最重要的關鍵即在於觀察孩子注意導向，順其所好。

三、擴展

擴展（expansion）策略中，最重要的乃是將孩子口中不合文法的句子再次以正確、完整的方式擴展後，陳述給孩子聽，使其能夠即時獲得如何正確使用語言的回饋。例如：當孩子指著公園裡的狗說「狗狗，球球」時，在旁的人便應適時擴展孩子的話，合乎文法地再說一次「狗狗在玩球球」，或是「狗狗正在追球球」。研究指出，擴展策略若是使用合宜，不僅能讓孩子得到語言的正確用法，還能促進孩子模仿部分擴展的內容，增加更多口語練習的機會（Scherer & Olswang, 1984）。

四、延伸

相較於擴展策略，延伸（extension）策略則著重於語意內容的添加。例如：當孩子指著床說「睡覺」時，我們可藉由這件事情為軸心，接著延伸它的前因和後果：「小羽要睡覺啦！小羽剛剛去公園玩，所以很累，現在想要睡覺了。睡完午覺後，小羽的精神就會變好囉。」如此的語言延伸將能給予孩子完整的語言輸入，並促進孩子表達語句的長度（Barnes, Gutfreund, Satterly, & Wells, 1983）。

五、建構與分解

藉由建構與分解（buildups and breakdowns）策略，孩子將可以練習如何拆組不同的語言元素，加強合法切割句子的能力，例如能成功地將名詞和動詞從一句話中抽取出來。若當孩子指著果汁說「果汁，喝」時，我們即可藉此進行語句的建構與分解：「對，小羽想要喝果汁。果汁冰冰、甜甜的。小羽想要喝果汁。是果汁，媽媽也想要喝果汁。」透過頻繁的練習，孩子將可理解名詞「果汁」和動詞「喝」通常在語句裡出現的位置，及其可以和其他語言元素組合的方式。此外，關鍵字的提取將有助於聽障孩子在噪音環境下進行聽覺修補。

六、換句話說

換句話說（in other words）是語言教學裡時常使用的策略，通常運用於接收性語言的理解上。當孩子無法理解一個新詞彙的意義時，即可以利用新舊詞彙互相連結的方式或是運用同義詞或反義詞來換句話說，使其能以自然的方式習得新詞彙的意義。例如：當小羽不懂「厲害」這個詞時，我們能用小羽已經懂的舊詞彙來替換或延伸：「小羽會騎腳踏車了，好棒喔！小羽腳踏車騎得又快又穩，真的好厲害喔。」

上述這些教學策略都可同時或交叉運用於日常生活或是課堂中。而目標語的呈現方式則需依照每個聽障孩子的程度，配合不同的強調聲學的策略（請參閱本書第三章），才能以最有效的方式促進聽障孩童的語言發展。最後，本書附錄六（華語分齡詞彙表）也整理以常童為調查對象所建置的分齡詞彙（劉惠美、曹峰銘，2010a，2010b），提供相關療育者參考。

 親子互動的重要性——親子共讀

家庭支持度在聽障兒童的療育過程中一直扮演著舉足輕重的角色。同樣地，若家長可以提供孩子一個豐富多樣的語言環境，且透過頻繁的親子互動給予足夠的語言刺激，將能有效提升孩子的語言發展。舉例來說，親子共讀即是一種分享、交流與回饋的過程，提供孩子不僅是認知語言發展上的刺激，更能滿足其心理上的需求，如鞏固嬰幼兒與主要照顧者間的依戀關係。

近年來，有諸多探討親子共讀對於幼兒語言發展影響的研究，均肯定由共讀衍生而來的互動方式確實能夠有效提升孩子的語言能力（Scarborough & Dobrich, 1994; Sénéchal, Edward, & Lorri, 1995）。此外，繪本的類型、共讀的頻率、家長自身的閱讀習慣及信念，也都可能會左右親子共讀的成效與對於語言發展的正面影響（Richman & Colombo, 2007; Weigel, Martin, &

Bennett, 2006）。而共讀過程中，孩子的積極度與參與感也和日後的語言表現有關。因此，除了家長本身的投入外，如何依循孩子的興趣挑書、培養他對於閱讀的喜好，也是累積孩子語言能力的關鍵（Hargrave & Sénéchal, 2000; Lyytinen, Laakso, & Poikkeus, 1998; Whitehurst et al., 1988）。

對話式閱讀（dialogic reading）是由 Whitehurst 等人（1988）提出的一種共讀技巧，主要是強調透過讀者與陪讀者一來一往的互動對話，豐富學習語言的環境，並鼓勵孩子扮演一個積極的語言使用者（Whitehurst et al., 1994）。對話式共讀涵蓋了三項基本的介入原則：

一、鼓勵孩子參與

適時的提問可以引導孩子主動參與閱讀的過程。然而，應避免過度地使用單一的是否（yes/no）或是指認（pointing）問句，因為此兩種類型的問句無法有效激發孩子練習使用新的詞彙或是完整的語句。反之，開放式的問題如「狐狸先生做了什麼」或是「為什麼刺蝟媽媽跌倒了」，卻能促使孩子重新組合聽過的故事內容，換句話說，再用自己的話表達出來，達到練習語言的目的。其他技巧，如透過繪本的主題或是封面圖片讓孩子猜測故事內容，或是在故事進行中一起推敲接下來的情節發展，甚至是共讀結束後再詢問孩子對於故事的評論，都能以一種輕鬆自然的方式營造豐富的語言練習與學習環境。

二、給予孩子回饋

共讀過程中，除了社會性的口頭回應如讚美、認同孩子的表現外，還可以適時給予具有教育啟發性的回饋，包括語句的擴展和延伸（請參第 128 頁），以增進孩子使用語言的準確性。此外，肢體動作上的回饋也同等重要，如一般用來表示傾聽的姿勢，像是上半身微微向前傾、點頭或是眼神的注視等。當孩子感到備受重視時，也會越有自信開口表達自己的想法。

三、跟隨孩子程度

陪讀者應隨時觀察孩子的語言和認知發展，適時調整共讀時的語言風格和語句結構，以符合孩子的語言程度。例如當孩子已經開始穩定理解「狗狗」時，陪讀者就不應再刻意使用狀聲詞「汪汪」來指代狗。或是，當孩子已經可以穩定表達「主語＋動詞＋賓語」的基本句型時，即可以開始鼓勵孩子使用形容詞延伸句子的長度，如不單只是說「一隻狗」，而是「一隻大大、黑黑的狗」。

最後，也有研究指出，對話式的共讀技巧以及圖卡的配合使用，可以有效提升聽障孩童的詞彙量，建議可以多多利用親子共讀，以一種輕鬆愉悅的方式豐富雙向的語言交流（Fung, Chow, & McBride-Chang, 2005）。

 結語

能夠流暢地使用一種語言是憑藉著日復一日不斷的練習累積而來的。隨著生理結構和認知發展上的日漸成熟，嬰幼兒的語言技能也會有相呼應的階段性表現。因此，聽覺口語師應培養精準評估語言發展成熟度的能力，針對兒童語言表現不足的層面加以補強。

而語言使用的動機來自於和其他社會同伴交流的渴望，因此聽覺口語法中的語言教學特別著重於以融合自然情境的方式，誘導孩子理解與表達語言。此外，療育者或主要照顧者也應擁有一顆敏銳的心，觀察孩子的興趣所在，投其所好。如此一來，便能在快樂正面的氛圍下豐富語言環境，達到事半功倍的學習效能。

5

聽覺口語法之
溝通策略訓練

何文君

如果溝通是一條河，語言和言語就是船，藉著它們的來來往往，我們才能達成溝通的目的。語言、認知及社交人際關係方面的基本知識和經驗，都是有效溝通必不可少的條件；它們彼此環環相扣，息息相關，在在影響溝通能力。

~劉麗容（1994）

 前言

當巧巧和小明在說話時，小明的眼神不時地飄向時鐘，顯示出想要離開的樣子，巧巧若了解小明的意向，便會結束對話，不會再滔滔不絕地說話。與人溝通時不只需要同時解讀口語內外的意思，更要解讀非口語行為之訊息，做出適切的回應，使雙方溝通更加順暢。聽覺口語法教學強調剩餘聽力的運用，並讓聽障兒童接受療育，學習傾聽、經由口語刺激而學習說話，其目標旨在使聽障兒童可以在一般的學習情境及生活環境中成長，在主流社會中成為獨立、有參與感，以及具有貢獻的公民（Goldberg, 1993）。

為了能夠順利融入社會，溝通無礙對聽障兒童而言是極為重要的；聽覺口語法期待聽障兒童使用的主要溝通方式為口語，然而，在人與人自然溝通互動時，除了口說的語言外，尚有其他溝通行為能同時傳達訊息，例如：眼神的注視，顯示出聽者對於說話者訊息內容的專注。因此，與人溝通時亦需察覺這些溝通訊號並了解其背後意義。

聽障兒童在學習聽和說的過程中，常因將專注力過度集中在聽和學習說話上，因而容易忽略一些他人釋出的溝通訊息，或是出現不適切的溝通行為而不自知。例如：當聽不清楚對話者說話時，並未再加以澄清，使得對話者誤以為所傳達的訊息已被了解，而造成溝通上的誤解。緣此，聽覺

口語師須於互動時，觀察兒童的行為，配合情境給予教導或設計課程協助其理解、應用與人溝通之合宜方式。

第一節　溝通之相關概念

壹　溝通之定義

溝通（communication）是傳遞訊息的活動，從拉丁文communis衍生而來，其為分享之意。訊息的分享過程中，有一方為訊息傳遞者，另一方為訊息接收者，訊息在其間交互流通。訊息的分享與傳遞需透過媒介，如：符號、表情、動作、手勢、文字、標誌、圖畫、音樂等（林寶貴，2002），皆可讓人自由運用以傳達訊息。然而，人們最常運用的溝通工具應屬語言。從語言的定義來看，語言是一種賦予聲音、文字、手勢動作（如：手語）及其他符號意義的認知系統，而常用的語言工具主要包括口語、書面語言和手語（錡寶香，2006）。一般而言，溝通過程中，除了語言可以傳達訊息之外，尚有非語言、副語言、後設語言等溝通要素，影響著訊息的表達與傳遞（翁素珍、洪儷瑜、林寶貴，2006；錡寶香，2006；Most, Shina-August, & Meilijson, 2010）。

語言、副語言、非語言、後設語言

插圖 5-1 ▪ 溝通訊息傳達的要素

貳 溝通中語言之外的要素

在第四章中曾述及組成語言的五大要素，事實上，Owens（2010）認為，傳統的形式取向觀點將音韻、語意、語法、構詞和語用視為均等、交互重疊的五大同心圓。然而，強調語言能力的展現僅受到五個圓交集影響的說法或許不甚周全，因語言是社會性的工具，故語言的使用性才是最重要的。有鑑於音韻、語意、語法與構詞等要素均會受到情境的影響而有不同的意義，Owens 遂採取功能取向觀點將語用擴大，並將其他語言要素歸於語用之內（如圖 5-1）。此論點凸顯語用在語言中所扮演的關鍵角色，反映在聽語療育實務，更應考量語用和其他語言要素連結整合時所產生的意義。

聽覺口語法強調在實際生活情境中學習語言（Estabrooks, 2006），因此，療育設計需融入兒童的生活情境中，方能協助兒童在生活經驗中建構出語言的實質意義。

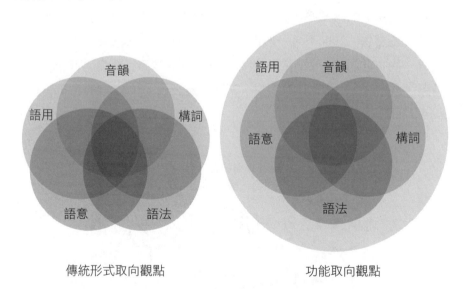

傳統形式取向觀點　　　　　　　　功能取向觀點

圖 5-1 ▪ 傳統形式與功能取向觀點：語言要素間的關係

資料來源：整理自 Owens（2010: 9）。

　　溝通時，不論是聽障兒童或是常童，除了透過說話、文字或是手語等方式表達想法外，與人互動的過程中也會有其他透露出表達者意圖或心理狀態的訊息出現，通常稱之為「語言之外的要素」，其包括了：「副語言」、「非語言」和「後設語言」，各要素分述如下（錡寶香，2006；Owens, 2010）：

一、副語言

　　副語言是指音韻、語意、語法、構詞、語用等語言層面「之外」所傳遞的訊息，係指其說話的音量、聲調、語調、速度、流暢性、停頓等，伴隨著說話時所傳遞出的訊息。溝通時，副語言所表現的行為細項說明如下（Prutting, 1987，引自 Most et al., 2010: 436）：

1. 語音清晰度：語音訊息能被人理解。即說話發音是否能讓他人字字聽得清楚，並了解其所指稱之事物及意義。
2. 語音的強度：語音聲量的強或弱。
3. 音質：聲音的共鳴音和嗓音特色。
4. 節律：語調和重音模式；聲量、聲長和語調的變化。
5. 流暢性：語音順暢度、協調度和速度。

　　對聽障兒童而言，除了語音清晰度的挑戰外，在聲音的表現也較常出現鼻音化、嘶啞聲、尖嘎聲、音量不足、高音調及無法控制音調等情況（林寶貴，2002），因而容易造成詞不達意或令人無法理解的情況（歐皖蘭，2002）。

二、非語言

　　非語言要素係指手勢、身體動作、身體擺位、臉部表情、頭部移動、眼神和眼神的接觸，以及與對話者所保持的距離等。與人互動時，我們的身體表現夾帶著訊息，透露出想法、感受及意圖。由於聽障兒童較善於運用非語言方式溝通，有時甚至較一般兒童表現為佳（翁素珍等，2006；Most et al., 2010），茲以 Prutting（1987）提出之非語言表現行為為例，說明如

下（引自 Most et al., 2010: 437）：

1. 身體距離：與對話者說話的距離。
2. 身體碰觸：與對話者間身體接觸的次數。
3. 身體姿勢：在對話中任何有關支持、補充語言的動作，或替代口語的動作。
4. 手或腳的動作：在對話中任何使用到手或腳的動作，例如：摸自己身體的某部位、摸衣服或摸東西。
5. 臉部表情：指嘴型上揚或下彎，或臉部表情的放鬆或緊繃等。
6. 眼神注視：眼神是否投射在對方的臉上。

三、後設語言

後設語言是對語言的認知，亦是一種高層次能力，是指語言運作時，當聽到或說出說話內容音韻錯誤、語意謬誤、語法不正確或不合乎語用規則時，能夠察覺、修正、提出疑問或進行思考等（錡寶香，2006）。後設語言的評量，將後設語言分為「音韻覺識」、「詞彙覺識」、「語法覺識」和「語意覺識」等四方面；就語意和詞彙兩方面的研究來看，聽障學童對於語意中的隱喻部分較難察覺，詞彙方面則是在成語選用方面表現較差（林寶貴、黃玉枝，1997）。

以插圖 5-2 的例子來說，當小明和媽媽上街，途中遇到鄰居的婆婆打招呼，小明緊張的躲在媽媽身後，勉強支吾說道：「ㄋㄧ…ㄋㄧ…好！」……在這個過程中，小明副語言的表現是說話不流暢、語音清晰度不佳；非語言的表現是小明緊張的躲在媽媽身後；而後設語言的表現則是當小明打完招呼後，發現自己說話結結巴巴、發音錯誤。

對於聽障兒童而言，學習理解語言傳達的內容，並解讀語言之外隱含的訊息，將有助於與人溝通的順暢。因此，聽覺口語法鼓勵家長成為聽障孩子的教學者，藉由在日常互動中引導孩子克服溝通上的困難，進而學習合適的溝通行為。

插圖 **5-2** ▪ 副語言、非語言、後設語言之圖例

第二節　聽障兒童溝通行為增進之挑戰 🍃

　　某些溝通發展方面，聽障兒童則與一般的兒童相近，例如：孩子對媽媽溝通的回應、引起互動、幫助他人理解所採用的行動（如：用手指著自己正在指稱的東西）、要求、共同注意力（joint attention）（即透過眼神或動作，分享某人正關注的東西或事件之過程，如：媽媽眼睛看著桌上的水壺，孩子發現後也將注意力移至水壺上）（Lederberg & Everhart, 2000; Nicholas, Geers, & Kozak, 1994）。在溝通能力發展方面，聽障兒童使用語言及各種溝通能力，隨著年齡的改變而增加（翁素珍等，2006）。

　　隨著時代的進步，聽障幼兒能及早配戴合適的聽覺輔具並接受早期聽語療育，聽的能力及說話和語言的發展表現有越來越好的趨勢（Diller, Graser, & Schmalbrock, 2001）。為有效提升聽障兒童良好的溝通能力，減少因其本身聽力損失對溝通造成的影響，本節接續提出聽障兒童溝通行為上常

見的問題，以提供教學者在為聽障學生擬訂教學目標、評估其學習表現，
與引導其發展有效溝通時的參考。

壹 傾聽與口語表達方面

　　研究指出，在生活中與人互動時，聽障兒童作為聆聽者或說話者，有
效使用口語進行溝通有較多困難（Caissie & Wilson, 1995）。聽取上，聽障
兒童難以完全掌握口語訊息（蘇芳柳，2002）；口語表達上，聽障學童短
句說話清晰度約 50%（張蓓莉，2000），且聽障幼兒說話清晰度較一般幼
兒差，在字詞和子音的清晰度上相差尤其大（吳俊良、楊惠美，2003）。
此外，聽障兒童與人溝通的互動行為表現上，較常出現頭部經常刻意前傾
或轉向說話者、對環境或人說話聲音沒有反應，以及上課中經常忽略同學
或老師的呼喚或出現左顧右盼等情形（林寶貴，1994）。聽障兒童倘若沒
有養成傾聽習慣，聆聽別人說話的專注力難以持久，與他人溝通時，就容
易出現忽略他人說話或左顧右盼的行為，讓人認為其容易分心，而其說話
的清晰度也會受到影響，阻礙了口語表達的順暢。

貳 問句使用及適時請求給予訊息方面

　　Lederberg 與 Everhart（2000）的研究指出，聽障兒童與人互動時較少
使用問句。Nicholas 等人（1994）則比較聽常兒童和聽障兒童溝通行為發展
方面的差異，如：在幫助對方理解訊息時所採用的行動、要求、回應問題、
抗議、請求給予訊息等行為上。研究發現，聽障兒童在「回應問題」和「請
求給予訊息」方面發展較慢（如教學案例 5-1）；再者，比較兩組同語言能
力之年紀較小兒童，聽障兒童在使用其他不同的溝通行為上反而表現得較
進步。推論在口語尚未發展成熟前，聽常兒童和聽障兒童的溝通能力發展
相近，但隨著年齡漸增，聽障兒童可能因語言能力發展較慢而影響了口語
溝通能力的進展。國內學者研究也指出，一般幼兒的確較聽障幼兒更能以

語言表達自己的想法（翁素珍等，2006）。

　　請求給予訊息的能力需要一定的口語基礎，屬於較高層次的溝通能力。聽障兒童需要依著對話內容，評估自己對話題的理解程度，並對不清楚之處提出疑問，或是藉由提問，獲得自己所需的資訊。在這方面，聽障兒童大多仍需要教師及家長透過療育課程予以引導及加強。

 教學案例 5-1

　　下個月，學校將於假日舉辦校外寫生比賽，學生可以自由報名參加。曉玫告訴愛畫畫的敏華這個消息，並且問敏華會不會參加。

　　曉玫說：「敏華，妳知道下個月學校要舉辦校外寫生比賽嗎？」

　　敏華說：「我不知道。」

　　曉玫說：「妳每次畫畫都畫得很棒，妳想去參加嗎？」

　　敏華說：「我想去。」

　　曉玫說：「我也想參加，還好那個假日我不用去補習。我要回家問一下我媽媽可不可以參加。」

　　敏華說：「我也回家問我媽媽。」

　　回到家後，敏華告訴媽媽校外寫生比賽的事，媽媽問敏華說：「是哪一天舉辦校外寫生呢？」敏華張大眼睛看著媽媽，偷偷地抿嘴，媽媽看敏華沒有回答，再追問說：「妳知道哪一天嗎？」敏華說：「曉玫沒有告訴我。」媽媽說：「曉玫沒有說，但是妳可以自己問她呀！」敏華說：「喔！」媽媽接著又問：「妳知道要到哪裡去寫生嗎？」敏華說：「我也不知道。」媽媽說：「下次，有關活動的時間、地點，還有怎麼去等等的事情都要問清楚。這樣子，即使妳沒有帶活動通知單，都可以告訴媽媽活動的事，知道嗎？」敏華說：「我知道了！下次我會問清楚。」

　　上段對話當中，敏華很少提出問題，另外，或許正因為沒有使用問句的習慣，也喪失藉由問問題來獲得新資訊的機會。寫生比賽對敏華而言是一項新訊息，但是她並沒有積極地詢問活動相關資訊，即便在對話中曉玫已透露出自己也想參加寫生比賽，必須注意其日期，敏華卻沒有察覺到日期也是自己應該要知曉的訊息。敏華在對話中自動請求對方提供訊息的能力還需要加強，回到家中與媽媽溝通時，果然因此出現問題。

引導方式建議

- 創造必須問問題或請求給予訊息的情境。
- 讓孩子理解沒有提問或請求給予訊息可能須承擔的後果。
- 當孩子不知該如何問問題或請求給予訊息時，可以提出兩個句子讓孩子選擇合適的問法。
- 充足的練習機會。

參　維持話題及對話的流暢性方面

　　對話的維持需要說話者不停地對交談內容投入新訊息。Lederberg 與 Everhart（2000）的研究指出，維持話題是聽障兒童需要加強的溝通技巧之一。

　　Most 等人（2010）針對聽障兒童和聽常兒童的研究結果提到，不論是配戴助聽器或是植入人工電子耳，聽障兒童在整體上並沒有差異，可以表現出多樣的溝通能力，但是在口語中的輪替對話，如：回應對話、連結性、添加性方面的表現則常較不合宜，此亦為療育課程需著力之處。相關舉例參見教學案例 5-2。

 教學案例 5-2

　　幼兒園大班的傑保和俊俊最喜歡一起玩戰鬥陀螺，今天他們兩個人同時帶了新的戰鬥陀螺到學校來玩。聽力損失程度為中重度的傑保先從書包中拿出了藍色的戰鬥陀螺，俊俊一看到就說：「哇！是新的嗎？」傑保點點頭說：「是呀！」俊俊問說：「你怎麼會有？」傑保回答說：「我哥哥買給我的。」俊俊拿出自己新的戰鬥陀螺說：「你看！我也有（新的）。」傑保說：「和我的不一樣。」俊俊回應：「對呀！我爸爸說這是最新型的，和舊的陀螺玩法不一樣喔！」傑保點頭說：「嗯！」俊俊說：「你會玩嗎？」傑保說：「不會。」俊俊說：「這裡有一個按鈕，壓下去就可以玩了。」

案例分析

　　傑保在對談當中，大多習慣以回答問題的方式回應，較少針對同一個話題添加新的訊息，對於豐富話題的貢獻度較低，缺少維持話題的能力。

引導方式建議

- 加強孩子邏輯概念。
- 遇到離題對話，立即提問，澄清孩子的意思，並加以說明。
- 鼓勵孩子多多發表自己的看法。

肆　適時表達拒絕與抗議方面

　　「抗議」為兒童在交談對話中的一種溝通行為（鍾玉梅，1995）。翁素珍等人（2006）指出，在正向行為表現上，無論是在國小或是學前，聽障兒童在「拒絕」和「抗議」方面的表現明顯低於一般兒童。或許有時候提出拒絕和抗議，會令孩子覺得不好意思而怯於行動，但事實上，拒絕或

抗議也是表達自我意見的方式之一。合宜的表達語氣和態度將使溝通更加順利。教學策略 5-1 是建議教學者教導孩子表達拒絕的方式。

教學策略 5-1 ▪ 表達拒絕之方式

- 直接說：「不」。
- 運用非語言方式表示拒絕，如：搖頭。
- 充分說明理由以表達拒絕之意。
- 運用轉折語表示拒絕，如：……這樣很好，「可是」……。

資料來源：整理自葉玉珊（2005）。

綜上所述，穩定的傾聽能力和清楚的口語表達為口語溝通之基本要件，除此之外，為達到良好溝通、訊息交流無礙及充分掌控環境所釋出之訊息，聽障兒童除了建立良好的傾聽習慣和說話清楚外，在與人溝通時，應要增進對話時輪替的能力、維持話題的能力、適時提出問題或要求給予訊息、切入主題之回應問題等等。

聽能與口語之發展對聽障兒童的溝通行為具關鍵性影響（鍾玉梅，1995），聽力損失過重或是未養成良好傾聽習慣會造成無法順利聽取與辨識語音（Diller et al., 2001），以致語言能力發展較慢（林寶貴，2002；Diller et al., 2001; Nicholas et al., 1994）。此外，認知發展方面，也有可能因心智理論概念對其較為困難，所以對話中較少顧及他人觀點、感受或背景；社會互動方面，較少接觸有變化的溝通互動行為，也會使聽障兒童與他人溝通時，互動行為之彈性變化較低（Most et al., 2010）。

兒童擁有較佳的溝通能力將有助於社會情緒發展，對自己更加有自信，社會適應力也將更好。溝通能力會隨著年紀發展，因此，教師與家長都應該隨著孩子的年齡增長，提高對孩子溝通能力的期待。除此之外，也應在生活中示範多樣且正向的溝通方式。

第三節　聽覺口語法中兒童溝通策略之引導 🎈

當人有溝通動機時，便會採行一些策略或方法表達出自己的意圖，聽障兒童也不例外，會採用多種方式表現出自己的意思。惟其聽力損失之先天限制，使其在溝通的第一步——聽聽看別人說什麼時，面臨挑戰；雖然人與人溝通尚有非語言行為可透露訊息，但對話者口說的內容仍充滿著大量的訊息。基此，建立傾聽習慣對聽障兒童甚為重要，為聽障兒童溝通無礙的第一步。

從社會學習論的觀點，學習可以透過模仿（張春興，1994），許多的溝通技巧及溝通策略亦可透過模仿學習，也就是所謂的耳濡目染。為促進聽障兒童的溝通能力，家中成員應示範良好的溝通方式，此有助於兒童對語意運用之掌握（Morrow, 2005）。

聽覺口語法支持溝通是社會行為的觀點（Goldberg, 1993），溝通的學習必在與人互動之中。因此，為讓聽障兒童練習溝通的技巧，需要老師及家長創造溝通的情境，誘發孩子的溝通意圖、表達需求。經過刻意的情境營造，聽障兒童更能知曉採取適宜的溝通技巧可能獲得之益處；另一方面，也在可承受範圍內接受溝通失敗的損失。

教師及家長是幫助聽障兒童提升溝通能力之重要人物，其言行及療育決策皆對聽障兒童的溝通能力具深遠影響。緣此，本節將分享聽覺口語法療育中常用於引導聽障兒童發展溝通能力的策略，提供相關療育工作者及聽障家長參考。

壹　了解兒童溝通意圖

能解讀聽障兒童的心意，才能教導其合宜的溝通方式，因此，了解兒童溝通意圖發展，便成為聽覺口語師在引導聽障兒童與人溝通時必須具備的基本能力。錡寶香（2009）彙整多項研究兒童溝通意圖之資料，將兒

的溝通意圖區分為前語言期的溝通意圖、單字期的溝通意圖及詞彙結合期的溝通意圖；筆者參考整理如表 5-1，並另於此表中提供舉例與互動建議。

貳　提升親子互動

在聽覺口語法療育實務中，可鼓勵家長在和孩子互動時，多運用觀察（observe）、等待（wait）、傾聽（listen）等策略（簡稱OWL）。互動策略可鼓勵、促進兒童開啟溝通（Manolson, 1992）。

當孩子展露出溝通意圖時，倘若成人未給予雙向的即時的回應，可能會使孩子感受到挫折而削弱其與人溝通的動機，也可能造成孩子採取激烈的方式或不合宜的行為引起成人注意，例如：哭鬧或是大叫等方式來滿足其需求，此情形容易使成人誤認孩子脾氣壞或有行為問題。聽障兒童的家長或主要照顧者，若能顧及孩子的溝通意圖，保持高度的敏銳度，採用OWL 策略（參考教學策略 5-2），除了可以增進孩子的溝通能力，亦可培養孩子的口語表達力。

教學策略 5-2 ▪ OWL 策略小提醒

策略說明	實行方法
O：觀察——看看孩子對什麼感興趣。	留意孩子的非語言訊息，如：動作、姿勢、臉部表情、眼神、手指。
W：等待——讓孩子有機會引發互動或投入某個活動。	1. 心中默數到十。 2. 身體向前傾、期待地看著孩子。
L ：傾聽——聽聽孩子想說什麼或表達什麼。	1. 留意聽。 2. 孩子口語表達或語意不清時，試著以不同方式確認孩子想表達的意圖，再示範正確合適的語言。

資料來源：整理自 Manolson（1992）。

當孩子漸漸長大，具備口語表達能力表現其意圖時，家長仍需細心地回應孩子，並如表 5-1 所提及的，以孩子現有的能力為基礎，用更精確的方式表達出真正的溝通意圖，以穩固及擴展孩子的溝通能力。

表 5-1 ▪ 兒童溝通意圖及互動建議

分期	說明	常見的溝通意圖	互動建議	舉例
前語言期	口語未發展前。此時期嬰幼兒以動作、手勢或表情表達其意圖，例如：頭轉開，表示拒絕之意。	尋求他人注意 要求 問候 轉變／變化 抗議或拒絕 回應 提供訊息	將孩子的意圖以簡單的話語說出來。	十個月大的寶寶，眼神看著床邊的娃娃，手伸向娃娃，作抓握狀。表示寶寶對娃娃感興趣。媽媽此刻可對寶寶說：「寶寶要娃娃。」
單字期	此時期的嬰幼兒已可使用簡單的口語詞彙表達溝通意圖，一個單詞可能代表一個動作或名稱等。	說出物品名稱 表達意見 要求行動 要求提供訊息 回應 抗議或拒絕 尋求他人注意 問候	以正確的詞彙說出孩子想表達的意圖。	小寶以手指著平日喝水的杯子，說：「杯杯。」媽媽知道小寶想喝水，於是媽媽說：「小寶要喝水。」
詞彙結合期	兒童語言表達能力更上一層樓。雙詞期或多詞期的兒童開始運用語言表達溝通意圖，也可以將自己的意圖用口語表達得比以前精準。	要求獲得訊息 要求動作或行為 回應別人的要求 陳述或表達己見 調整交談行為 其他	將孩子的意圖以更加精確的詞彙說出，擴展孩子的語言深度及廣度。	童童手指著桌上的彩色筆，對媽媽說：「媽媽，我要筆。」媽媽回應：「你要桌子上的彩色筆嗎？」 說明： 1.「桌子上」→擴展詞彙概念 2.「彩色筆」→精確地表達出筆的種類

資料來源：修改自錡寶香（2009）、Manolson（1992），修改部分為加入舉例及互動建議。

參 重視聽能

聽能為聽覺口語法教學中極為重視的焦點，亦是核心。當聽能刺激不足又加上療育的延遲時，將阻礙聽障兒童語言的發展（Diller et al., 2001）。

以溝通策略而言，如同前面章節所提及，此處再度強調建立傾聽習慣的重要性，並應試圖讓聽障兒童了解能運用聽能與人溝通的重要性。當孩子年紀尚小、口語剛發展之前後，教師或家長可以豐富的詞彙、起伏的語調和多變的表情，提醒孩子察覺生活環境中各種有趣的聲音，並且注意去聽。當孩子稍大，具備一定程度之口語理解和表達能力，以及具有簡單的邏輯概念，且能聽得懂說明時，除了在生活事件中讓孩子感受到運用聽能對其之重要性，亦可採用遊戲的方式，凸顯聽能的重要性（參考活動5-1）；當聽障兒童不願意聽或是不專心時，教師或家長可刻意營造一些情境，讓他們了解沒有注意聽而錯過重要訊息所須面對的後果（參考活動5-2）。

活動 5-1「強調注意聽」之遊戲設計

一、活動目的

透過遊戲歡樂氣氛，促進聽障兒童聽能的運用，並判斷自己接下來該做的反應。

二、情境設計

1. 玩撲克牌。

2. 人數約三～四人。

三、活動進行方式

先平均分配撲克牌給參與遊戲者，所有參與遊戲的人都只能看到撲克牌的背面。然後每個人輪流翻開自己手中的牌，一次翻一張，翻開後放置桌子中央，並且同時猜猜是什麼樣的花色，是「方塊、紅心、黑桃還是梅花？」當說出的花色和桌上牌面的花色一致時，就要朝撲克牌拍

下去，最後拍下手的人必須要將桌上的牌拿回。先將手中的牌全數脫手者為贏家。

活 動 提 示

建議參與遊戲的人數勿太多，鼓勵聽障兒童專注於緊湊的活動中，達到訓練兒童注意聆聽的目的。

活動 5-2「承擔沒有注意聽的後果」之情境設計

一、活動目的

促進小牛傾聽的習慣。

二、情境設計

吃點心時間（媽媽平日觀察小牛和哥哥吃飯速度差不多，也清楚中重度聽力損失的小牛最喜歡吃布丁，但是小牛只要一看到喜歡吃的東西，就會高興過頭，不留意別人在說些什麼）。

三、活動進行方式

媽媽一改往日的吃點心習慣，平常點心原本是放在餐桌上，吃完飯的人都可以吃點心，但媽媽今天特別說：「今天你們兩兄弟中，最快吃完飯的人才有點心可以吃喔！」媽媽私底下先告訴小牛的哥哥，若是小牛沒有比平常吃得快，就不需禮讓小牛，趕快吃完飯，然後吃布丁，而且不可以將布丁分給小牛吃。

活 動 提 示

觀察記錄孩子運用聽能的習慣，在什麼時候、情境、事件下，聽能運用的專注度如何，再決定選擇活動的進行方式及情境設計。

肆　適時等待兒童回應

前述OWL之溝通策略已提及「等待」，此處再度強調，乃因其為互動中強而有力的工具，但卻不容易做到（Manolson, 1992）。

教師或家長對孩子說話或互動時，記得要等一等，讓孩子回應，其目的之一是自然而然地建立孩子與人溝通的基本概念，特別是對話的輪替概念，也就是你一言我一語，你說完話，再換我說。有時候，家長急切地希望提升孩子的能力，甚至會自問自答，沒有留意到溝通是雙向的；即便是面對口語尚未發展成熟的孩子，縱使孩子可能尚未有語言能力，但是孩子可用動作、手勢等非語言的方式回應家長，溝通互動仍然是一來一往的。家長應讓孩子知道自己也有表達的權利，能感受到被了解（Manolson, 1992）。等待的目的之二，是給予時間，鼓勵孩子回應，讓孩子思考自己應該如何說、怎麼做，讓溝通策略內化成為孩子自己的能力，而非依賴成人的指示而動作，將使當下的對話與周遭的情境更具意義。

伍　創造有意義的溝通情境

從大腦學習的觀點而言，多次的練習有助於神經細胞建立連結，以習得某種特定技能（Morrow, 2005）。當聽障兒童有機會經由模仿學習溝通方式後，便需要練習的機會；教師或家長需自行創造使用溝通策略的情境，讓聽障兒童有機會應用這些溝通方式，經過多次練習，進而內化成為自己可隨心運用的溝通能力。

教學者所創造的溝通情境須具有目的性，即教師和家長要了解創造溝通情境是為了培養孩子何種溝通能力，且溝通情境具有實際互動之意義，非扮演遊戲。活動進行時，若孩子不知該如何回應，可先由成人示範溝通方式，再營造類似的情境，讓孩子去回應（參考教學案例 5-3 及 5-4）。成人不要急著幫忙孩子或是提詞，記得要等待孩子回應，並且不要預測孩子的需要，而是讓孩子試著靠自己的能力去嘗試，有時孩子的表現會令人驚

豔。若欲了解更多有關生活情境之應用及活動設計，可參見《自自然然開口說——聽損兒情境學習指導》一書（蔡蕙如，2010）。

 教學案例 5-3 增進「表達意見」之溝通能力

一、活動目的

　　合宜表達意見。

二、情境設計

　　畫畫活動。

三、活動進行方式

　　爸爸可以先畫兩張圖畫，一張畫奶奶，只用一種顏色畫，且圖畫畫得較為清晰整潔；另一張則用多種顏色畫爺爺，圖畫則故意畫得較亂。爸爸可以請媽媽和茹茹輪流說說看對兩幅圖畫的感受及建議，倘若茹茹不知道如何給建議時，媽媽可以先示範說出建議，例如：媽媽可以說：「奶奶的畫，畫得很清楚，如果多用幾種顏色會更好看。」

案例分析

　　不限於繪畫活動，舉凡服裝、服飾、髮型、擺飾等等，都可以創造表達建議的練習溝通情境。

 教學案例 5-4 增進「表達需求」之溝通能力

一、活動目的

　　合宜表達自己的需求。

二、情境設計

　　延續上述畫畫活動。

三、活動進行方式

　　家中成員一起畫畫，主題是花園，比賽看誰畫得最漂亮，但是每個

人只有兩支不同顏色的彩色筆，且刻意不給茹茹一般畫葉子用的綠色彩色筆，而故意只給茹茹黃色和灰色。

　　首先，爸爸和媽媽先示範用口語表達自己的需求，爸爸說：「媽媽，我想要畫葉子。妳的綠色彩色筆可以借我嗎？」媽媽說：「好呀！用完記得要還給我。」媽媽再度進行示範，媽媽對茹茹說：「茹茹，我想要畫黃色的花，妳的黃色彩色筆可以借我嗎？」茹茹說：「好呀！」倘若，茹茹一直只用黃色和灰色彩色筆畫畫，爸爸可故意說：「媽媽，妳看我的畫，有好多種顏色，漂不漂亮？」媽媽回答：「嗯！很漂亮！如果只有一、兩種顏色就不漂亮了。」藉此激發茹茹開口借彩色筆的動機。

案例分析

- 示範時，注意孩子是否有觀察到示範的行為。
- 記得要等待，給孩子反應的時間。
- 除了創造溝通情境外，家長和老師也應留意孩子習得此溝通技巧後，在日常生活中的自發性表現。

結語

　　與人溝通是一種社會化過程，亦是獲得新訊息的方式之一，而能與人達到無礙的溝通、維持良好的關係，更是一種享受。雖然聽障兒童受到先天聽能的限制，因而影響其口語的能力，然而，大多具有剩餘聽力的聽障兒童可以透過聽覺輔具的協助，克服先天的挑戰，接受聽語療育課程學習口語，並豐富溝通及學習經驗，讓傾聽成為個人生活的習慣。具備傾聽的習慣後，聽障兒童可以獲得更多資訊，也能更精確理解別人的意思。

　　聽覺口語療育的課程，強調在實際情境中學習，為了讓聽障兒童能夠

將學習到的溝通技巧應用在生活之中，常常需要家長或教師創造適合於溝通目的之情境，引發孩子的溝通動機和需求，讓孩子有更多運用溝通技能的機會。此外，教師和家長也需要運用許多策略誘發孩子對溝通過程的體認及精進，如此一來，聽障兒童的溝通能力定將更上一層樓。

6
聽覺口語法之認知教學

陳姵樺

學習目標

- 了解認知與聽覺障礙的關聯性
- 了解兒童認知發展理論要點
- 了解如何運用兒童認知發展理論於聽覺口語法療育課程活動設計
- 了解運用聽覺口語法提升聽覺障礙兒童認知能力之要點

There are no seven wonders of the world in the eyes of a child. There are seven million.

在孩子的眼中沒有七大奇景，而是有七百萬個奇景。

～Walt Streightiff

 前言

　　研究指出，大多數的聽障兒童智力是正常的，其認知能力相較於聽常兒童並無缺陷或異常，且認知發展的過程與聽常兒童也相同，但有時會較慢一些。在鑑定聽障孩童智力時，常發現其智力發展相較於同齡聽常兒童落後，其主要原因在於大部分智力測驗多以口語（說話）的方式實施，因此常會低估聽障或使用手語兒童的智力（Paul & Quigley, 1990）；但若實施非口語測驗時，聽障孩童在智力的表現則多與聽常兒童相當（黃裕惠、佘曉珍譯，2001）。為何大多數聽障孩童的智力發展呈現出落後聽常兒童的現象，這個問題仍有許多不同的意見，但許多研究指出，大多數的聽障兒童能發展出與聽常兒童相當的認知能力；更有學者指出，讓聽障兒童以視覺方式學習閱讀，聽障兒童亦能學會語言使用的邏輯（如：問句或邏輯關係：因為……，所以……）以及讀、寫的能力；經由學習，聽障兒童也能了解及解決與認知相關的問題。因此，若聽障兒童在閱讀、書寫及寫作上有困難時，大部分的因素來自於教學方式的問題，而非聽障所帶來認知上的缺陷與障礙（Iran-Nejad, Ortony, & Rittenhouse, 1981）。因此，筆者認為對於聽障孩童的認知發展並不需以特別的現象來討論，仍應以一般聽常兒童的認知發展進行探討。

　　雖然認知發展只是心理發展的其中一個層面，但人類的學習多著重於知識的傳遞，而認知發展為知識學習的重要基礎，因此一直以來不論是發

展心理學家或教育學者皆視其為一重要的層面。不論是傳統或近代，對認知的界定不盡相同，大體來說，「認知（cognition）是指經驗的組織與解釋意義的過程」（郭靜晃、吳幸玲譯，1994），而所謂「認知發展（cognitive development）是指個體自出生後在適應環境的活動中，對事物的認識以及面對問題情境時的思維方式與能力表現，隨年齡增長而逐漸改變的歷程」（張春興，1996）。針對兒童認知發展的理論相當多元，本章僅提出兩位具代表性的認知發展學家 Piaget 及 Vygotsky 的理論進行討論，因為許多教學原理乃以此兩理論為架構依據，且聽覺口語法之教學概念及活動設計多基於此兩理論，其更是聽覺口語法認知領域課程設計依循的重要指標。另外，本章亦同時針對該理論在教學上的應用與觀察進行探討。

第一節　Piaget 的認知發展階段論 ♥

瑞士兒童心理學家 Jean Piaget（1896-1980）最大的貢獻在兒童認知及道德發展兩方面，其中的認知發展論（Cognitive-developmental theory）為二十世紀最富權威的理論。他認為兒童隨年齡成長，其心智活動漸趨於複雜及成熟，是思維上質的改變，並非單指知識量的增加。

壹　發展歷程

兒童在不同年齡，其認知發展則有不同的形式，但兒童是如何從一個階段進展到下一個階段呢？如何學習和應用這些新的能力呢？Piaget 在統整心理學、生物學和哲學後表示，人類透過行動來建構知識，並且努力獲得平衡，他認為知識的習得有三個主要歷程：同化（assimilation）、和平衡（equilibration）、調適（accommodation）。

一、同化

意指孩子會以其舊有經驗和知識,將新經驗和現象同化入其已經了解的某些事物中。例如一位一歲的孩童與父親在公園散步時看見一隻貓,他大喊「小狗!」而父親回答「那是一隻小貓」,接著他們又經過了一兩隻貓的身邊,孩子最後終於能以正確的名稱叫出牠。在這個過程中,孩子經歷許多複雜的歷程。首先,當孩子遇見他所不熟悉的動物時,他必須先搜尋自己已經理解的某些項目,再將這個動物放入其中最符合的項目中,然後以他的舊有經驗和知識來理解目前的情況。因為他認識狗,所以他會將這種有尾巴、身上有毛、有鬍鬚的動物套入他的舊有知識中狗的部分,認定牠是狗的一種,Piaget 將這樣的學習過程稱為同化(林美珍編譯,2006)。

二、平衡

意指組織結構的平衡,無論它們是運動的、感覺的還是認知的(郭靜晃、吳幸玲譯,1994)。在兒童學習狗與貓差異的過程中,孩子看著貓,注意到牠有四隻腳和鬍鬚及尾巴,但聽到牠叫「喵」,相較於其原本知識中的狗是有些不同的,孩子可能會想「牠和狗有一點不同」而感到困惑與衝突。在這個情況下,孩子會發現其現有的知識是有缺點的,而 Piaget 認為困惑是學習相當重要的過程,或許孩子在過程中發展出了兩種類型的動物,一種是小狗,另一種為叫聲是「喵」的小狗,正好孩子的父親賦予這個「叫聲是喵」的動物一個名稱:「小貓」。這與孩子先前對於這類型動物的概念有所不同,因此孩子會選擇使用這個新名稱「小貓」來「平衡」其認知裡的衝突。

三、調適

是指在既有之舊概念無法同化新知識時,個體主動修改其既有概念以符合環境需求,從而達到目的地的心理歷程(張春興,1996:88)。由這

個過程中可以發現，同化及調適是彼此相互影響，並且都是需要學習的。過程中，孩子若無法同化其先前的經驗和知識，則看到小貓時不會叫牠小狗；若孩子沒有調適，孩子之後陸續見到小貓還是會叫牠們小狗，因此，沒有調適，同化將不會出現，反之亦然。而「平衡」則發生在當新訊息無法被原本的知識同化，為減少其舊有模式缺損而需要進行調適時出現。因此，調適的發生是由於心理失去平衡而產生的結果（Goswami, 2001; Piaget, 1978）。

Piaget 的認知發展理論在聽覺口語法療育之應用

根據 Piaget 的理論，他將孩童在不同階段所運用的思考模式進行分類。他表示，不同個體特徵出現的時間有很大的個別差異，這是基於認知發展速度的不同；另外，各時期之間的發展是有順序性的，而非跳躍式的，因此每位孩童認知發展的順序是不變的，只有各時期特徵出現的差異。以下是對 Piaget 認知發展的說明，並探討教師及家長可於聽覺口語教室中觀察聽障兒童各發展階段的方式，以及孩子可能出現的反應。

一、感覺動作期：出生至兩歲

感覺動作期（sensorimotor stage）是指出生至兩歲左右孩子認知發展的方式。此時期的孩子多是以感覺（視覺、聽覺、觸覺）及手的動作來探索世界。兒童的認知系統從一開始限制於單純的動作反射，逐漸進入到複雜的、有目的性的動作。在此時期，兒童發展的主要成就為獲得物體恆存（object permanence）的概念。所謂物體恆存，係指即使某物體在人無法看見、聽見或察覺的知覺領域內，仍會被認為是存在的。根據 Piaget 的觀點，此項能力是嬰幼兒在此時期不斷地摸索找尋物體中逐漸學習而來。對出生幾個月的嬰兒來說，當手上把玩的球被布蓋起來時，他們並不會去尋找，對於此時期的嬰兒來說，看不見的東西是不存在的，但一歲左右的嬰兒對於被布蓋起來的球，他們還是會繼續尋找，這表示嬰兒在感覺動作的末期

開始發展出物體恆存的概念，並已逐漸從具體的實物及動作思考進入到抽象的概念。此階段的另外一項特徵是，在還無法移動身體的嬰兒身邊放一玩具，孩子會伸手抓玩具，但嘗試過幾次依然無法拿到玩具時便會放棄。但對於較大的嬰兒，他們會開始用思維方式去解決問題，如拉動床單來取得玩具（王文科，1994；Piaget, 1950）。

教學案例 6-1

　　在聽覺口語法療育課程中，聽障幼兒的發展階段與常童相同，因此針對此階段的聽障兒童在家庭或教室中的觀察重點，可著重於觀察聽障幼兒是否能從不會尋找被遮蔽的物品，到逐漸能在物品被遮蔽後依然繼續尋找。在聽覺口語教室中，針對感覺動作期的嬰幼兒，教師在設計課程上多會輔以其他領域目標進行教學，如配合語言領域中輸入「不見了」的概念及語言。例如：針對一歲左右聽障兒童，聽覺口語師可準備多種動物模型及一遮蔽板，引導幼兒觀察動物，教師以帶「汪汪」（狗）散步為題。

　　　　提供指導語：帶汪汪散步！走走走

　　　　　　　　　　（將小狗模型慢慢移至遮蔽板後）

　　　　　　　　　　汪汪不見了！不見了！找一找

　　觀察此時聽障幼兒是否會開始尋找，或教師及家長可引導幼兒開始尋找。一般而言，在此階段的聽障兒童與常童發展相同，會從一開始以為動物不見了停止尋找，而逐漸開始表現出尋找的行為。聽覺口語師或家長可在活動過程中輸入相關詞彙及概念。

二、前運思期：二至七歲

　　Piaget 將兩歲到七歲兒童的認知發展歷程稱為前運思期（preoperational stage），認知發展學家對於此時期的研究最多，因此時正值孩子開始要進

入學校的階段。此時期的兒童最大的發展是能以符號來思考並解決問題，如心像、繪畫，尤其是語言，但其思維方式尚未達到合理的階段，因此稱為「前運思期」（林美珍編譯，2006）。此時期兒童思考的限制主要來自以下三個原因：

(一) 自我中心主義（egocentrism）

Piaget認為，此時期的兒童多是以自己的觀點出發來解釋所面對的問題或情境，並不會將自己置於聽者的觀點中，無法考慮別人的不同看法，因此，此時的兒童尚無法客觀地分析事物，而只能主觀地說出自己的看法。這個觀點最具代表性的實驗，是由Piaget與Inhelder（1969）所做的三山實驗。實驗中，在桌上放置三座大小不同的假山，放一個洋娃娃在桌前，要求兒童選出哪張圖片是從洋娃娃的位置看到山的樣子，哪張圖是兒童自己看到山的樣子。大多數的兒童無法針對洋娃娃或自己的角度選出圖片，對他們來說，不論從哪裡看都是一樣的畫面。從這個實驗可以說明，此時的兒童尚無法以不同角度思考問題，只能以自己主觀的看法說明事物（Piaget, 1978）。

 教學案例 6-2

在聽覺口語法療育課程活動中，如與正在經歷前運思期階段的聽障兒童對話，此時期的聽障幼兒與常童相同，亦無法從他人的觀點思考問題，並常會出現以下狀況：

教師：「哇～妳這件裙子上面有好多小花，真是漂亮！」

個案：「你看～我畫房子畫得很棒！」

案 例 分 析

這個時期的兒童，對話以自我中心為主，實例中個案並未針對教師提到裙子的花色進行討論，依然以個案當時感興趣的項目（畫的房子）

為主，無法針對他人問題及觀點來回答與思考，回應多是以當下其所欲表達之內容為主。由於聽覺口語法主要目的是希望孩子能開口表達，因此在課程中，若個案亟欲表達某些與目前課程無關聯的內容時，建議教師可以隨機將主題轉換至兒童感興趣的話題，毋須執著於完成課程目標，在兒童有興趣的話題中，活動則更能有效持續及輸入詞彙。

(二) 知覺集中傾向（perceptual centration）

此階段兒童在面對問題情境時，多只思考單一向度，而忽略其他向度或層面，無法考慮兩個或以上的變項。例如，Piaget曾詢問幾位五歲兒童一個問題，題目為兩輛玩具火車同時沿著軌道往相同的方向行駛，在車子停止後問兒童哪列火車的速度較快？大部分的孩子通常根據火車停下來的那點來判斷，選擇那列停較遠的火車。他們大部分認為，因為速度比較快所以才能開得比較遠，卻忽略思考火車的起跑點並不相同；這樣的例子說明了此時兒童的思考多聚焦在單一向度，而忽略其他向度的轉變。心理學家針對知覺集中傾向，重複驗證最多的便是「守恆」（conservation）概念的研究。兒童的知覺僅能集中於物體的某方面特徵，因此當其中一方面狀態改變時，兒童只能著重於改變的部分，而無法思考此特徵與其他方面狀態的關聯性。例如：將一大桶水倒入三個較小的水桶後，他們僅著重於倒入小水桶後水的深度與原來不同，而無法理解三個小水桶中的水，其體積及重量與原來是相同的（Piaget, 1971; Piaget & Inhelder, 1969）。

 教學案例 6-3

將同樣的兩個杯子皆裝滿水，把其中一杯水全部倒入一個較寬廣的杯子中，並將另一杯水倒入另外一個較窄的容器裡，詢問兒童：「兩杯水是否一樣多？」發展到本階段的兒童多會回答：「窄杯裡的水比較多。」問其原因，多會回答：「因為窄杯裡的水比寬杯子裡的高。」

　　在聽覺口語法療育課程中，實際操作是讓個案學習及理解語言相當重要的方式之一。舉例來說，發展到此時期的聽障兒童，在面對類似問題時，可能會出現類似於常童的思考方式，因此，在療育課程中可能會有以下的反應。

　　此時期的聽障兒童和常童一般，對於質量守恆的問題，僅能針對單一面向進行探討，尚無法全面性的思考。因此，教師針對此階段的兒童進行課程時，可利用問問題的方式（如：你看這兩個杯子底面有一樣大嗎？），逐步引導其思考造成該現象不同面向的可能因素，進而培養其邏輯思考及問問題的能力。

(三) 不可逆性（irreversibility）

　　不可逆性與可逆性為相反之概念。所謂可逆性是指可從正面也可從反面去思考問題；可以從結果解釋原因，也可從原因分析結果。最典型的例子為 Phillips（1969）觀察一位四歲兒童與 Piaget 的對話過程：

　　問：「你有兄弟嗎？」

　　答：「有。」

　　問：「他叫什麼名字？」

　　答：「叫吉姆。」

　　問：「吉姆有兄弟嗎？」

　　答：「沒有。」

　　在前運思期的孩子無法追溯順序回到原點，另一個簡單的例子為：教師帶一群學前幼兒去散步，在路程中停靠了幾個定點，最後到達目的地後再讓孩子照原路回到出發地。這個任務對此時期的孩子相當困難，他們可能直接回到原點，或可以重返其中幾個定點，但順序混亂，這樣的困難是由於此時期孩子尚無法逆向思考。綜合以上，Piaget 認為學前幼兒的思考多

以知覺為思考的基礎，尚無法利用邏輯概念來推論問題原因及結果，思考容易被事物的外貌所限制。因此，Piaget建議此年齡兒童的學習應以感官經驗為主，透過提供多樣的物品與活動讓孩子操作，來建構其對世界的了解（Piaget, 1978）。

教學案例 6-4

在聽覺口語法療育課程中，常會發現此時期的聽障兒童有許多針對可逆性問題回答的困難，其中以教導錢幣替換概念的不可逆性最為常見，如：兒童了解到一個概念是一個10元可換到兩個5元硬幣，但有時無法逆向地思考兩個5元硬幣也可換成一個10元硬幣。因此當發現兒童尚無法針對可逆問題進行思考時，不需執著於可逆性思維運用的教學，只要先穩定兒童理解兩個5元硬幣的幣值與一個10元硬幣相同即可。因此在課程中可同時呈現多個5元及10元硬幣讓兒童進行活動，當兒童忽略其中的可逆性時，即可提示說明：「兩個5元加起來也等於10塊錢喔！」待兒童逐漸發展成熟後再進行替換活動的練習。

插圖 6-1 前運思期的孩子尚無法追溯順序回到原點

三、具體運思期：七至十一歲

　　此時期的主要發展是兒童在面對問題時能依循邏輯的法則推理思維，也就是獲得運思。在此時期的兒童多半能解答邏輯性問題，如在前運思期正在發展的守恆概念，此時期的兒童開始能思考若將杯中的水倒入不同大小的容器中，容器的高度、寬度或長度是否與原來的有所不同。因此當此階段的孩子被問到如何解釋水量仍然一樣時，他們會說出「水只是從這個杯子倒進另一個杯子而已」，若再問其是否有其他理由，孩子多能指出較不明顯的向度，如認為「原來的杯子比較寬，另一個杯子比較高」。如此的回答說明此時期孩子的思維已被「去集中化」（decentration）取代知覺集中傾向，意指具體運思期的兒童在面對問題情境時，不再只單純針對知覺所及的事實判斷，而能針對不同的角度思考。另外，此階段的兒童也會回答「把水倒回去，又會變成一樣的了」，如此亦可看出具體運思期的兒童不會再以不可逆性的方式思考可逆性的問題，同時他們也已經具備了守恆的概念。

　　Piaget 亦歸納出兒童在此時期已經具備了「分類」（classification）及「類包含」（class inclusion）的能力。分類的心理運作係指將特徵相同或相似的事物放在一起，而這樣的能力發展是隨著年紀而逐漸趨向複雜及抽象。兒童在前運思期即已具備分類能力，但前運思期與具體運思期兒童分類能力的差異在於，具體運思期的兒童能考慮較抽象及多元性的分類，但前運思期的兒童僅能按具體的（如顏色、體積、形狀、功用等）、明確的標準分類。

　　例如當前運思期兒童進行積木分類時，兒童多會依照積木的顏色、形狀或大小進行分類，因此他們可能將小的紅色及藍色方塊擺在一起，再加上小的紅色三角錐，而大的紅色三角錐和大的藍色三角錐則會擺在另一堆。在這個例子中，前運思期兒童能根據物體的大小及形狀分類，兒童在此時期能基於相同的理由或特徵將物體歸類（張春興，1996；Phillips, 1969, 1975）。

教學案例 6-5

相較於具體運思期兒童，前運思期兒童正在學習分類的能力，類似 Piaget 觀察學前兒童（前運思期）在分類問題上的回答，在課堂上，當呈現六隻貓及兩隻狗時，教學者詢問兒童：「是貓多，還是動物多？」大多數兒童會回答貓多，由此回答可發現前運思期兒童對於區別主類（動物）與包含在主類中的次類別（貓）間關係的能力尚未完成，而具體運思期兒童多能輕易回答這類問題。這些發展的狀況與其它經歷此時期的聽常兒童相似。

四、形式運思期：十一歲以上

依照 Piaget 的發展理論，當個體認知發展至形式運思的水準時，表示其思維能力已達成熟的階段，個體的思維方式將不再提升，增加的只是從生活經驗中吸收到的知識。一般而言，形式運思又稱為「運思的運思」，意指在此時期中個體的思維會變得更為精緻及有系統；此時期的青少年開始會思考世界的其他體制，討論倫理、道德、正義、存在等抽象的議題。Inhelder 與 Piaget（1958）表示：「每個個體都有他自己的看法，致使自己從童年中解放，而將自己定位為成人。」基本上，形式運思與具體運思期發展任務相當，惟青少年在形式運思期中會有較複雜及精密的思考，其思維方式具有以下三個特徵（王文科，1994；張春興，1996）：

(一) 組合推理（combinational reasoning）

以 Inhelder 與 Piaget（1958）提出此時期青少年對化學問題解釋的例子，可以明顯看出形式運思期與具體運思期之差異。問題是：有四個燒杯內皆裝有特殊的化學溶液，然後請兒童推理什麼混合在一起會導致溶液變成黃色，以及各種溶液在過程中所扮演的角色。針對此問題，具體運思期的兒童通常會嘗試兩兩組合的配對，然後再試試四種溶液倒在一起的結果，

最後則可能會嘗試幾種三款溶液的組合；通常，當具體運思期兒童嘗試到某種組合可以產生黃色後，多半會停止嘗試。但形式運思期的兒童大部分會先思考或列出所有可能的組合方式，然後一一嘗試，最後會得知哪兩個燒杯中的溶液混合會產生黃色、加入哪一個溶液會阻礙結果產生，或者哪一個溶液沒有任何的作用等，孩童均能有系統地分析並做適當的解釋推論。

(二) 命題推理（propositional reasoning）

命題推理亦即「自我中心」發展成熟的概念。Piaget認為兒童的自我中心分別出現在成長的每個階段，然而每一時期基於兒童發展的功能及結構尚未達到平衡，因此自我中心的表現不一；雖然前運思期針對此概念的討論最多，但並非只出現於該時期。形式運思期青少年的自我中心觀，係以命題為媒介來思考其可能性的範圍，因此稱為命題推理。命題推理是指超越現實的思維方式，思考的內容不須根據現實或具體的資料，僅須憑藉一句話或一個說明，即可進行推理。此時期的青少年開始可以思考假設性問題，例如：詢問中學生，若你是學校老師，對蹺課學生該如何處理？此時期的青少年可能會依照其想法提出不同的處理方式，但若將相同問題問小學生，兒童可能會回答：「我不是老師，我不知道。」這項能力對青少年

插圖 **6-2** ▪ 每一時期兒童的自我中心表現不一

的心理成長是相當重要的。又，此時的青少年開始喜歡計畫未來，唯有培養合理的思維方式，才能形成合理的計畫（Piaget, 1951, 1952）。

(三)假設演繹推理（hypothetic-deductive reasoning）

假設演繹推理是邏輯思考的基本形式之一，個體針對所面臨的問題會提出一連串的假設，而逐步進行驗證。Piaget針對假設演繹推理的實驗中，較著名的是鐘擺問題，其要求受試者說明會影響鐘擺擺動速度的因素為何，發現唯有發展至形式運思期的青少年能按照假設演繹推理的方式進行驗證：首先建立可能影響鐘擺擺動頻率的各種假設（如：吊錘重量、線長或推動力量等），再一一針對每一項目進行驗證，如先改變吊錘重量，維持其他兩項因素不變，如此系統化驗證之，以獲得正確答案（Piaget, 1951, 1952, 1969）。

茲將 Piaget 認知發展階段及其特徵彙整於表 6-1。

表 6-1 ▪ Piaget 的認知發展階段

發展階段	年齡	典型特徵
感覺動作期	0～2 歲	1. 嬰兒憑行動和感覺認識事情。 2. 由本能的反射動作發展到有目的性的活動。 3. 開始具有物體恆存概念。
前運思期	2～7 歲	1. 能使用語言表達概念，但有自我中心溝通的傾向。 2. 能使用符號代表實物。 3. 能思維但仍被具體當下的事物所限制，無法針對事物的全面性進行思考。
具體運思期	7～11 歲	1. 能運用具體經驗思維來解決問題。 2. 能理解可逆性的道理。 3. 能理解守恆及階層集合（如：序列、時間、關係）的道理。 4. 但對於考慮所有的可能性仍有困難。
形式運思期	11 歲以上	1. 能做抽象思考。 2. 能以假設驗證的科學法則解決問題。 3. 能按形式邏輯的法則思考問題。

資料來源：整理自張春興（1996）與林美珍（編譯）（2006）。

教學案例 6-6

　　此時期的聽障孩童在聽覺口語法療育課程中，教學的重點在於讓孩子表達意見並傾聽他人想法，多以主題討論或分享心得的方式進行。而主題則以較抽象或複雜的思考為主，以鼓勵並訓練孩童正確使用較進階辭彙的機會。因此，針對持續評估表中認知領域的教學，多會偏向於需要邏輯思考及較進階表達技巧的目標，如：雙關語、說謎語及笑話等。

Piaget 認知發展論在教育上的貢獻及批評

　　Piaget的認知發展論是經由其長時期的觀察及實驗驗證所建立的，其理論受到重視，除了因為他針對兒童認知發展提出超越前人的詳盡解釋外，更重要的是其使用有別於傳統的實驗方式，以驗證其理論。其對教育心理學的發展提供相當重要的貢獻。首先，Piaget的觀察及實驗說明，兒童與成人的思維是有差別的，甚至在不同時期（嬰兒至青少年階段）的思考方式也不相同。因此為達到教學目標，成人若能根據兒童發展不同時期的思維特徵提供學習引導，按兒童的思維方式提供知識教學，在教學結果上，定能較易獲得預期成效。此外，Piaget的理論各階段年齡差異大，說明個體在發展至該階段的速度不一，因此若教師在教學上能根據個體目前發展階段及能力提供符合其困難度的教材，實施個別化教學，則在教學成效及兒童學習的主動性將更易獲得提升。

　　自二十世紀後期，許多心理學家針對 Piaget 的認知理論觀察方法，重複許多相關研究以驗證其理論效度。後進之心理學家認為，Piaget的認知發展理論僅著重於單一層面，認為兒童獲取知識的歷程來自於對周遭環境認知所建構的思維，較忽略兒童對周圍人與人之間的互動及認識亦是認知獲取的歷程。另外，Piaget認知發展論之立論基礎根植於自然界生物為生存而改變或學習以適應環境，如小鳥在其羽毛尚未豐盛前，是無法學會飛翔的，

認為發展必定先於學習。一般動物的幼稚期較人類短，因此動物技能的發展多仰賴發展的成熟；然而，人類的幼稚期長，除了成熟因素外，學習對於兒童的發展速度亦有相當的影響性，例如語言是幼兒會開始說話後相當重要的思維工具，而語言就是依靠學習而來，但 Piaget 的認知發展理論並不主張兒童的認知發展是經由學習而加速。Piaget 當時研究之目的，本來就不考慮學習因素，而是探討兒童在環境中對事物認知的心理歷程。另外，其理論階段所跨年齡都有相當大的差距，單就具體運思期兒童而言，此時期兒童的年齡可能相差了四歲之多。因此，達成該時期的發展任務，是否單純是受到兒童發展成熟的影響，或是其他社會文化因素的影響，並未探討。然而，在許多教育心理學實驗中已發現，兒童生長過程的文化刺激，是影響認知發展的重要因素，有鑑於此，許多先進國家則積極加強學前教育以及早期療育。而 Piaget 理論對兒童認知發展提供普遍性的事實，但並未就文化及教育觀點進行討論，為其美中不足（張春興，1996）。

第二節　Vygotsky 的認知發展社會歷史理論

「發展」的重要議題之一為：探討個體發展的改變是內在力量的引發抑或是外在環境的影響，甚或是兩者交互影響。根據前一節所提到 Piaget 的認知發展論，因大部分根基於生物學概念，因此被批評缺少文化社會的意義。本節將介紹 Vygotsky 的認知發展論，其理論與 Piaget 不同，特別強調社會文化對於兒童認知發展影響的重要性，為統整內在及外在兩股力量的主要學家（林美珍編譯，2006）。

壹　理論綜述

蘇聯心理學家 Lev S. Vygotsky（1896-1934）其思想主要受馬克思主義影響，認為欲了解人類必須從探討社會歷史環境著手，Vygotsky 尚在初步

統整此理論概念時，卻因染上肺結核而與世長辭。其理論概念與 Piaget 不同，特別強調社會文化是影響認知發展的主要因素（林美珍編譯，2006）。以下根據 Vygotsky 的理論歸納出幾點要素：

一、社會文化為影響認知發展的要素

　　根據 Vygotsky 的觀點，認為個體從一出生便生長在人的社會環境中，而成人的行為不單只是生物發展演化而來，更憑藉生活的環境文化食衣住行、風俗習慣、宗教信仰甚或是社會規範等，來建構目前所生活的世界，形成成人對事物的認知。在所有的社會文化中，成人多扮演著傳承社會文化甚或是對事物的思想給予下一代的角色，如此看來，兒童的認知發展有絕大部分是在社會學習的歷程中獲得，其思維方式亦受其文化及歷史發展所影響，而逐漸內化成符合當地社會要求的社會人。因此認為，為促進認知發展，應從兒童所處的生活環境著手（張春興，1996；Vygotsky, 1978）。

二、認知發展與語言

　　Vygotsky 認為語言是人類重要的心理工具，其觀察 Kohler（1925）針對黑猩猩問題解決能力的研究後發現，若香蕉在黑猩猩的視線範圍內但無法直接抓取，黑猩猩將會把所有的注意力放在香蕉上，而忽略思考使用附近的棍子來幫助獲得香蕉，除非棍子是在其面前。相對地，人類在類似的情境中會問自己，可以用什麼方法拿到香蕉？身邊的棍子是否能幫助拿到香蕉？人類透過語言來思考，也由於語言的特性並不會被限制於眼前的物品，因此人類能透過語言自由地思考不在其目前所知覺範圍之內的項目（引自林美珍編譯，2006：119）。

　　Vygotsky 認為語言發展的順序，是先由「外在語言」進入到「自我中心語言」而後內化為「內在語言」（李維譯，2000）。其觀察兒童與成人互動時發現，例如，一位母親對其兩歲的小孩說：「去拿你的小水桶和鏟子，我們要去公園玩」，是以「外在語言」來指示孩子未注意的物品。當

孩子約三歲左右，準備要去公園玩時，孩子會自發性地說：「我的鏟子在哪裡？我要找我的鏟子」，嘴中唸唸有詞地開始尋找不在其視線範圍內之物品。當孩子慢慢成長，這種自我指導式的「自我中心語言」則會慢慢變小聲、變少。當孩子到了七、八歲時，這類的語言則逐漸走入內心成為「內在語言」，演變為自我內心的對話（Vygotsky, 1962）。

其中，Vygotsky 特別強調自我中心語言（egocentric speech）的重要性，其論點不同於 Piaget：認為自我中心語言並非用於與他人溝通，只是用於表達自己的欲望及需求（Smidt, 2008）。Vygotsky 觀察到當兒童面對困難情境時，自我中心語言便會增加，例如，當一個小孩準備要畫圖時，突然發現沒有彩色筆，兒童會藉由與自己的談話試圖解決問題：「筆在哪裡？我需要一枝藍筆，沒關係，沒有藍筆就用紅筆畫好了，然後再用水把它弄濕，顏色就會變深，看起來就比較像藍色。」Vygotsky 指出，這樣的現象說明自我中心語言能幫助兒童思考解決問題的方式，並可藉此紓解其情緒，從而增進其認知發展。當兒童開始能運用及支配語言，語言及認知則能合而為一，並且由兩者間的交互作用逐漸發展成促進認知發展的主要內在動力（王派仁、何美雪，2008；林美珍編譯，2006；張春興，1996；Vygotsky, 1962）。

三、鷹架作用：從實際發展區至近側發展區

在 Vygotsky 的認知發展理論中，最受後世教育心理學家所重視的，是其所提出的「可能發展區」或稱「近側發展區」（zone of proximal development，簡稱 ZPD）的概念。根據 Vygotsky 的理論，認為兒童在發展的過程中，可將其能力區分為實際發展區與近側發展區。所謂實際發展區為兒童目前已具備，不須經由他人協助便能獨立完成目標項目之能力；近側發展區則為在藉由成人或有能力之同儕的協助下，兒童所能被誘發而超越目前能力水準範圍的能力（潛在的發展層次）與目前能力（實際發展層次）之間的差距（圖 6-1）。而在此情況下，成人或有能力之同儕所給予之協助則稱為鷹架（scaffolding）。

潛在的發展層次
（potential level of development）

近側發展區
（zone of proximal development）

實際的發展層次
（real level of development）

圖 6-1 ▪ 鷹架理論

資料來源：修改自林致瑋與林永順（2007），修改部分為底色及箭頭位置。

　　鷹架一詞是由 Bruner 提出，用以回應 Vygotsky 之近側發展區概念，因此個體的近側發展區則是經由成人根據個體目前表現之能力所預估其可能達到之目標，而此目標是在成人所能給予協助的範圍之內，單憑個體本身目前能力是無法獨立達成的。其借建築中「鷹架」一詞，是由於鷹架的作用在於提供大樓興建過程中暫時性的支持，在大樓完工時鷹架則被拆除；因此當兒童在學習一項新概念或技能時，在學習的初期先提供兒童足夠的支持與協助，待兒童能力逐漸提升時，則逐步將支持與幫助移除，慢慢將責任轉移至兒童身上，最後由兒童主導並獨立完成。Bruner 歸納以下幾點，提供成人（或教師）在兒童學習過程中可注意的事項：(1)為免於兒童學習目標能力時焦點的模糊，教師或成人可強調目標任務中的重點或特徵；(2)將目標能力學習步驟次序化以促進兒童了解；(3)促進教師（成人）與兒童間的溝通；(4)了解兒童為達到目標潛在能力，在學習過程中所需要的協助（張春興，1996）。

　　因此教師在使用鷹架原則於教學時，須先了解學生的起點（先備）能力，評估兒童可能達到之目標能力，以了解兒童在近側發展區中教師可提供之協助，並在適當的時機逐步將鷹架（協助）移除，將責任與任務完全交付於兒童主導。而上述幾點注意事項中，Bruner 認為第四點最為重要，因為教師或成人為能提供兒童適當的輔助，須先了解兒童的成長或家庭背

景文化，或教師與兒童在學校或其他學習的過程中須達到共識，其所提供
之協助才能最有效地幫助兒童達到目標潛能（王派仁、何美雪，2008；Smi-
dt, 2008；Vygotksy, 1978）。

貳　Vygotsky 認知發展論在教育上的貢獻及批評

　　Vygotsky 的理論強調社會文化對於兒童認知發展的重要性，並提出教
育能積極的促進兒童發展；Vygotsky 的近側發展區理論對於教育，尤其是
學校教育，是相當不同且卓越的。一般而言，學校教育多是針對兒童目前
的發展水準來設計課程，並未針對其可能發展之潛在目標能力進行教學引
導，因此其課程內容設計多為兒童在經由教師講解後，不需藉由其他協助，
便能獨立完成，這種情況的缺點是學生的學習多是侷限在其實際發展區之
中。

　　雖然 Vygotsky 所提出的近側發展區理念，對於兒童認知發展在學校或
教師的教學有相當大的啟示意義，但其理念在執行上有其所必須考慮的前
提，如：教師該使用何種方法來訂定兒童的近側發展區？該如何針對不同
能力或項目來界定近側發展區的範圍？另外，每個兒童的家庭教育以及文
化背景不盡相同，教師如何針對兒童的個別差異，在不同目標或項目給予
他們最適合的協助？在 Vygotsky 的理論中，並無針對以上的問題提供具體
的方法，因此教師僅能依自身的經驗以及教學項目，在了解兒童的能力及
特質（興趣、文化、性格等）後，設計適合其學習的方案及協助的方式（張
春興，1996）。

第三節　認知發展理論與聽覺口語法 ♥

　　認知發展為影響個體學習及理解的重要因素，了解兒童的認知發展順
序及特徵，不論是對教師或主要照顧者，對於引導孩童在生活或學習方面

皆有一定助益;對於聽障兒童的語言發展與學習,認知發展的配合更是其中一項關鍵要素。本章所介紹的兩位兒童心理發展學家之理論,為聽覺口語法課程設計之重要參考依據,然而沒有一項理論可以稱為完美,教學者可針對兒童需求,參考理論中適合該兒童的方式配合使用教學。

壹 Piaget 與 Vygotsky 的認知發展論對於聽覺口語法的實用意義

聽覺口語法的主要教學特色為一對一個別化診斷式教學,強調根據兒童當前的能力,在教學過程中,持續診斷及評估其學習情況,以調整並提供合適的學習策略及目標,此一理念正與 Piaget 及 Vygotsky 的認知發展理論概念相符。因此在聽覺口語法療育課程中的大部分環節多根據此二理論概念而來。以下是聽覺口語法療育課程中,教師或主要照顧者在目標擬訂、活動設計及教學評估時須注意之要點:

一、教學目標的擬訂

聽覺口語法為配合兒童發展,針對五大領域(聽能、說話、語言、認知及溝通)的教學計畫均依照兒童目前的發展設計課程目標,教師所扮演的角色為引導個案之主要照顧者學習設定目標的技巧,並能根據目標應用於日常生活中,了解及評估兒童的先備(現有)能力來作為設定目標之基礎。而目標的設定原則是以個案現有能力(實際發展區)為起始點延伸,選擇個案獨立作業尚無法穩定完成、須經由成人輔助並多次練習才能穩定之目標能力為主;目標的選擇則需根據教師及家長的經驗,針對兒童目前所需或可能發展之潛能。因此,在根據目標擬訂學習計畫上,則需有個別化療育計畫。

如在聽能領域中,當兒童尚在學習「分辨」聲音的階段,此時兒童還無法聽辨出聲音的不同(如:電話鈴聲與鬧鐘聲),教學目標應先以訓練兒童能分辨不同聲音為主,在過程中再輔以輸入兒童「這個是電話鈴聲的

聲音喔」或「這是鬧鐘的聲音」，來逐漸建立其了解不同聲音的意義與來源，爾後能將目標逐漸轉移至「辨識」上。因此，在教學目標擬訂時，教師之最終（長程）目標為兒童能有理解之能力，目前的（短期）目標則為穩定兒童分辨聲音的能力，而中期目標則需進行聲音辨識能力的訓練。

又如在認知領域中，根據一般兒童數學能力發展順序，兒童多是先能「唱數」（唸出 1、2、3、4⋯⋯）才會「點數」（如：數著手上的糖果 1、2、3、4⋯⋯），之後才能回答「總共有多少」（如：總共有幾顆糖果）這類的問題。因此當兒童目前僅會唱數時，若教學目標擬訂為：能回答「總共有多少」這類的問題，則過於困難，因兒童尚未發展至該階段之思維能力。因此，教師及家長在教學過程中，須不斷評估與診斷兒童當前的能力，當其有點數能力並穩定後，再進行下一階段之目標，此時設定本目標（能回答總共有多少）才合適，這也正符合 Piaget 認知發展理論的概念——兒童在不同階段有不同的思維方式，其發展是有順序性的。

二、活動設計

由於聽覺口語法療育課程主要特色之一為診斷式的教學，在進行目標活動設計時，教師或家長須根據自身的經驗及觀察了解個案的學習特質（例如有些個案專注力較不集中，活動設計需要較多樣性以及較多的活動輪替），並儘量將活動融入於生活，同時運用鷹架之概念給予適當之協助。在提供引導的過程中，成人需注意在給予協助的同時，不應剝奪個案的學習機會。

在聽覺口語法療育課程中，所有課程的進行方式都離不開鷹架的概念，例如聽覺口語師針對一位中度聽障的一歲兒童進行認知領域中形狀配對概念的教學時，使用形狀拼圖（在拼圖板上放入相對應的形狀）進行活動，此時兒童雖已發展出能抓握物體放入盒子中，但尚無相對應形狀之概念。當教師根據教學四步驟（告知、示範、參與、回饋）向家長說明並示範活動後，由家長引導兒童進行活動，若兒童無法以正確方式抓取拼圖放入相對應的形狀拼圖板中，教師及家長則需給予提示或協助，如：成人可直接

抓著兒童的手，將拼圖轉向正確的相對應方位，再放入拼圖板中；同時，成人可給予口語提示告訴兒童：「咦！放不進去耶！我們把它轉一轉，再轉一轉。哇！放進去了。」在活動過程中以「轉一轉」的概念作為指導語引導，讓個案理解需旋轉拼圖以找到相對應的位置才能放入。在以上的過程中，教師針對兒童目前的實際發展能力為基礎，訂定需要進階認知理解能力的形狀配對為教學目標，並提供合適的指導語。而目標能力的設定以兒童需經過多次練習才能精熟的目標為主，在過程中，成人所扮演的角色則為「鷹架」，教師將其解決問題及思考的過程一步步地說出來或進行實際的示範操作，讓兒童知道教師或成人是如何思考及解決的。當兒童能力逐漸發展後，成人的協助則逐漸減少，如由抓著兒童的手操作慢慢轉移至單純以口語提示，過程中逐漸將主導權交給兒童，最後讓兒童獨立負責以完成活動。

在以鷹架概念指導的過程中，使用適合兒童的指導語及句長引導是相當重要的。又例如使用前述相同形狀配對概念為教學目標於另一位兩歲中度聽障兒童的教學活動中，教師或家長則須使用符合個案程度的指導語進行引導。以相同拼圖活動為例，教師或家長可使用句長較長且複雜度較高的指導語，如：「我們把拼圖轉一轉。你看，轉一轉變成一樣的形狀（將拼圖放在拼圖板旁對照比較）。一樣的形狀就可以放進去了。」在使用鷹架理論進行引導的過程中，給予孩子適當的指導語及語句為搭建鷹架的重要元素。

此外，Vygotsky 之理論基礎著重於文化要素之影響，認為家庭文化背景的差異，將影響聽障孩童在學習時所能獲得之支持及有利的學習方式（Fuson, 2009），因此聽覺口語師除擬訂合適的教學計畫及活動外，亦可深入了解個案家庭的文化背景及其文化優勢，以期能引發家長及個案學習之優勢能力及學習動機。

三、評估重點

聽覺口語法療育課程設計是針對兒童目前的實際發展能力為出發點，

根據教師或家長的長期觀察及經驗來設定其可發展能力（目標潛在能力），
設計各項教學情境及活動並輔以鷹架作用來引導兒童。因此評估兒童學習
成效的重點是透過觀察兒童目前的能力，了解其目前該發展階段的思維方
式，評估兒童是否能達成在其發展的階段時該有的應備能力。

　　總之，運用聽覺口語法於聽障兒童的早期療育中，需配合孩童現階段
的發展概況，教師及主要照顧者設定適合其潛能可能達成之目標進行引導
教學，因此了解孩子各階段的發展特徵及瓶頸相當重要。若忽略兒童各發
展階段的特徵，而設定了兒童該階段無法達成之目標，只是徒然增加孩童
的挫折感，降低其未來學習的意願。

貳　活動設計及教學建議

　　聽覺口語法為一個別化的診斷式教學策略，其目標擬訂須由教師或主
要輸入者藉由平時的觀察以及當前學習的需求，評估兒童目前的能力，同
時配合了解兒童目前認知發展的階段及其文化背景與優勢，訂定適合其發
展潛能的目標。而在教學活動設計中，儘量將活動融入生活，在過程中成
人適時給予兒童協助，讓兒童的學習是在有挑戰性但又能得到成就感的情
況中進行，待兒童發展及學習穩定後再逐漸減少協助，最後期待兒童能獨
立完成；過程中透過每日不間斷的學習及練習，提升兒童學習的成就及興
趣，以期兒童能主動學習。因此，配合兒童認知發展階段以及聽覺口語法
之特色，對於引導者（聽覺口語師及主要照顧者）有以下建議：

1. 日常生活中與聽障孩童保持較多的互動：如前所述，成人的引導對於
　兒童的認知發展扮演相當重要的角色。對學齡前及學齡兒童而言，成
　人不外乎是指其主要照顧者及教師，因此在日常生活中，成人可透過
　生活事件或活動設計，並利用鷹架作用的方式引導孩童學習。

2. 活動設計由簡單（具體）至複雜（抽象）：對於活動設計，建議成人
　先觀察並了解兒童起點能力，在活動困難度上先進行較容易完成者，

再進入較複雜的活動。例如進行問題解決訓練時，給予兒童的情境先由簡單的、實際的在其生活中較常發生的事件進行，如在課程中需要裁切紙張，但教室中並無剪刀及美工刀時該怎麼辦？要進行畫畫的活動，但少了一張圖畫紙該怎麼辦？等等這些在日常生活中常會出現的狀況，供兒童思考並解決問題，待兒童進行處理後，可與其討論是否還有其他解決方案。爾後再逐漸將問題情境延伸至較複雜的抽象狀況，如當發現有人掉到河裡面時該怎麼辦？當你在路上看到有人被搶劫時該怎麼辦？

3. 活動設計以符合生活經驗為出發點：聽覺口語法中活動多配合鷹架作用概念進行，因此在活動引導上成人應先明白兒童的先備經驗，而最適合之起點能力通常為孩童之日常生活經驗。從熟悉的生活經驗出發，一方面能使孩童較容易理解，另一方面也更容易將學習目標融入日常生活中，以引發其認同與興趣，並且讓兒童的學習具有實用性，也較不受場地的限制。

4. 活動的設計可配合語言發展的階段：由上所述，兒童的認知發展與語言密不可分，兒童會藉由語言幫助思考，成人亦能根據兒童的語言了解其思維模式，因此認知活動的設計若能配合兒童語言發展的階段，在成人與兒童互動及引導的過程中，將更能了解兒童的認知思維過程，以及需提供協助的部分。

 結語

　　一般而言，認知能力幾乎與兒童所有層面的發展息息相關，而研究指出，大多數聽障兒童並不因其聽力的損失而影響其認知能力，其表現出在學習上的障礙與困難，多半來自於因聽力損失而失去學習機會所致。在聽覺口語法療育課程中，聽覺口語師與主要照顧者皆扮演為兒童訂定學習目

標及引導學習的重要角色，故了解兒童各發展階段的重點，將有助於提供教學者在擬訂學習目標上的參考，進而設計適合兒童能力的教學目標，減少因挫折導致失去學習的信心與興趣。

7
聽覺口語法之說話教學

何文君

- 了解華語說話語音之發音方式
- 了解兒童說話之聲母與韻母的構音及其發展
- 了解嬰幼兒口語準備期之發展
- 學習聽覺口語法之說話教學策略技巧
- 應用兒童說話發展的相關知識於教學中

耐心等待，下一站是希望。

～謝其濬（2011）

 前言

　　詢問聽障兒童的家長對孩子未來的期待時，家長皆期盼孩子可以和其他小孩一樣講得清楚、講得好。為幫助聽障孩子循著聽力正常兒童的發展開口說話，因此聽覺口語法重視了解兒童說話的生理基礎及發音的方式，藉此幫助療育者擬訂合宜的療育目標、評估兒童的說話及發音方式。

　　許多人經常將說話和語言視為是同樣的概念，實際上並非如此。錡寶香（2006）指出，「語言」乃是一種規則掌控的符號系統，將聲音、文字、手勢動作（如：手語）及其他符號以系統化方式賦予意義的認知、表徵系統；「說話」則是以特定的神經肌肉動作協調，產生不同的發聲、發音類型，是將語言表達出來的一種方式。

　　由此可知，說話乃是發出有意義聲音的前提，再藉此表達想法、與人溝通。為有效幫助聽障兒童學習說話，本章將針對發音的生理基礎與華語發音機制、華語韻母與聲母之發音發展與聽障兒童常見的構音挑戰、嬰幼兒口語準備期之發展等進行闡述，並彙整聽覺口語法說話教學策略與技巧，期能提供相關聽障療育教學者的參考。

第一節　發音的生理基礎與華語的發音機制 ♥

　　聲音是因物體振動引起空氣出現規律疏密交錯的振動型態，即為聲波（鄭靜宜，2011）。說話時呼出的氣流為產生聲音的第一步，人體中可以

產生氣流的器官是肺臟，氣流從肺臟呼出，經過氣管振動聲帶，到達咽喉。此時位於口腔上顎後端的軟顎將決定氣流通往鼻腔或是口腔；軟顎打開則氣流會到鼻腔，軟顎向上頂起，關閉咽喉通往鼻腔的通道，氣流即轉往口腔，氣流在口腔會受到舌頭、牙齒和雙唇位置的影響，發出不同的語音。因此，需要上述的器官成熟且相互協調，才能發出想要的語音。本節首先針對說話時所需要的發音生理構造加以介紹，再以華語的發音為主，說明發音的機制。

壹 發音的生理基礎

　　大腦是理解語言和控制生理器官發出聲音說話之處，說話語音之產生是由肺部所呼出的氣流，通過聲帶，再進入口腔及鼻腔，受到特定生理器官以特定方式塑型。說話所需生理器官包含胸腔、鼻腔、口腔、雙唇、牙齒、舌、硬顎、軟顎、咽、聲帶和臉部肌肉（見圖 7-1），以下簡略說明從肺臟呼出空氣後，各器官於說話時所扮演的功能（林珮瑜、何恬、李芳宜、林香均、李沛群、蔡昆憲譯，2006；鄭昭明，2009）：

一、鼻腔

　　鼻腔是一個空腔，發音時，聲音在鼻腔中共鳴，產生鼻音，「ㄇ、ㄋ」則為具有鼻音的聲母。說話時具有鼻音即產生鼻腔共鳴。然而，說話時出現鼻腔共鳴為重度聽損者常見之說話特徵，如教學案例 7-1。

二、口腔

　　口腔是一個空腔，其中包含影響說話的重要器官，如雙唇、齒、齒槽、舌、硬顎和軟顎，也因此，口腔在發音中扮演的角色極為重要。說話時，口腔形狀的改變會影響共鳴。

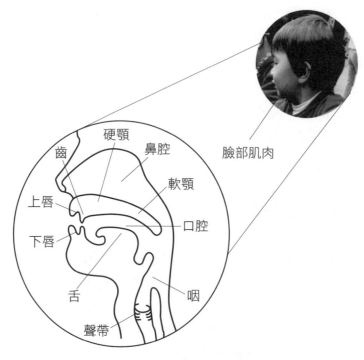

圖 7-1 ▪ 口腔構造圖

資料來源：修改自林桂如（2012：5），修改部分為：加入鼻腔、口腔、齒、咽、舌、
聲帶；刪除舌尖、舌面、舌根及下頜。

 教學案例 7-1

　　極重度聽損的小華，說話時總是會有鼻音，尤其是說「一」時，特別明顯。

案例分析

　　鼻音化是聽障者常出現的說話特徵。「一」正確發音時，軟顎向上頂，阻擋氣流進入鼻腔產生共鳴，所以不會出現鼻音。由於小華說「一」時，軟顎並未向上頂，以致鼻腔內仍有氣流，產生共鳴，出現鼻音。

教學引導策略：

- 加強聽能分辨有無鼻音的「一」。
- 運用視覺提示：利用鏡子，將鏡子靠近嘴唇，發出「一」，使鏡面產生霧氣。
- 運用觸覺提示：將孩子的手背放在家長嘴前，讓孩子感受家長發出「一」時產生的氣流。
- 運用容易發音的送氣聲母：若孩子會說出送氣聲母，如「ㄆ、ㄊ」，使其與「一」結合並拉長發音，引導出「一」。例如：拉長「ㄊ一～」，當聲母「ㄊ」能量消失，便剩下「一」的聲音。

三、雙唇

雙唇肌肉的控制，可以讓雙唇迅速開合、變換不同的姿勢，在說話語音方面，對「ㄅ、ㄆ、ㄇ」等雙唇音的形成很重要。

四、齒

牙齒位於雙唇之後，為固定的構音器官，說話時，舌會與牙齒接觸，牙齒也幫助引導氣流和聲波到合宜的位置，例如：發「ㄙ」的音時，則需要牙齒引導氣流，發出此音。

五、舌

舌為肌肉組織，具有彈性且能快速移動，可以修飾口腔的形狀，進而對說話時的共鳴產生影響。舌也可以靠近或接觸其他構音器官，改變口腔中的氣流，產生聲音。例如：舌尖抵住牙齒，再釋放而發出的聲音，形成「ㄉ」或「ㄊ」。

六、硬顎

硬顎是口腔的上壁、鼻腔的底部，硬顎區別了口腔和鼻腔。發音時，

舌與不同位置的硬顎接觸，產生了不同的聲音。

七、軟顎

軟顎緊連於硬顎的後面，不包含骨組織，大多由肌肉組成，因此軟顎可以移動，說話的氣流自肺呼出時，軟顎靜止下垂，口腔和鼻腔是相通的，使得氣流可以進入鼻腔，產生共鳴，聲音聽起來會有鼻音的感覺。當說出的音，例如：「一」，不需要鼻腔產生共鳴，發音時軟顎卻沒有閉合，就會使得鼻腔共鳴過多。

八、咽

咽是長條的中空管狀組織，經過鼻腔、口腔及喉，在說話時由咽產生的共鳴最為重要。

九、聲帶

聲音透過聲帶的振動來發出，語音為氣音時，聲帶為開啟的狀態，讓氣流可以毫無阻礙地流入口腔。

十、臉部肌肉

人類臉部肌肉相當複雜，尤其是在嘴唇和嘴角附近的肌肉，而這些肌肉也關乎嘴唇的閉合、圓唇、噘唇等，進而影響說話。如：先天性顏面神經發育不全，影響臉部肌肉及嘴唇的控制，將會面臨發音清晰度的挑戰。

貳　華語韻母的發音機制與聽辨

一、華語韻母的發音機制

以華語為例，華語將語音的結構分為兩大部分：聲母和韻母（鍾榮富，1995），根據臺灣使用的注音符號來區分，三十七個注音符號中有十六個

表 7-1 ■ 華語的韻母分類表

韻母分類	韻母	發音組成
單韻母	ㄧ、ㄨ、ㄩ、ㄚ、ㄛ、ㄜ、ㄝ	無再細分
複韻母	ㄞ	ㄚ＋ㄧ
	ㄟ	ㄝ＋ㄧ
	ㄠ	ㄚ＋ㄨ
	ㄡ	ㄛ＋ㄨ
聲隨韻母	ㄢ	ㄚ＋ㄋ
	ㄣ	ㄜ＋ㄋ
	ㄤ	ㄚ＋ㄫ
	ㄥ	ㄜ＋ㄫ
捲舌韻母	ㄦ	ㄜ＋ㄖ

資料來源：整理自鍾露昇（1966）。

韻母，二十一個聲母。韻母的種類可分為單韻母、複韻母、聲隨韻母和捲舌韻母。茲將這些韻母分類及其組成呈現如表 7-1 所示。

　　單韻母，顧名思義，即為一個韻母從開始發音到結束，不論舌頭的位置、嘴形都沒有變化者。華語中的單韻母有：「ㄧ、ㄨ、ㄩ、ㄚ、ㄛ、ㄜ、ㄝ」，其構音方式之說明如表 7-2 所示。除了口形之外，韻母發音時，舌頭位置的高低、前後之不同，也成為韻母發音方式的區分，例如：發「ㄚ」時，嘴巴張開，舌位下降，再將嘴巴向上合起一些，舌位上升一些，語音就變成ㄝ。單韻母中最容易發音為「ㄨ」和「ㄚ」，最難發音為「ㄩ」（劉潔心，1986）。

　　複韻母，則為雙韻母，由兩個韻母所組成，「ㄞ、ㄟ、ㄠ、ㄡ」為華語中的複韻母，組成方式例如：「ㄞ」是由「ㄚ」和「ㄧ」結合而成；「ㄠ」是「ㄚ」和「ㄨ」的組合，其餘參見表 7-3。

　　聲隨韻母，即是指一個韻母後緊跟著一個聲母而形成的母音，聲隨韻母共有四個，分別為「ㄢ、ㄣ、ㄤ、ㄥ」。其構音方式，如：「ㄢ」為「ㄚ」後接著「ㄋ」；「ㄤ」為「ㄚ」後接著「ㄫ」（「ㄫ」為舌根鼻音，發音同臺語的「黃」之發音，或是同 KK 音標之 /ŋ/）。其餘聲隨韻母構音

方式之說明，如表 7-3 所示。

捲舌韻母，在注音符號中只有一個，就是「ㄦ」，其發音是由「ㄜ」和捲舌的聲母「ㄖ」結合而產生。

表 7-2 ■ 單韻母的構音方式

單韻母	構音方式
ㄧ	將舌面伸直，前部稍上升，上下齒靠近，雙唇展開成微笑狀，聲音從齒縫間自然釋放出去。
ㄨ	將舌面放平，後部稍上升，上下齒稍分開，雙唇噘起縮合成小圓狀，聲音從舌後部傳至圓唇中之小孔釋放出去。
ㄩ	將舌面伸直，前部稍上升，上下齒稍分開，雙唇噘起縮合成小圓狀，聲音從撮合的雙唇中之小孔釋放出去。
ㄚ	嘴巴張開，雙唇展開，舌面自然下降平放，聲音自然從口腔釋放出去。
ㄛ	嘴巴張開，雙唇縮合呈圓形，舌頭後部稍上升，聲音自然從舌後經口腔釋放出去。
ㄜ	嘴巴稍稍張開，雙唇稍稍展開，舌頭後部稍上升，聲音自然從舌後經口腔釋放出去。
ㄝ	嘴巴稍稍張開，雙唇展開，舌面前部稍下降，聲音自然從微張之齒縫間隙釋放出去。

資料來源：整理自鍾玉梅（1995）。

表 7-3 ■ 複韻母及聲隨韻母之構音方式

韻母		構音方式
複韻母	ㄞ	嘴巴張開，從「ㄚ」音迅速滑到「ㄧ」音。
	ㄟ	嘴巴微張開，從「ㄝ」音迅速滑到「ㄧ」音。
	ㄠ	嘴巴張開，從「ㄚ」音迅速滑到「ㄨ」音。
	ㄡ	嘴巴微張開，從「ㄛ」音迅速滑到「ㄨ」音。
聲隨韻母	ㄢ	嘴巴張開，從「ㄚ」音迅速滑到「ㄋ」音。
	ㄣ	嘴巴張開，從「ㄜ」音迅速滑到「ㄋ」音。
	ㄤ	嘴巴張開，從「ㄚ」音迅速滑到「ㄫ」音。
	ㄥ	嘴巴張開，從「ㄜ」音迅速滑到「ㄫ」音。

資料來源：整理自鍾玉梅（1995）。

　　就聽力損失的觀點，聽力損失越嚴重的學生，發音問題也越嚴重；而女生的發音清晰度較男生好（林寶貴，1985）。劉潔心（1986）探討國小一年級聽障學生韻母的構音能力，依韻母的種類區分構音難易度，最難的構音為捲舌韻母，其餘依序由難至易為聲隨韻母、單韻母、複韻母。兒童在韻母的使用方面，年齡越大，聲隨韻母使用機率越高，單韻母的使用則較少（吳俊良、楊惠美，2003）。

二、華語韻母的聽辨

　　聽辨韻母表現方面，張蓓莉（1997）評量二百九十九位國小一年級至國中三年級重度至極重度聽力損失學生之注音符號聽辨能力，不同年級學生於韻母聽辨能力有所差異，韻母之聽辨能力和聲母及聲調聽辨能力皆有相關，韻母聽辨正確度最高為「ㄚ」，最低為「ㄦ」，若將聽辨正確度由高到低分成四組，其分組內容如表 7-4 所示。

表 7-4 ▪ 韻母聽辨難易度

聽辨難易度	韻母
易　↑　↓　難	ㄚ、ㄠ、ㄧ、ㄨ
	ㄛ、ㄞ、ㄡ、ㄩ
	ㄜ、ㄟ、ㄢ、ㄣ、ㄤ
	ㄝ、ㄥ、ㄦ

資料來源：根據張蓓莉（1997）研究結果中韻母聽取正確率進行聽辨難易度分組。

　　另外，從聽取錯誤進行分析，「ㄧ、ㄨ、ㄩ」相互間誤聽比例高，另一組「ㄛ、ㄝ、ㄜ、ㄦ」也是，其原因應為聲音頻率特性之第一共振峰相近，而「ㄛ、ㄝ、ㄜ」也常被誤聽為「ㄨ」（張蓓莉，1997）。雖然此研究對象從國小至國中，而聽覺口語師之學生多數為學前幼兒，考量教學對象的年齡及能力之外，仍可參考此研究結果。

參 華語聲母的發音機制與聽辨

一、華語聲母的發音機制

聲母的發音方面，有多種不同的分類方式，常見以「發音位置」、「聲帶振動性」、「發音狀態（方法）」來區分（鄭昭明，2009），如表 7-5 所示。

(一) 發音位置

「發音位置」指氣流在「某些器官部位」受阻之後，再釋放而形成，這些部位舉例如：「ㄅ」是透過雙唇發出，「ㄓ」是舌尖抵住硬顎所發出，「ㄎ」是透過舌根部位發出的聲音。聲母以發音部位區分時，可以簡略分為前位音、中位音、後位音。前位音有「ㄅ、ㄆ、ㄇ、ㄈ」，後位音為「ㄍ、ㄎ、ㄏ」，其餘皆為中位音。

表 7-5 ▪ 聲母發音分類

分類方式	細分	聲母
發音位置	前位音	ㄅ、ㄆ、ㄇ、ㄈ
	中位音	ㄉ、ㄊ、ㄋ、ㄌ、ㄐ、ㄑ、ㄒ、ㄓ、ㄔ、ㄕ、ㄖ、ㄗ、ㄘ、ㄙ
	後位音	ㄍ、ㄎ、ㄏ
聲帶振動性	不振動（清音）	ㄆ、ㄊ、ㄎ、ㄑ、ㄔ、ㄘ（送氣）
		ㄅ、ㄉ、ㄍ、ㄐ、ㄓ、ㄗ（不送氣）
		ㄈ、ㄏ、ㄒ、ㄕ、ㄙ
	振動（濁音）	ㄇ、ㄋ、ㄌ、ㄖ
發音狀態（方法）	塞音	ㄅ、ㄆ、ㄉ、ㄊ、ㄍ、ㄎ
	塞擦音	ㄐ、ㄑ、ㄓ、ㄔ、ㄗ、ㄘ
	鼻音	ㄇ、ㄋ
	邊音	ㄌ
	擦音	ㄈ、ㄏ、ㄒ、ㄕ、ㄖ、ㄙ

資料來源：整理自鍾露昇（1966），引自雅文基金會教學研發部（2011：63-64）。

(二) 聲帶振動性

「聲帶振動性」指氣流通過聲帶時，聲帶內收使聲門縮小，氣流通過狹小的聲門時，使聲帶產生振動（鄭昭明，2009）。臺灣華語語音系統並不將聲母區分為有聲或無聲，而是以「清音／濁音」加以分類（發清音時，聲帶不振動；發濁音時則相反）。在臺灣華語語音系統中，若某兩個清音的發音位置和發音方法皆相同，差別僅在於由口中送出的氣流多寡，則可將該二清音再細分為送氣音或不送氣音。比方說，ㄅ和ㄆ皆為前位音（發音位置相同），且皆為塞音（發音方法相同），但發ㄆ音時由口腔中送出較多之氣流，故ㄆ為送氣音而ㄅ為不送氣音（引自雅文基金會教學研發部，2011：63-64）。依據李芃娟（2001）針對送氣／不送氣語詞探討啟聰班聽覺障礙兒童口語清晰度表現方面，女生表現優於男生，聽損程度越小者，清晰度越佳，植入人工電子耳的學童比配戴助聽器的學童表現好。

(三) 發音狀態（方法）

「發音狀態」為氣流受到阻抗的程度或型態，分為塞音、塞擦音、鼻音、邊音、擦音（鄭昭明，2009）。發出塞音時，氣流流出時受到口腔某兩部分的阻擋，同時軟顎抬高擋住通往鼻腔的孔，如：「ㄆ」是氣流先經由上唇和下唇的阻擋，軟顎同時向上抬起擋住通往鼻腔的通道，隨後上下唇突然張開而發出的聲音。聲母中「ㄅ、ㄆ、ㄉ、ㄊ、ㄍ、ㄎ」皆為塞音。塞音之構音方式說明，如表 7-6 所示。聽障學童塞音之表現，不送氣之前位音「ㄅ」發音清晰度最佳，後位音「ㄍ」則最差（李芃娟，2001）。

塞擦音的形成為氣流到口腔時，軟顎抬高，氣流先受到某兩部位的阻擋，等到氣流要出來時，阻擋的部分又緩慢離開，使氣流由狹縫中摩擦出來，共有「ㄐ、ㄑ、ㄓ、ㄔ、ㄗ、ㄘ」。塞擦音之構音方式說明，如表 7-7 所示。聽障學童於塞擦音之表現，不送氣的「ㄓ」發音清晰度最佳，送氣的「ㄔ」則最差，「ㄓ」和「ㄔ」之發音位置相同，同為捲舌音，但清晰度卻相差最大，可能是聽障學童知道發音位置但送氣能力不佳，導致說話

表 7-6 ▪ 塞音聲母的構音方式

聲母	構音位置	構音特徵
ㄅ	先閉緊上下唇，阻塞氣流通路，然後雙唇突然張開。	不送氣：使口內少量氣流衝出。
ㄆ		送氣：使大量氣流衝出。
ㄉ	上下唇微張，舌尖翹起抵擋上齒齦，阻塞氣流通路，然後突然抽回舌尖。	不送氣：使口中少量氣流衝出。
ㄊ		送氣：使大量氣流衝出。
ㄍ	上下唇微張，舌根翹起緊貼軟顎，阻塞氣流通路，然後放下舌根。	不送氣：使口中少量氣流衝出。
ㄎ		送氣：使大量氣流衝出。

資料來源：整理自鍾玉梅（1995），圖片經作者同意授權使用。

表 7-7 ▪ 塞擦音聲母的構音方式

聲母	構音位置	構音特徵
ㄗ	上下唇微張，上下齒靠近，舌尖前部輕輕碰觸上齒背部，阻塞氣流通路，再放下舌尖。	不送氣：使口內少量氣流由舌齒間之狹縫擠出去。
ㄘ		送氣：急促送氣使大量氣流由舌頭間之狹縫衝出去。
ㄓ	上下唇微張，上下齒靠近舌尖翹起，舌尖背後接近硬顎前部，阻塞氣流通路，維持此擺位。	不送氣：使口中少量氣流由舌尖背與硬顎前部之狹縫擠出去。
ㄔ		送氣：急促送氣使大量氣流由舌尖背與硬顎前部狹縫衝出去。
ㄐ	上下唇微張，上下齒靠近，舌面前部稍稍上升接近硬顎，阻塞氣流通路，然後放下舌面。	不送氣：使口中少量氣流由舌顎及齒間狹縫擠出去。
ㄑ		送氣：急促送氣使大量氣流由舌顎及齒間狹縫衝出去。

資料來源：整理自鍾玉梅（1995），圖片經作者同意授權使用。

時氣流控制不當所致（李芃娟，2001）。

邊音，氣流流出時軟顎抬高，氣流受到口腔裡某兩部分的阻擋，然後從舌的兩邊流出，華語的聲母中，只有「ㄌ」為邊音。

擦音，氣流流出時軟顎抬高，口腔裡某兩部分相接近，使氣流不易迅速流出，而從狹縫裡摩擦出來，「ㄈ、ㄏ、ㄒ、ㄕ、ㄖ、ㄙ」都屬於擦音（林寶貴，2002）。鼻音則是口腔中的軟顎下降，氣流在鼻子中出現共鳴，聲母中只有「ㄇ」和「ㄋ」兩個音（鄭靜宜，2011）。聽障兒童隨著年齡的增加，擦音的使用比率增加，不送氣的塞音、鼻音及邊音卻是減少（吳俊良、楊惠美，2003）。邊音、擦音與鼻音之構音方式之說明，如表7-8所示。

聲母發音方面，根據劉潔心（1986）探討國小一年級聽障學生的構音能力，以發音狀態而言，最難的聲母發音方法是塞擦音，接下來為擦音、鼻音、塞音（送氣）、邊音、塞音（不送氣）。研究指出聽障學童較難清晰發出塞擦音之原因，可能為發聲腔道的動作控制精密度較差、發音的時間控制較差等因素（李芃娟，1999）。另外，吳俊良與楊惠美（2003）對植入人工電子耳的極重度聽障兒童之研究，發現越早植入人工電子耳或配戴助聽器時間越長，不論是聲母或是韻母，清晰度都越好，亦可見持續且穩定的聽能刺激對聽障兒童說話影響的重要性。

二、華語聲母的聽辨

聲母聽辨方面，依據前述張蓓莉（1997）研究指出，國小至國中聽障學生聽辨正確度最高的聲母為「ㄅ」，次高為「ㄇ」，最低的是「ㄗ」，除了前述三個聲母之外，依聽辨正確度分成兩組，聽辨正確度較高之組含有：「ㄆ、ㄈ、ㄉ、ㄋ、ㄌ、ㄍ、ㄎ、ㄏ、ㄐ」，另一組為「ㄊ、ㄑ、ㄒ、ㄓ、ㄔ、ㄕ、ㄖ、ㄘ、ㄙ」（如表7-9所示）。

最後，附帶一提，由於華語為聲調語言，除了聲母、韻母的注音符號聽辨外，兒童尚須聽辨四聲調才能區辨華語語音，張蓓莉（1997）研究提及在四聲調聽辨方面，聽障學童容易將二聲和三聲混淆，一聲和四聲則較

少出現聽辨混淆之情形，此研究結果，與大多數特殊教育聽障教師之觀察一致。

表 7-8 ▪ 鼻音、邊音及擦音聲母的發音狀態及構音方式

發音狀態	聲母	構音方式
鼻音	ㄇ	上下唇輕輕閉合，上下齒微微分開，舌頭自然平放，軟顎下垂，氣流在鼻腔內共鳴，雙唇緩緩張開。
	ㄋ	上下唇微張，舌尖翹起抵住上齒齦，阻塞氣流通路，氣流在鼻腔內共鳴時，舌尖緩緩抽回平放。
邊音	ㄌ	上下唇微張，舌尖翹起抵住上齒齦，阻塞氣流通路，然後慢慢將舌尖放下，使口中少量氣流緩緩由舌之兩側釋出。
擦音	ㄈ	將上齒輕輕碰觸下唇，阻塞氣流通路，然後送氣使氣流由唇齒之間緩緩通過並張開嘴巴。
	ㄙ	上下唇微張，上下齒靠近，舌面前部輕輕碰觸上齒背部，阻塞氣流通路，然後緩緩放下舌尖，輕輕送氣使氣流慢慢由舌齒間之狹縫釋放出去。
	ㄗ	上下唇微張，上下齒靠近，舌尖翹起，舌尖背後接近硬顎前部，阻塞氣流通路，維持此擺位，輕輕送氣使氣流由舌尖背與硬顎前部之狹縫間緩緩釋放出去。
	ㄖ	上下唇微張，上下齒靠近，舌尖翹起，舌尖背後接近硬顎前部，阻塞氣流通路，維持此擺位，使口內少量氣流由舌尖背與硬顎前部之狹縫間緩緩釋放出去。
	ㄒ	上下唇微張，上下齒靠近，舌面前部稍稍上升接近硬顎，阻塞氣流通路，然後緩緩放下舌面，輕輕送氣使氣流由舌顎及齒間狹縫釋放出去。
	ㄏ	上下唇微張，舌根稍稍翹起接近軟顎，阻塞氣流通路，然後送氣使氣流持續緩緩由狹縫間釋放出去。

資料來源：整理自鍾玉梅（1995）。

表 7-9 ▪ 聲母聽辨難易度

聽辨難易度	聲母
易 ↕ 難	ㄅ、ㄇ ㄆ、ㄈ、ㄉ、ㄋ、ㄌ、ㄍ、ㄎ、ㄏ、ㄐ ㄊ、ㄑ、ㄒ、ㄓ、ㄔ、ㄕ、ㄖ、ㄘ、ㄙ ㄗ

資料來源：根據張蓓莉（1997）研究結果中聲母聽取正確率進行聽辨難易度分組。

第二節　華語韻母與聲母之發音發展與聽障兒童常見之構音挑戰

　　聽障兒童由於聽力損失造成語音接受不夠完整，如果沒有接受良好的療育，易因先天侷限導致說話口齒不清，因此孩子說話是否清晰常是家長特別在意之處。倘若家長覺得自己的孩子總是說不清楚，教了好久依然未見進展而覺得氣餒，可能為家長期待過高或是孩子尚未習得某些發音要領，提供家長有關兒童可清楚發出聲母和韻母的發音方式及其發展里程碑，將有助於家長合理地期待孩子說話的表現，並且在兒童發展成熟的條件下進行教學，以達事半功倍之效果。

壹　兒童華語韻母與聲母的發音發展

　　進行聽覺口語法療育時，面對的聽障兒童各有其不同的背景及情況，當發現兒童發音經常含糊不清時，聽覺口語師除了需要了解兒童藉由傾聽學習的現況及相關需求外，亦需要了解適齡兒童在韻母與聲母的發音發展歷程，藉以提供家長在家中增進兒童清楚發音的策略。基於此，本小節重點在介紹兒童在華語韻母和聲母的發音發展。

一、韻母發音發展

　　一般兒童的韻母發展較聲母早，韻母除「ㄩ」外，多數可在三歲以前發展完成，且單韻母「一、ㄨ、ㄚ、ㄛ、ㄜ、ㄝ」最早學會，其次是複韻母「ㄞ、ㄟ、ㄠ、ㄡ」，再來是聲隨韻母「ㄢ、ㄣ、ㄤ、ㄥ」和捲舌韻母「ㄦ」（王南梅、費珮妮、黃珣、陳靜文，1984；李淑娥，1995）。對於國中小學聽障學生而言，發音正確度較高的韻母為「ㄨ、ㄚ、一、ㄛ、ㄠ、ㄡ」；相對而言，較難發音的韻母為「ㄢ、ㄣ、ㄤ、ㄥ」（林寶貴，1985）。

　　著手聽語療育之前，聽覺口語師需了解一般兒童韻母的發展，再視兒童的學習需求進行韻母教學。然而，當聽覺口語師察覺聽障兒童無法在一般日常活動引導下改善其發音清晰度時，建議可適時轉介復健科醫師或語言治療師以便進一步評估，確認是否具有器質性的發展異常或構音異常等問題，以幫助聽障兒童及早獲得專業的療育服務。

教學案例 7-2

　　小芳已經八歲，但是「ㄩ」說不清楚，常常說成「ㄨ」。

案例分析

　　小芳已八歲，依據華語發音之發展，此年齡應可以正確發出「ㄩ」。去除生理限制之因素，依據表 7-2，「ㄩ」和「ㄨ」的構音方式上，最大的差別在於舌頭的位置，「ㄨ」的舌面放平，後部稍上升，「ㄩ」則是舌面伸直，前部稍上升。可藉由分析構音方式的不同向家長說明，並使用如下引導策略：
- 發出「ㄩ」時，提醒孩子舌頭向上。
- 運用視覺線索：讓孩子看口腔構造圖，說明舌頭的位置。
- 分解動作，如：(1)先做出嘟嘴的嘴型準備發音；(2)舌頭向上並發出聲音。

通常單韻母的練習為初階兒童之說話目標，所謂初階兒童，係指年齡較小之聽障兒童或是年齡稍大但較晚接受療育的兒童。以「ㄨ」為單韻母練習之例子，可應用火車的狀聲詞玩過山洞的遊戲，當火車過山洞時，就發出「ㄨ～ㄨㄨ」，讓兒童自發性說出「ㄨ」。待兒童的單韻母皆能清楚發出，聽覺口語師可評估兒童各項能力發展後，再進行複韻母的練習。

二、聲母發音發展

聲母的發展方面，根據林寶貴、黃玉枝、黃桂君與宣崇慧（2008）分析三到五歲幼兒的構音能力，以 90% 的通過率為標準，達到此標準，即表示此年齡層的兒童已可清楚發出此語音，三歲兒童可以正確發出「ㄅ、ㄆ、ㄇ、ㄉ、ㄊ、ㄋ、ㄌ、ㄍ、ㄎ、ㄏ、ㄐ、ㄑ、ㄗ」，四歲則增加「ㄈ、ㄒ、ㄔ、ㄘ、ㄙ」，五歲時則可清楚發出「ㄓ、ㄕ」。對於具有聽力損失的中小學學生而言，最難發音的聲母為「ㄗ、ㄘ、ㄙ、ㄓ、ㄔ、ㄕ、ㄖ、ㄎ、ㄒ、ㄑ」；然而這些音對一般常童而言也是較困難的（林寶貴，1985）。

當前針對華語兒童聲母發展的相關研究中，不同研究採用的通過標準、取樣地區、實驗方法皆不盡相同，因而，在結果上亦有別。詳細華語兒童聲母發展比較，請參見〈附錄五：華語兒童聲韻母發展彙整表〉。

關於設定兒童聲母練習之目標順序，除了參考研究的結果外，聽覺口語師也可根據兒童的年齡和本身之能力，觀察兒童於課堂時的說話表現設定聲母的說話目標。無論進行韻母或聲母的說話教學，皆以聽能優先，即是先讓兒童用耳朵聽一聽，再讓兒童試著發音，若兒童發音不清楚或不知道怎麼發音，可讓兒童看老師或家長發音的嘴型後嘗試發音，最後再讓兒童純粹用聽的，讓兒童連結此聲音及其發音方式，此技巧也就是聽覺三明治之概念（Estabrooks, 2006）。

 聽障兒童常見構音挑戰

構音指發出語音動作的能力（吳咸蘭，1999），當孩子無法發出正確

語音，其構音能力可能出現問題。茲整理林寶貴（2002）書中提及的一般構音異常類型及聽障者常見構音問題如下：

一、替代音

替代音指以另一語音代替標準語音，或以其他類似聲帶振動的聲音，取代標準語音，如：「公公」說成「咚咚」，常發生於兒童學習語言的早期階段。聽障兒童出現之替代情形舉例如下：

(一)送氣與不送氣聲母的代換

送氣與不送氣聲母的代換，如：「ㄊ」和「ㄅ」之間的相互代換，以「ㄊ」替代「ㄅ」為例，「打球」變成「ㄊㄚˇ」球。

(二)鼻音與送氣或不送氣聲母之代換

鼻音與送氣或不送氣聲母間之代換，如：「ㄇ」和「ㄆ」之間的相互代換，以「ㄇ」替代「ㄆ」為例，「皮球」變成「ㄇㄧˊ」球。

(三)韻音的替換

韻音間之替換，如：「ㄚ」和「ㄝ」之間的相互代換。

二、歪曲音

歪曲音為語音歪曲變化，聽起來不同於標準語音，扭曲的程度嚴重或輕微差異很大。聽障兒童常見的歪曲音包含：說話用力太大或太小、鼻音過多、語音不正確或不明確、韻母持續時間過長，以及雙韻母歪曲等。

三、省略音

省略音乃是以華語的注音符號概念為例，即指聲母或韻母被省略，如：把「鞋子」說成「ㄧㄝˊ」子，省略聲母「ㄒ」。

四、添加音

添加音指正確的語音內加入不該加的音。聽障兒童添加音之構音異常情形有：加入多餘的聲母或韻母、單韻母變成雙韻母等。譬如：「吃飯」說成「ㄔㄨ」飯。

五、聲調錯誤

華語為聲調語言，聲調錯誤為四聲運用錯誤而影響意義之表達，如：將「水餃」說成「睡覺」。

六、整體性的語音不清

聽障兒童聽力損失情形可能會影響整體的發音清晰度，並可歸納為不同的音韻異常類型，如：前置化（發音位置在舌尖的發音方法，如：以「ㄉ」代替「ㄍ」；「ㄊ」代替「ㄎ」）、後置化（發音位置在舌根後的發音方法，如：以「ㄍ」代替「ㄉ、ㄐ、ㄓ、ㄗ」；以「ㄎ」代替「ㄊ、ㄑ、ㄔ、ㄘ」等）、不送氣化（以不送氣音取代送氣音，如：以「ㄅ」代替「ㄆ」；「ㄉ」代替「ㄊ」；「ㄍ」代替「ㄎ」）、塞音化（如：以「ㄅ、ㄆ、ㄉ、ㄊ、ㄍ、ㄎ」替代其他音）、塞擦音化（如：以「ㄐ、ㄓ、ㄗ」替代「ㄒ、ㄕ、ㄙ」）、省略聲母（如：以「一哇」代替「西瓜」）、韻母簡化（如：以「ㄚ」代替「ㄢ」）等。

有鑑於早期療育乃是強調整合教育、醫療、社福等不同專業的服務，因此，面對聽障兒童說話含糊不清楚時，身為聽覺口語師應加強自身對於基本構音和音韻異常類型等的相關知能，提供聽障兒童及其家長日常生活中的活動練習之餘，亦應適時轉介專業的語言治療，以協助聽障兒童及早獲得療育。

第三節　兒童說話發展——前語言期／口語準備期之發展 🍃

壹　嬰幼兒口語準備期之發展

　　兒童並非一下子就蹦出話來，說出第一個具有意義的詞彙之前，在日常生活中已經悄悄地準備說話。所謂有意義的詞彙，就是看到某人或某物時，正確說出其名稱，例如：若是嬰兒看到小貓說「爸爸」，或是在玩弄腳掌時，發出「爸……爸」的聲音，代表此嬰兒還不知道該字詞所代表的意義；當嬰兒看著爸爸說：「爸……爸」，而看到其他人不會說「爸……爸」時，「爸爸」一詞對於孩子才開始成為一個有意義的詞彙。

　　通常兒童在一歲左右出現第一個詞彙，然而，第一個詞彙出現之前，嬰幼兒是如何為日後的口語說話做準備的呢？此準備說話的時期，即稱為前語言期（prelinguistic period）或口語準備期。前語言期分為五個階段，所有的嬰兒在此時期具有相似的經歷，各個階段並非截然區分不重疊，後面的階段仍會出現前階段的口語特徵，新階段的特徵亦呈現出前述階段未曾出現的特徵。前語言期各階段分述如下（林麗英，2010；雅文基金會教學研發部，2011；Menn & Stoel-Gammon, 2005）。

一、零至二個月：啼哭聲、嗚咽聲、喘息聲、呼吸聲

　　此時的聲音以生理反射為主，回應嬰兒本身的生理狀態，例如肚子餓、不舒服、想要人抱等等，這些聲音是語言發展的重要起步。嬰兒的啼哭可幫助其練習聲帶閉合和呼吸動作的協調性。此時的口腔生理構造，例如：口腔被舌占滿、喉頭過高等，限制了許多語音的形成。

二、二至四個月：咿唔聲、咕咕聲、格格笑聲

　　相較於前期，此時期較少啼哭，較多格格笑和咕咕聲。因氣管與舌頭

肌肉的偶發性動作，而發出「ㄚ」、「ㄨ」、「ㄅ」的聲音，對這些聲音產生自我模仿而出現喃喃聲，此種聽到自己發出的聲音而促使自己再度發音的回饋機制，是語言學習的重要步驟。

三、四至六個月：玩聲音

嬰兒在此時期似乎是在測試自己的發聲器官能夠發出哪些聲音，會嘗試發出各種聲音，有時大叫，有時小聲說話，聲音時高時低，發出的語音也有可能是生活環境中未曾聽過的語音。

四、六至十個月：牙牙學語

此時期的特色是將聲母和韻母結合起來發音，例如：「ㄅㄚ-ㄅㄚ」、「ㄇㄚ-ㄇㄚ」。嬰兒於此時期學習區辨語音為母語或非母語。即使一出生即患有極重度聽損的嬰兒亦會經歷此時期，也就是仍會出現牙牙學語的情形。

五、十個月之後：呢喃兒語

此時期嬰兒喃喃自語，聲音語調已有抑揚頓挫；此期涵蓋了嬰兒發出第一個有意義的詞彙。

在前語言期，聽障嬰兒一樣會有啼哭、咿唔聲、玩聲音的行為，倘若未配戴聽覺輔具，便聽不到自己發出的聲音，無法透過聽覺回饋自己的發音，亦即未能建立起發音和聲音之間的連結，而將逐漸減少發出聲音的行為（Menn & Stoel-Gammon, 2005）。然而，透過聽覺輔具的協助，察覺到聲音的存在，是對自我發音行為的增強，也學習聽辨周遭環境的各種聲音和語音代表的意涵，是故，具有配戴聽覺輔具習慣的聽障兒童可以和聽常兒童一樣，有著相似的口語發展歷程（Davis, Morrison, Hapsburg, & Warner, 2005）。

另外，需強調的是，除了每日長時間配戴聽覺輔具或人工電子耳外，

更重要的是接受療育課程，家長努力不懈地說話給孩子聽，展現良好語言的示範。通常期待聽障兒童配戴聽覺輔具一年後，可以開口說話，當然，如同一般幼兒一樣，兒童開口說話的時間也有其個別差異存在（Estabrooks, 2000）。

貳　嬰幼兒口語準備期之教學技巧

聽障嬰幼兒穩定地配戴聽覺輔具後，為了增進嬰兒此時期玩聲音的行為，聽覺口語法的教學建議將動物或是交通工具的狀聲詞（onomatopoeia）融入嬰兒的遊戲中，比如：小狗的狀聲詞是「汪汪」，車子則是以「ㄅㄨㄅㄨ」代表。這些狀聲詞對嬰兒而言是容易察覺與辨識的，相較於正確詞彙的發音，通常較容易發音，可藉此建立起孩子口語表達的橋樑。當孩子年齡漸長、理解狀聲詞所代表的意義、不需要狀聲詞豐富聽能刺激，或不必透過狀聲詞促進孩子玩聲音時，家長即可將狀聲詞轉換成正確的詞彙。

為了加強聽能刺激，在此時期，鼓勵家長親自為孩子唱兒歌，讓孩子感受到語言是件令人歡樂的事（Morrow, 2005）。唱兒歌的過程中，家長可放慢速度，凸顯語調，並配合教學目標，合宜地加入一些變化。如：唱兒歌〈一隻哈巴狗〉時，可以在歌詞的停頓處加入小狗的叫聲「汪汪」。唱兒歌不僅可引起嬰幼兒的興趣，也可透過唱兒歌的互動，增進親子間的情感，藉由兒歌，也能學習掌握旋律，透過歌曲內容學習相關詞彙。

除了唱兒歌可以增進聽障兒童的聽能刺激之外，家長於平時與孩子說話時，也可運用超語段的技巧，幫助孩子學習語言，從親子互動中學習說話。一般而言，大部分聽障孩子聽辨高頻音比聽辨低頻音困難，而超語段的特性主要分布在低頻帶中，因此大部分的聽障孩子都可以偵測到（雅文基金會教學研發部，2011）。事實上，一般家長和嬰兒說話時，會自然地使用超語段的說話方式，媽媽們和嬰兒說話時，有著相似的聲韻特徵，如：較高的音調、音調較多變化及加重聲音的強度。研究指出無論國籍為何，家長和嬰兒說話多具有此特徵，而且嬰兒特別偏好此種語音模式（Menn &

Stoel-Gammon, 2005）。有鑑於此，在教學技巧中，聽覺口語師應建議家長在家和孩子說話時，應用超語段之技巧，吸引嬰兒的注意力、協助語言的理解，以及促使嬰兒嘗試發出各種聲音。

第四節　聽覺口語法說話教學策略與技巧

聽障兒童透過聽能學習說話，需要家長和老師合宜地引導、耐心地等待，讓兒童可以在自然情境中，以最少的壓力快樂地學習。聽覺口語師教導聽障兒童進行說話練習時，除了需具備基本的理論知識，亦需了解如何實際執行，為家長示範正確的教學方式、面臨困難時尋求解決之道，或提供家長可行的教學策略與建議。以下提供聽覺口語法教學時促進聽障兒童流暢說話的技巧，作為教師及家長的參考（雅文基金會教學研發部，2011；Estabrooks, 1993, 2006; Simser, 1993）。

壹　聽能優先的提醒

聽覺口語法強調透過聽能學習說話，基本上，無論何時，都希望孩子能夠聽清楚環境的聲音或語音，因此，孩子是否聽得清楚為教學前首要確認要件。教師或是家長需要先確認孩子的聽覺輔具運作良好，達到合適的增益量，時時留意孩子的聽反應，當發現孩子聽的專注力不足時，則需提醒孩子「注意聽」。對話的距離方面，需在孩子的聽能範圍內說話。若孩子尚未建立聽覺習慣或是其聽潛能尚需加強，說話時可以靠近孩子優耳的聽覺輔具或人工電子耳發音。

另外，遇到孩子練習說話總是說不清楚時，必須再度確認孩子此時是否能夠聽辨正在學習的聲母或韻母，例如：教「ㄅ」時，孩子因聽不清楚「ㄅ」，或將「ㄅ」聽成其他音，導致說出的音不正確（可參閱〈附錄四：聽能教學活動實例〉），即需要再度確認其聽辨狀況。除此之外，有些聽

障兒童可能有聽力波動情形，則須更加留意。

貳 說話教學的基本概念

一、目標音的選擇

每一個聽障兒童具有其個別差異，聽覺口語師除了了解各年齡層兒童所能展現的說話能力，在教學上，選擇目標音時可思考下列幾個層面，進而決定適合孩子學習的目標音（吳咸蘭，1999）：

(一) 測試新語音的可塑性

經過老師示範一個單音、音節或一個詞後，孩子就能夠跟著說出的語音，顯示此錯誤的語音比較容易經過指導獲得進步，選擇此語音為目標，能增進孩子的成就感和學習動機，也有助於其他語音的學習。

(二) 尋找語音脈絡的影響

由於人說話時，任何發音會受到相鄰語音之影響，在某一些語音脈絡中發錯的音，可能會在某一特定的語音脈絡中說對，教師及家長須留意聽障兒童平日的說話內容。例如：維維通常以「ㄍ」取代「ㄅ」，但是在說「電話」時，「ㄅ」卻可正確發音，因此可以將「ㄅ」和「ㄧ」結合的音，作為目標音的起點。

(三) 依據兒童語音發展階段選擇

以發音狀態而言，若塞音及邊音是較早發展的音，而塞擦音為較晚發展之語音，則可選擇兒童較早發展之語音作為目標音。然而，聽障兒童的個別差異下，有些兒童的某個塞擦音，如：「ㄙ」，較塞音「ㄊ」容易被引發出，則不用考量兒童語音發展之先後。

(四) 選擇出現頻率較高的語音

若聽障兒童出現錯誤的語音，正好為對話中常使用到的語音，此語音將對孩子說話清晰度影響較大，且此語音為此年齡之兒童已發展的語音，基此，可將此語音選列為教學之目標音。

選擇合適的學習目標音，需要教師平日觀察孩子說話的特徵、了解其能力，並考量其需求等等，方能協助孩子更順利地學習。

二、引導聽障兒童說話之歷程

聽障兒童的說話教學，並非立竿見影、速收成效，在教學中需要了解引導聽障兒童說話的歷程，循序漸進。引導聽障兒童說話的歷程如下（林寶貴，2002）：

(一) 消除或減輕始因

聽障兒童須先確定聽損程度及類型，並配戴合適的聽覺輔具，倘若有其他生理病徵影響聽能及語言之學習，應接受治療或合宜之處置，讓聽障兒童於最佳之身體狀況學習語言。

(二) 聽辨力訓練

主要訓練聽障兒童認識正確音以及分辨正誤音之不同。

(三) 獲得正確語音

即教師利用各種方式引導聽障兒童發出正確語音。

(四) 轉移或類化

當聽障兒童已可發出正確語音，必須由音而字，詞而短句、短文，進而對話式語言的練習，使音能穩固下來，在各種語音情境均能正確應用。

(五) 維持或習慣化

加強聽障兒童於各種情境下之練習，並請與其接觸之人員協助，使聽障兒童將已學會之語音持續地在各種場合中正確運用，使之習慣化。

上述之前兩項，其詳細內容可參見本書相關之章節。提及之「轉移或類化」與「維持或習慣化」又稱為類轉，正確語音須在類轉出現時才算成功，類轉亦須長時間練習（林寶貴，2002）。聽覺口語教學時，切莫因練習過程中聽障兒童能正確發出語音，而忽略類化和習慣化之重要，唯有聽障兒童能在自然情境中自主且正確地運用語音表達自己的意思，才是說話教學之目的。

參 教師或家長本身說話技巧

期待孩子說話清晰是教師及家長共同的期待，教師及家長不只作為孩子的模範，更需依孩子的狀況，彈性地應用教學的技巧，讓孩子更快習得清晰發音的方法。聽覺口語法建議教師及家長與聽障孩子相處時之說話技巧及運用如下：

一、音量、音強的強調方式

對於韻母，可加強音量或是靠近孩子的麥克風發音，幫助孩子聽清楚；但若是聲母，則不然。由於音素為聲音之最小單位，注音符號之聲母大多非單個音素，而是由音素組成之音，加大聲母之音量後，使得聲母中氣音之音素削弱，過度強調音素中之母音，反而使孩子無法聽到聲母正確的發音。

二、放慢速度強調目標音

倘若目標音為孩子較難聽清楚的音時，如：高頻音的「ㄒ、ㄙ」，教

學者可緩慢且清楚地發出目標音，並以耳語的方式加強（拉長）發音，讓孩子聽辨此音（雅文基金會教學研發部，2011）。

三、說話速度及音量的技巧應用

針對剛開始運用聽能學習的孩子，如：剛配戴上合適助聽器的兒童，對其說話的速度須較緩慢。若兒童已建立傾聽習慣且聽辨能力佳時，則是依照一般說話的速度，達到因材施教，實施符合孩子能力之教學策略，提升孩子傾聽和說話的能力。當孩子配戴助聽器一段時間，建立起聽的習慣時，老師或家長的音量大小即調整為平時說話的音量，幫助孩子習慣聽辨一般對話之音量。

四、玩聲音的運用時機

孩子為未滿一歲的嬰兒時，可運用模仿嬰兒發出聲音的遊戲，或是玩聲音讓嬰兒模仿，促進嬰兒發出聲音。

五、說話技巧融入生活及遊戲中

為了促進孩子說話，於強調聽能的先決條件下，上述所提之教學技巧，應貫徹於孩子日常生活的對話之中，除了家中孩子的主要照顧教學者外，應擴及家中其他成員一同付諸執行。另外，為了提升孩子的說話動機及增加學習樂趣，聽覺口語師及家長可設計與說話目標相關之有趣活動，讓孩子在充滿歡樂中學習開口說話，並藉此練習的機會增進孩子構音器官的靈活度（林寶貴，2002）。有關引導兒童發音活動可參見《聽說自如——聽損兒輕鬆學說話》（邱鳳儀主編，2010）一書。

肆 說話練習內容的運用

引導兒童練習說話的內容，從單音進而字、短句、句子到自然的對話（林寶貴，2002）；聽覺口語法中說話練習之鵠的，祈望孩子於日常生活

中可自主使用清晰的華語和他人溝通。基此，須警覺孩子說話是否落入仿說的習慣中，鼓勵孩子於自發性說話時透過聽覺回饋進行自我檢視和矯正。為了達成上述目標，教師可評估孩子的能力，依其學習需求選取適合的說話練習階段。下列是說話練習的順序供教師及家長參考（雅文基金會教學研發部，2011）：

一、語音階段

即為韻母或聲母的練習。以聲母「ㄅ」為例，即是希望孩子可以穩定地發出「ㄅ」，這是指不論發出單一聲母「ㄅ」或是含有「ㄅ」的字彙，都能說得清楚。當孩子可以發出聲母「ㄅ」後，可嘗試練習將「ㄅ」和孩子已會說的韻母相結合。當孩子還不會發出此目標音時，可以提示孩子「ㄅ」的發音方式，再加以練習。

二、詞彙階段

係指練習含有目標音的詞彙，以「ㄅ」為例的詞彙為「弟弟」、「肚子」等。並以孩子生活中常接觸的詞彙為優先。

三、短句階段

意指讓孩子說出具有目標音的短句，同上之例，其短句如：「弟弟在吃飯」、「弟弟的肚子」或「大大的肚子」。

四、長句階段

即是包含目標音的長句，如上述目標音之長句，例如，「弟弟吃大大的地瓜」、「弟弟最喜歡看電視和打電動」等長句。

五、其他練習

其他練習，如：「聲音長短練習」及「音量大小練習」，其活動設計可參考《聽說自如──聽損兒輕鬆學說話》（邱鳳儀主編，2010）。

伍 引導孩子發音的概念與技巧

　　不是每一個孩子開口說話皆可順利發出聽覺口語師所設定目標之聲母或韻母，有時孩子可以清楚說出單音之聲母或韻母，但當聲母和韻母結合發出時，卻說不清楚，或是出現前述相反之情形。此時，為了提升說話能力，應引導或提醒孩子改正，但糾正孩子的同時，需要考量多個面向，例如：孩子本身之能力、孩子的感受、說話的自信及挫折感等等。以下是有關引導孩子發音的概念與技巧，供教師及家長參考：

一、鼓勵

　　鼓勵是引導孩子主動學習的好方法，可以藉此建立孩子的自信心，也可增進孩子的學習動機。以下提出相關的技巧（雅文基金會教學研發部，2011）：

(一) 鼓勵與肯定

　　當孩子正確發出目標音，給予正面的增強與肯定；反之，則以鼓勵的方式，引導孩子多試幾次，建立孩子信心。

(二) 增進信心

　　為建立孩子說話的信心，先給予孩子較容易達到的練習，待孩子有成功的經驗，便能引發孩子繼續練習的意願和動機。

　　剛開口說話的孩子，常常一串話都說不清楚，矯正孩子發音之際，為了顧及孩子的信心、降低挫折感，建議一次只糾正一個目標音，而非只要聽到不清晰的音，就立即矯正之，例如：此次上課的目標為聲母「ㄅ」，孩子將「抱抱小狗」說成「到到小斗」，只需要矯正「到到」為「抱抱」，「小斗」則先不糾正。相對地，若孩子已達一定程度之口語表達能力，原本「ㄅ」和「ㄉ」可以清楚說出，即表示其有清楚表達「ㄅ」和「ㄉ」的能力，但在對話當中卻說不清楚，則不限於一次只糾正一個音之建議。

(三)鼓勵孩子自我提醒及自我檢視

為增進孩子與他人互動，當孩子發音尚未形成自動化表達時，可教導孩子在團體中，以某種手勢或動作作為提醒自我矯正的暗示。當孩子經過練習，已能穩定發出某個目標音，鼓勵孩子在自發性語言時，自我檢視此目標音。

二、聽能相關技巧

(一)運用「聽覺三明治」技巧

聽覺口語法之教學雖以聽能為優先，得彈性輔助使用其他感官，例如視覺、觸覺等。當孩子無法運用聽覺辨識目標音時，使用「聽覺三明治」技巧（如：聽覺→視覺／觸覺→聽覺），協助孩子正確發音（Estabrooks, 2006），先讓孩子純粹用聽的方式，聽幾次老師或家長發出的目標音，然後再要求孩子說說看。若孩子無法順利發出目標音，給予其他感官線索（例如：區別聲母「ㄋ」與「ㄌ」的發音差別，發「ㄋ」時可讓孩子用手感受發音者鼻翼之振動），之後再要求孩子說一遍。最後，立即鼓勵孩子只透過聽能來練習發出目標音。此技巧不僅回歸聽覺口語教學之宗旨，也可幫助孩子日後之聽覺回饋能力，進行自我矯正發音。有關聽覺三明治技巧之應用，請參見教學實例 7-3。

 教學案例 7-3

上小學的阿立說話時，總是將「氣球」說成「ㄐㄧˋ球」，「去上學」說成「ㄐㄩˋ上學」。

案例分析

　　由上可知，阿立將「ㄑ」發成「ㄐ」，根據表7-7，「ㄑ」和「ㄐ」都是塞擦音，其差別在於送氣與否，「ㄑ」發音時，大量氣流從口中急促發出，「ㄐ」發音時，卻是少量氣流。因此，引導策略之原理在於讓孩子了解發出「ㄑ」時，需要有氣流從唇齒間衝出。

運用「聽覺三明治」概念

　　先確認孩子能聽辨「ㄑ」和「ㄐ」，再運用下方陳述之觸覺及視覺提示策略，引導孩子發音，最後再去除這些提示，讓孩子單純透過聽能分辨「ㄑ」和「ㄐ」，加強其聽辨能力，鞏固聽覺回饋，促進自主發音。

運用觸覺提示

　　將孩子的手背放在家長嘴前，讓孩子感受家長發出「ㄑ」時，產生的氣流。

運用視覺提示

1. 用手勢動作強調氣流快速地從口腔衝出來。
2. 讓孩子看家長發音時，舌尖在下門牙後齒背，舌面靠近硬顎。

(二) 運用自我聽覺辨識

　　針對年紀較大或聽辨能力較佳的孩子，發現孩子發音錯誤時，可模仿孩子錯誤的發音，讓孩子用聽能比較該錯誤音和目標音有何不同，同時亦須為孩子示範正確的發音。

三、其他技巧

(一) 分解發音動作

　　當發現孩子總是不知所措，無法順利發出目標音時，建議教師或家長可將目標音按照其發音方式依序分解為更單純之動作，讓孩子練熟每一順

序之分解動作，再引導或提示孩子快速地依序完成各個分解動作，說出目標音。以聲母「ㄈ」為例，分為兩個分解動作，一為上齒咬住下唇，二發聲，順利說出「ㄈ」。

(二) 使用兒童容易理解的語言

聽覺口語師除了扮演向家長說明教學目標及活動進行方式的角色外，同時也是家長教學之模範，因此，在示範說明發音方法時，應使用兒童容易聽得懂的話語，以協助兒童更快理解發音方法。延續上述聲母「ㄈ」的例子，第一個分解動作是上齒咬住下唇，此時可直接對孩子說：「我們現在嘴巴要學小松鼠，像小松鼠那樣，上面的牙齒在外面。」並示範給孩子看。

(三) 目標音融入生活情境相關活動

盡可能將目標音以有意義的詞彙帶入活動當中，例如，以聲母「ㄜ」為目標音，可將「鱷魚」設計為活動的主軸，或是以娃娃肚子「餓」作為活動的重心。

(四) 運用兒歌與童謠

可配合設計之教學目標及孩子的年齡和能力等，選擇與目標音相關的兒歌、童謠或是活動，如：「ㄉ」為目標音，可以選擇兒歌〈玩具國〉、童謠〈大頭大頭〉，也可以玩按電鈴、搭配發出「叮咚」聲音的遊戲（邱鳳儀主編，2010）。

聽覺口語法鼓勵家長在日常活動中自然引導兒童聽清楚、講明白，常見的聲母教學活動可參考表 7-10。若已嘗試多種方式引導，孩子仍有經常說不清楚、難以仿說目標音等問題時，為了了解孩子是否因聽力波動而影響聽辨能力，可確認孩子能否聽辨目標音，如：讓孩子從多張圖卡中，指認出代表目標音的圖卡，避免孩子因聽不清楚而無法正確發音（相關活動

可參見第三章〈運用聽覺口語法進行聽能訓練之療育設計〉）。

　　值得注意的是，倘若孩子可正確指認目標音的圖卡，但是嘗試引導活動許久仍未見孩子說出相似之音，則建議家長務必尋求專業醫療團隊的協助，如：醫師、語言治療師，提供孩子更周延的療育服務。

表 7-10 ▪ 聲母教學引導發音之活動

聲母	引導技巧
ㄅ	• 提供觸覺提示： 　1. 若「ㄅ」與「ㄆ」常混淆，由於兩者之差別是有無送氣，因此可以讓孩子感受「ㄅ」為不送氣。 　2. 若「ㄅ」與「ㄇ」混淆，兩者發音位置相同，而發音方法不同，「ㄇ」屬於鼻音，因此可以讓孩子摸鼻翼去感受發「ㄅ」音時鼻翼沒有振動。 　3. 用手輕捏住孩子的雙唇再放開，練習閉唇。 • 用「ㄚ」引導出「ㄅ」的發音，例如：發「ㄚ～ㄅㄚ。」 • 提供視覺提示：讓孩子看教師的雙唇（緊閉再打開）。 • 嘴唇運動活動：塗護唇膏或玩親親的方式讓孩子練習抿嘴及緊閉雙唇。
ㄆ	• 建議讓孩子先穩定發出「ㄅ」後，再練習「ㄆ」。 • 若孩子無法閉唇後發音，可準備一張紙片讓孩子用雙唇夾住後再吹掉。
ㄇ	• 教師示範時，可緩慢地發「ㄇ」，將音拉長，讓孩子感受「ㄇ」的語音特色。 • 提供觸覺提示：摸鼻翼感覺振動（參見「ㄅ」）。 • 利用發出自然聲音，如：吃東西時發出「ㄚ～ㄇ」，或大便時發出「嗯嗯」（閉唇）的聲音，引導發出「ㄇ」音。 • 提供視覺提示：讓孩子看教師的嘴唇緊閉後張開。 • 孩子發音前，提醒先輕輕按合上下嘴唇，再發音。
ㄈ	• 提供視覺提示： 　1. 示範像小松鼠一樣，上門齒咬住下唇，發出「ㄈㄨ」或吹氣。 　2. 使用鏡子，讓孩子透過鏡子反射影像，矯正自己的唇齒位置。 • 分解動作：將「ㄈ」的發音分為兩部分，一先咬住下唇，二發聲。 • 用手將上唇輕往上提，並提醒上齒仍要咬住下唇。

（續下表）

聲母	引導技巧
ㄉ	• 提供視覺提示：對於年紀較小的孩子可以先誇張地示範「舌頭往前伸，用牙齒咬住舌頭」。幫助孩子正確發出「ㄉ」的聲音後，再引導孩子將發音方式轉為由舌頭抵住上牙齦。
ㄊ	• 可結合韻母「ㄧ ㄨ ㄚ」引導出「ㄊ」音，如：「ㄊㄧ、ㄊㄨ、ㄊㄚ」。 • 提供視覺提示：示範將舌尖放在上齒背，然後快速彈回。
ㄋ	• 提供觸覺提示：讓孩子感受鼻翼振動。 • 提供視覺提示：舌頭慢慢地平放。
ㄌ	• 進行舌頭體操，舌頭快速發音，如：「啦啦啦」。 • 提供視覺提示：將舌尖向上翹起碰到硬顎，再發音。 • 若有鼻音，可練習重述「哈拉哈拉」一詞，利用「哈」發音時軟顎向上之特徵，避免氣流進入鼻腔產生鼻音共鳴，以去除鼻音。
ㄍ	• 提供觸覺提示：摸喉嚨，感覺聲帶振動。「ㄍ」發音時，聲帶振動較前／中位音明顯。 • 引導發音位置在舌根之活動： 　1. 含水說話。 　2. 咳嗽。 　3. 頭往後仰。 　4. 捏鼻子學豬叫，感覺發音位置在口腔後側。
ㄎ	• 若孩子將「ㄎ」發成前位音時： 　1. 用漱口、咳嗽的方式，讓孩子感受舌根用力發音的感覺。 　2. 建議孩子或媽媽將手洗乾淨後，把手指放到口腔中（或壓舌），讓孩子感受舌根要用力。 • 若孩子容易將「ㄎ」發為「ㄍ」，則提醒孩子要送氣。 • 請孩子將頭往後仰，利用舌頭自然往後的拉力，發出「ㄎ」。
ㄏ	• 提供觸覺提示：對鏡子吐氣，發「哈……」。 • 利用聲學技巧，把「ㄏ」的音延長。 • 提醒孩子發音的時候，嘴巴打開一點。 • 提供觸覺提示：若將「ㄏ」發成鼻音時，讓孩子摸著鼻子，哈氣，感受到鼻子是沒有振動的。
ㄐ	• 可利用已會發的音引導發出不精熟的音，如：「ㄚ～ㄐ」。 • 將「ㄗ」和「ㄧ」連續快速唸，合成「ㄐ」的音。

（續下表）

聲母	引導技巧
ㄑ	• 提供觸覺提示：讓孩子感受氣流。 • 提供視覺提示： 　1. 用手勢動作強調氣流快速地從口腔衝出來。 　2. 視覺提示：舌尖在下門牙後齒背，舌面靠近硬顎。
ㄒ	• 建議讓孩子先穩定發出「ㄐ」後，再引導發出「ㄒ」。 • 提供視覺提示：嘴型成大大的微笑狀，然後耳語式地吹氣發音。 • 提供觸覺提示：可利用觸覺的方式感受氣流。
ㄓ	• 練習捲舌的方法：在上顎塗果醬或將海苔黏在上顎，讓孩子用舌頭去舔。
ㄔ	• 若孩子將「ㄔ」發成「ㄕ」，則提醒加上送氣。 • 若孩子將「ㄔ」發成「ㄘ」，則提醒要捲舌。 • 若孩子將「ㄔ」發成「ㄓ」，則提醒要送氣。
ㄕ	• 提供視覺提示：提醒孩子舌頭的位置，要往上捲。 • 練習捲舌的方法：於硬顎上貼海苔，請孩子捲舌舔下。
ㄖ	• 注意捲舌，利用「ㄕ」拉長音，再用力發出「ㄖ」，如：「ㄕ～～～ㄖ」。
ㄗ	• 提供視覺提示：舌頭擺放的位置是舌尖在下齒背，舌面前靠近上齒背。
ㄘ	• 舌頭伸出一點點輕咬，發「ㄙ」音後，舌頭慢慢伸回即可發出「ㄘ」音。 • 可利用易發聲的結合韻搭配使用，如：「ㄘ」，引導發出「ㄘㄨ」。 • 利用「ㄊ」和「ㄙ」合併在一起，快速唸出「ㄘ」。
ㄙ	• 提醒孩子發音時，舌尖要緊緊地頂住牙齒送氣。 • 利用學蛇叫聲、瓦斯漏氣聲，讓孩子了解「ㄙ」的語音特色。 • 提供觸覺提示：用手或靠近孩子感受氣流。 • 提供視覺提示： 　1. 上下排牙齒咬合、舌頭往前頂，輕輕地吹氣。 　2. 若孩子不知道舌頭的位置，可先將舌頭伸出，在牙齒中間，輕輕地吹氣。待孩子具有穩定的成功發音經驗後，再提醒其將舌尖後縮至上齒背。

 結語

　　為了開口說話，聽障兒童本身需要付出很多努力，家人付出的心力更是不在話下，千萬別因為急於見到孩子說話能力的展現而造成孩子的壓力，更應顧及孩子除了語言表達之外的發展，例如：情緒、自信心、社會互動等等。提醒家長耐心等待孩子說話，勿急躁催促，避免孩子抗拒說話。此外，也需顧及孩子的自尊心，平時宜儘量避免在大庭廣眾下為孩子矯正發音。糾正孩子發音時，亦應選擇合宜的時機，避免孩子因一直被糾正而喪失開口說話的信心。期盼每位聽障兒童皆能在充滿愛與歡樂的環境中學習說話，表達自我。

8
聽覺口語法療育實務之評估

林桂如

- 掌握聽覺口語法療育實務中的評估面向
- 了解診斷式教學的意涵
- 認識聽語療育實務中常用的評估工具
- 學習正確詮釋評估結果

One needs to know how much a child can learn,
under what circumstances, and with what materials .
一個人必須了解孩子在什麼情況、使用何種教材之下可以學習多少。
~Dunn (1968: 12)

 前言

　　聽覺口語法療育是強調一對一診斷式教學（diagnostic teaching），以及家長深度參與的課程。藉由個別化的診斷教學，聽覺口語法療育團隊將依據每位聽障孩子不同的學習需求、聽能程度和目前發展狀況，加以設計療育計畫，並在良好的聽覺管理下，協助家長學習在家指導聽障兒童自然傾聽和說話的技巧。

　　透過定期、持續的評估，家長、聽覺口語師及其他聽語團隊成員間的合作，將共同發展符合個別聽障兒童學習需求的個別化聽語療育計畫，循序藉由自然結合日常情境中反覆練習與其學習需求相符的療育服務，幫助兒童融入社會生活。

第一節　聽覺口語法療育實務中的評估面向

　　根據我國教育部《身心障礙及資賦優異學生鑑定辦法》（2013）規定，各類特殊教育學生之鑑定應採用多元評量的原則，依據學生個別狀況，採取標準化評量、直接觀察、晤談、醫學檢查等方式，或參考身心障礙手冊記載收集個案資料，綜合研判之。在實務上，鑑於身心障礙學生的鑑定與評量有其特殊性，故多由相關專業團隊成員依據評估目的選擇適當的評估

工具，進行個別施測，因此，熟悉評估工具、謹慎詮釋評估結果蘊含的意義，顯得格外重要。

在聽覺口語法療育實務中，為了解聽障兒童及其家庭在接受療育後的成效，以及擬訂合適的個別化療育計畫，將有賴可信的「評估」（assessment），亦即透過資料的收集與彙整，以了解聽障兒童的學習需求及家長效能。

壹 聽覺口語法療育實務中的評估

評估，有時被視為測量（measurement）和評量（evaluation）的同義詞；但事實上，測量僅做客觀的描述、不做價值判斷，而評量則是以具體的測量來決定個體當前的能力與教育安置需求。故評估可視為是介於測量與評量間的名詞，其含義較測量廣，但較評量窄，並包括正式與非正式的測量、觀察等，以了解被評估者在各種不同情況下的表現（郭生玉，1990）。

Wall（2011）認為有效介入的過程乃包含觀察（observe）、計畫（plan）、介入（intervention）與監控（monitor）四部分（如圖 8-1 所示），應用於聽覺口語法療育實務中，每一部分皆包含不同的評估重點，說明如下：

一、觀察

當家長為聽障孩子選擇聽覺口語法療育時，也意味著他們選擇肩負聽語教導的責任，因此，聽覺口語法團隊將建立家長對於聽能管理的基本知能，並持續提升家長將日常生活經驗擴展為語言學習的能力，以促進聽障兒童的聽語發展。

聽覺口語法療育期待家長扮演聽障孩子最初的好教師。在初步接觸聽障兒童及其家長時，聽覺口語師將針對聽障兒童的聽語表現、家長與聽障兒童間的聽語互動進行觀察評估，包括：兒童本身──聽能、溝通、語言、

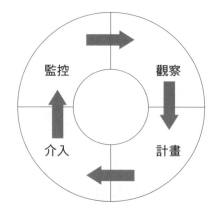

- 追蹤兒童教學成效
- 監控家長效能

監控

觀察

- 觀察兒童能力與學習潛能
- 觀察家長與聽障兒童的聽語互動

- 提供聽能管理
- 提供家庭支持性服務
- 提供個別聽語療育介入

介入

計畫

- 擬訂個別化療育計畫
- 設計個別療育課程教學活動

圖 8-1 ▪ 有效介入的過程

資料來源：修改自 Wall（2011: 145），修改部分為加入圖框外文字。

說話、認知的表現，與兒童的學習特徵、行為表現與相關早療經驗等；以及家長——基本的聽能管理技巧與親職能力等。筆者彙整聽覺口語法療育在觀察階段的評估內容如表 8-1 所示。

二、計畫

宣崇慧（2009）認為，影響聽覺—口語溝通訓練取向成效的相關因素眾多，包括：兒童擅長的聽覺溝通取向、植入人工電子耳的時間與聽語復健環境、性別、評量行為、評量者，以及學校與家庭環境等因素。

有鑑於每位聽障兒童的學習需求與家庭背景皆不同，因此，聽覺口語法療育將針對個別兒童及家庭的需求，由聽覺口語師和家長共同發展聽障兒童在聽能、溝通、語言、說話與認知等五大領域的教學目標，擬訂聽障兒童的個別化療育計畫，以提供未來檢核或追蹤療育成效的參考。

為掌握兒童接受聽覺口語法療育課程的學習狀況，聽覺口語師也將針對每一次的課程設計個別療育教學活動，並詳實記錄兒童的表現，以作為下一堂課教學設計與課程評估的參考。

表 8-1 ▪ 聽覺口語法療育在觀察階段的評估內容

對象	評估向度	評估重點
兒童	兒童表現	• 兒童的聽能、溝通、語言、說話、認知的表現。 • 兒童的學習特徵、行為表現與相關早療經驗。
家長	聽能管理	• 輔具效益。 • 家長是否了解保養及檢查輔具程序。 • 已有的保養工具。 • 除睡覺及洗澡外，配戴輔具的時數。 • 家中聽能環境。 • 個案傾聽習慣。 • 配戴輔具後反應的改變。 • 家長是否了解孩子的聽力狀況。
	親職能力	• 家長針對孩子需求的回應。 • 家長與孩子之間的互動與遊戲。 • 家長面對孩子聽障事實的心理調適。 • 家長參與課堂的積極度。 • 家長學習教學技巧的能力。 • 家長對孩子的教養觀念與信念。 • 家長對孩子的期待、觀察力、敏銳度，以及對幼兒發展的認知。 • 親子閱讀習慣。 • 日常作息規律性。 • 訊息收集能力及資源應用能力。

資料來源：整理自財團法人雅文兒童聽語文教基金會（2012a）。

三、介入

進入聽覺口語法課程的兒童，將由聽語團隊共同提供聽能管理（如：聽力檢查、聽覺輔具諮詢）、家庭支持性服務（如：支持性團體、福利補助申請與諮詢）與個別化一對一的聽覺口語法療育介入課程。

四、監控

聽覺口語法的目標為幫助聽障兒童學習傾聽與說話，使其在未來成為

獨立的個體（Estabrooks, 2006）。為有效掌握兒童的學習成效與家長效能，聽覺口語法療育團隊將有系統地追蹤兒童的表現及家長參與的程度，以提供即時的協助或轉介合適的資源。

貳　聽覺口語法療育實務中進行評估的原則

近年來，國內的早期療育工作發展迅速，因而在學前身心障礙學童的評估方面也有較多討論。綜觀國內早療評估實務，筆者彙整聽覺口語法療育實務評估的原則，主要乃包含強調以自然情境為主，經由專業團隊方式進行評估，以及透過生態評量觀點了解聽障兒童的真實需求，茲分述如下：

一、以自然情境為主

在 1970 年代，多數採用發展檢核表評估身心障礙兒童的能力表現，並據此設計、發展出課程，至 1980 年代開始走向傳統標準化工具的評估，然而，在陌生情境下或由陌生者進行評估的準確性，經常造成標準化評量的結果備受質疑（王于欣，2006；傅秀媚，2002）。

有鑑於當前特殊嬰幼兒的評估已從傳統標準化評量轉變為生態系統模式的觀察評量，強調在自然、熟悉的環境中，由熟悉的人陪伴進行評量，故聽覺口語法療育在評估的過程，亦關注兒童在不同的自然情境中，與不同人在互動上的聽語表現，並可視個案的學習需求與表現，彈性調整評估的項目。

二、以專業團隊評估方式進行

評估的重點在於了解兒童的學習需求，進而作為提供服務的依據。由於每位聽障兒童的個別差異和學習需求迥異，在聽覺口語法療育課程中，如欲進一步評估兒童學習的成效性，單一專業的服務將無法滿足需求，因而將有賴結合不同的專業人員（如：聽覺口語師、聽力師、社工師）提供具整體性的客觀療育評估建議。

三、從生態評量觀點了解聽障兒童的真實需求

生態評量，乃是直接針對個體及其環境中的各項因素進行評量。張世彗與藍瑋琛（2013）認為個體所屬的環境主要為家庭、學校及社區等等，透過這些環境表現出來的各種能力進行分析，有利於設計教學目標與活動內容。Reichle、York 與 Sigafoos（1991）進一步指出生態評量的重點乃在於了解當前環境與未來情境所期待的行為和需求。

然而，個體的生態環境隨時都有可能改變，因此，生態評量並非一次事件，而是需要持續不斷地進行（鈕文英，2000）。如第一章的生態理論所述，生態評量主要是以個體為中心，而其評量過程乃是根據個體所屬的家庭、學校、社會等環境持續進行個別觀察與評估。因此，透過了解聽障兒童當前在環境中的相關能力，經分析後找出未來迫切需要的行為進行療育介入，以及透過各種形式的輔助，將有助於個體成功適應一般的主流環境。

應用在聽覺口語法療育中，除了了解兒童在療育課堂上的學習表現外，聽覺口語法療育團隊亦關心兒童居家與在校的學習狀況，故依據每位學生的學習需求，聽覺口語師、聽力師或社工師將進行家庭訪視或到校訪視，以了解兒童在真實情境中的學習需求與表現。

第二節　常用於聽障兒童學習表現的評估方式

在聽覺口語法療育過程中，為了解兒童的學習需求，將持續透過多元的評估方式，以便探討、追蹤聽障兒童學習傾聽和說話的需求與成效。

聽覺口語法療育實務中，為確認聽障兒童對於聽覺口語法療育的學習需求，將經由多樣化的評估方式，了解聽障兒童在真實情境下的學習需求及其家庭的優弱勢，以促使療育計畫得以實施。筆者綜合文獻（Easterbrooks & Estes, 2007; Ripley, Barrett, & Fleming, 2001），將聽覺口語法中常用

的評量方式彙整為二類：(1)非正式評估：包含了解個案的疾病史、家長晤談、觀察、療育課程中的診斷式教學等；(2)正式評估：包含常模參照測驗與標準參照測驗（如圖 8-2 所示）。

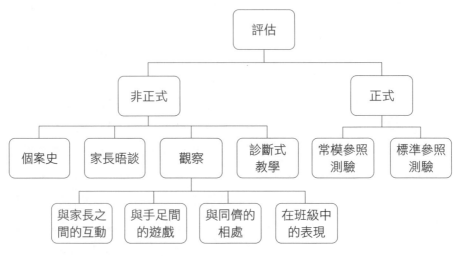

圖 8-2 ▪ 聽覺口語法療育中常用的評估方法

一、非正式評估

測驗內容往往有較為制式、不夠自然的問題，容易產生難以客觀反映兒童最自然的語言表現的限制，為彌補上述問題，教學者在評估工具上應輔以多元非標準化的方法（如：訪談、紀錄與檔案、診斷式教學評估等）。

(一) 個案史

在聽障幼兒學習傾聽和說話的醫療和教育過程，經常需要整合不同的專業人士的意見和資訊。在聽覺口語療育實務中，為了解兒童及其家庭的療育需求，經常需要檢視相關的家庭史、生長史、醫療史與教育史（如表 8-2 所示），故有賴聽覺口語法團隊成員合作，定期更新個案的相關資訊。

表 8-2 ■ 接受聽覺口語法療育之學生個案史彙整示例

學生姓名	林○○	性別		男		上課時間	2012/06/09
		出生日期		2008/04/13		生理年齡	4 歲 2 個月
		開始配戴 聽覺輔具日期		2011/11/15		聽覺年齡	0 歲 9 個月
		開始接受 聽覺口語法日期		2011/12/17		已接受 聽覺口語法年齡	0 歲 6 個月
聽障程度	左耳：重度（71～90 dBHL） 右耳：重度（71～90 dBHL）						
配戴輔助器 種類	左／右耳	植入式		HA		FM	
		CI	BAHA	一般	骨導	骨導	
	左			V			
	右			V			
身心障礙手 冊類別及等 級	是否有手冊 ⊙ 是 ○ 否　　領冊年月 201109　類別 第 2 類【B230】						
家庭史	1. 案父母長輩皆過世，目前一家三口同住，案父從事服務業，案母為家管。 2. 主要照顧者：主要照顧者為案母，案母對於案主接受聽語療育的態度積極。						
生長史	1. 母親在懷孕初期曾服藥安胎三個月，初期產檢曾發現案主有腦水腫的現象，後續檢查則無水腫。 2. 三十八週自然產，重約 3,050 克，有輕微黃疸，但無需照光。 3. 目前肢體發展正常，口語表達部分則有含糊不清的現象。 4. 案主性格乖巧穩定，易害羞，目前就讀幼兒園中班，喜好運動。						
醫療史	1. 2008/04 於○○醫院出生時，案母不確定當時案主是否有接受新生兒聽力篩檢。 2. 2011/05，幼兒園老師反映案主無法服從指令，且案家人發現其口語表達都黏在一起，故於○○早療中心進行評估，發現疑有聽損。 3. 2011/08/17 於○○醫院進行聽檢：右耳 65dBHL、左耳 67dBHL，中耳健康，疑為高頻聽損。 4. 2011/10 至○○基金會進行聽檢：聽檢結果與○○醫院一致，評估案主為陡降型高頻聽損。 5. 2011/11 配戴租借的助聽器聽檢，具矯正效益。 6. 2011/12 自行購買助聽器。						
教育史	2011/09 至 2012/06 於○○私幼就讀，並在 2012/03 至 2012/06 在○○復健診所接受語言治療服務。						

透過家長提供的就醫或就學紀錄、聽覺輔具使用資料、孩子在其他學校或機構的個別化家庭服務計畫或個別化教育計畫等，將有助於聽覺口語師進一步了解兒童及其家庭的療育需求（Boswell & Reed-Martinez, 2011）。

(二) 家長晤談

實施溝通教學或訓練前，首先應收集個案的基本資料及相關的聽語能力背景資料。當資料收集越完整，則越能提供符合聽障兒童學習需求的療育服務。

首先，可利用半結構性問題與家長進行訪談，針對關於兒童聽能管理、聽障兒童能力現況與家長諮商等向度，採取較開放的態度來進行資料收集，藉以了解學生的基本背景資料、發育及疾病史、個性與喜惡、平常使用的溝通方式、語言理解與表達能力等情形，如：可詢問主要照顧者關於該生在家的聽語表現、學習狀況及興趣等，以作為了解孩子學習優弱勢能力的參考（如表 8-3 所示）。

對於第一次接觸的個案及其家長，聽覺口語法療育團隊將一同建立對

表 8-3 ■ 聽覺口語師常用的家長諮商半結構性訪談內容

向度	內容
聽能管理	1. 聽障兒童近期裸耳及配戴聽覺輔具的聽檢報告結果？ 2. 聽障兒童在調整聽覺輔具後的適應狀況？ 3. 了解家長平日協助聽障兒童保養及檢查聽覺輔具的程序及方式。 4. 聽障兒童配戴聽覺輔具的情形。
聽障兒童 能力現況	1. 聽障兒童目前可以穩定回應和表達多長的句子？ 2. 聽障兒童可否依提示仿說？ 3. 聽障兒童目前說話、語言、認知及溝通方面的發展程度為何？ 4. 聽障兒童是否伴隨其他顯著障礙或具有額外的學習需求？
家長諮商	1. 聽障兒童參與其他課程或療育的表現？ 2. 聽障兒童的性格及其喜好為何？ 3. 聽障兒童在家與主要照顧者和手足的相處狀況如何？ 4. 家長在教養聽障兒童時面臨哪些困難？

資料來源：整理自財團法人雅文兒童聽語文教基金會（2012b）。

於新個案和新家庭的了解。聽覺口語師在安排正式課程前，將參照聽力師
提供個案近期的聽能管理資料（如：聽檢報告）、社工師在與案家接觸過
程中對於家庭背景與支持度等紀錄，在課前先以電話訪談的方式，進一步
透過個案的主要照顧者，了解孩子當前的能力表現、家長對孩子的期待等
（如表 8-4），以作為聽覺口語師針對個案能力、學習需求及其家庭對聽障
兒童的期待所設計之療育課程的參考。

(三) 觀察

可觀察聽障學生在上下課、不同環境、與不同對象相處時的語言溝通
行為表現，並加以記錄，以真實觀察聽障兒童與家長、手足、同儕之間的
互動情況，了解個案學習的優弱勢能力。

(四) 診斷式教學評估

為了解聽障兒童及其家庭在每堂療育課程中的表現與需求，聽覺口語
師將透過診斷式教學評估，隨時掌握兒童的優弱勢能力與家長在家中指導
孩子的情形，以作為療育課程設計與調整之依據。

1. 診斷式教學的意義

Ysseldyke 與 Salvia（1974：181）認為有效的診斷式教學應具備四大假
定：(1)接受教學的兒童皆有其優弱勢；(2)這些優弱勢通常和學科能力的習
得相關；(3)這些優弱勢能夠客觀、有效地被測量；(4)兒童的優弱勢和有效
的教學乃是緊密連結。因此，診斷式教學可視為是一項提供兒童更有效學
習的指導策略教學，並肯定學生可以在不同的教學策略下受益，如使用：
教材、教學技巧、內容呈現和增強策略等方式。

2. 診斷式教學的原則

Bell（1992）認為診斷式教學的理論主要承襲自 Piaget 的認知發展理
論，強調從學生已有的知識基礎出發，引導學生在學習的過程中發覺錯誤
的概念，由引起自身認知上的不平衡，進而獲得適當的調適，成為新的概
念結構。因此，提出診斷式教學的原則包括：(1)讓學童從以前的學習經驗

表 8-4 ▪ 聽覺口語法療育課前家長諮商訪談評估實例

姓名	緯緯		設計者	林桂如、鄭伊涵、高嘉慧、余雅筑
年齡	5 歲 7 個月			
聽損程度	重度		輔具	助聽器（HA）＋電子耳（CI）
家庭狀況	主要照顧者	媽媽		
	家庭成員	爸爸、媽媽、個案、姊姊		
	緯緯家庭經濟狀況不佳。媽媽目前待業中，偶爾在家裡接家庭代工；爸爸則是上班時間不固定的建築工人。媽媽目前的療育意願較低落。			
特殊備註	緯緯目前剛開完電子耳不久，但媽媽很想趕快將緯緯送到幼兒園就讀，以便尋找工作、增加家中收入。			
目前能力	孩子善於分辨大人的情緒，未有明確的理解性語言。			
課前訪談重點	1. 聽障兒童現況：了解關於兒童的生活作息、睡眠時間、興趣等。 2. 聽障兒童輔具配戴的時間與相關問題：由於個案剛開完電子耳，所以聽覺口語師先了解之前助聽器配戴的時間。倘若助聽器已配戴多時，可建議媽媽讓孩子在學習同時同時配戴 CI＋HA，而在沒有進行結構的學習時，可以先讓孩子只配戴 CI、習慣 CI 的聲音。然而，若兒童先前僅短暫配戴助聽器，則可建議同時配戴，讓孩子儘早習慣兼用兩種輔具。 3. 聽障兒童開完電子耳後的改變：了解兒童是否開始有單音或是生理需求等簡單的詞彙（如：尿尿、抱抱……）；或是詢問家長有關孩子對於一些基本的生理需求詞彙的理解程度（例如：去拿杯子喝水），與孩子在家的能力或狀況。 4. 了解家長對於療育的觀念：家長對於聽覺口語法、輔具的保養概念和習慣等。 5. 澄清家長對於兒童開完電子耳後的期待：關心家長對於孩子開完電子耳後是否有任何改變或遭遇的問題，如：家長可能擔憂為何開完 CI 卻仍遲遲未能理解語言，則可進一步向家長澄清語言輸入的重要性。			
下次課程評估重點	1. 關於聽障兒童 (1) 聽能：環境音、玩具音的察覺（低至高頻）；名字或家人稱謂的辨識。 (2) 語言：基本生理需求的理解性語言，例如：抱抱、坐坐、喝ㄋㄟㄋㄟ。 (3) 說話：隨機觀察孩子是否有聲音出現（單音、簡單的詞彙）。 (4) 認知：相同實物或同類物品的認識與分類。 (5) 溝通：眼神注視、輪替等待。 (6) 其他：行為表現與穩定性。 2. 關於家長 (1) 對於輔具保養包物品的了解與檢查流程。 (2) 家長和孩子互動的表現以及教養態度。			

中學習；(2)選擇的教學活動涵蓋關鍵的概念和可能的錯誤概念；(3)設計適當的活動，促使有錯誤觀念的學生引發認知衝突；(4)提供一些正確的回饋；(5)針對欲化解的衝突加強討論，並整合成一個新的知識結構；(6)在所討論的課程內明確地形成關鍵原則；(7)利用進一步的問題做回饋，確認正確觀念的建立；(8)未來在不同的脈絡或情境下，適時重返練習相同的教學目標。

在聽覺口語法療育中，為確認聽障兒童的學習需求，將針對學生在療育課程中表現的優弱點進行分析，例如：對於字或句的聽覺記憶、口語表達等與聽語相關的能力等，皆可能成為診斷式教學的評估內容，協助家長和聽覺口語師了解聽障兒童學習的表現或需求，以進一步依據學習需求彈性調整療育內容（如表 8-5 所示）。

表 8-5 ▪ 診斷式教學療育課程評估示例

學生	項目	能力表現		聽覺口語師診斷評估
		精熟	尚未精熟	
甲生	側聽技巧	事先告知談話主題及問題／近距離／熟悉者的聲音	事先告知談話主題及問題／加長距離／熟悉者的聲音／兩人對話	甲生對於日常事務的表達佳，並能回應家長和師長的對話，惟當家長和教學者距離個案較遠時，甲生容易有遺漏訊息或不專注的情形發生。建議家長可在平日鼓勵孩子練習，協助孩子擴充生活經驗，並鼓勵孩子勇於表達。
乙生	聽覺描述	重複狀聲詞、加入關鍵字	複雜的描述、問問題找答案	乙生的聽覺描述在重複狀聲詞、加入關鍵字表現佳，惟乙生的自信心不足，對於不確定的部分顯得怯於回應，因此，建議家長能多給予鼓勵，並加強孩子問問題的能力，訓練歸類的邏輯思考，以提升孩子的整體自信。
丙生	在吵雜的環境中傾聽	聽覺描述閉鎖式第二階段：加入關鍵字	聽覺描述閉鎖式第三階段：相似特徵	當有背景噪音的影響時，丙生在傾聽的部分容易立即分心，因而無法聽取訊息。因此，建議家長可利用平日外出、用餐或出遊時，鼓勵孩子在不同的吵雜環境中學習傾聽。

3. 診斷式教學之應用

在聽覺口語法的療育課程中，透過定期的診斷性評估，將有助於教學者了解聽障兒童的學習成效與需求，包括五大領域：聽能、溝通、說話、認知和語言教學目標執行成效（Lim & Simser, 2005）。

國內的聽覺口語法療育是一對一的個別課程，因而在提供符合聽障兒童的個別學習需求的療育與提升其學習成效上，將有賴於持續透過診斷式教學了解聽障兒童的學習進展，以進一步設計符合其學習需求的療育內容。

在實務的聽覺口語法療育課程，聽覺口語師將針對個別聽障兒童的學習需求，在療育前訂定個別化療育計畫，以及在每週的療育課程針對教學目標與預計評估的學習成效內容設計教學活動。課程中，透過多樣化的活動進行教學示範，並持續評估聽障兒童的學習需求與療育計畫的合適性，透過每次課程結束後整理教學紀錄，掌握聽障兒童的學習表現，以作為後續與家長諮商之依據。筆者彙整聽覺口語師在聽覺口語法療育實務上有關診斷式教學的應用（如圖 8-3 所示）。

家長諮商

個別化療育
計畫擬訂

教學紀錄

教學活動
設計

教學評估

教學示範

圖 8-3 ▪ 診斷式教學在聽覺口語法療育中之運用

二、正式評估

在聽覺口語法療育實務中，使用的評估通常是聚焦於評量與語言組成要素相關的知識及技能，其中，又以兒童的音韻、言語清晰度、口語的理解性語言和表達性語言為主要的評估重點。筆者繼續針對常作為聽覺口語法療育實務評估參考的工具加以說明，並彙整如表 8-6 所示。

(一) 常模參照測驗

在常模參照測驗中，主要是以與個體同年齡或同年級的群體作為參考基準，經由將個別學生的學習表現對照同齡一般兒童發展的狀況，藉以了解兒童當前的發展情形。

為評量兒童的口語理解與表達能力，國內聽覺口語法療育實務中常參考的常模參照測驗工具主要包括：零歲至三歲華語嬰幼兒溝通及語言篩檢測驗（黃瑞珍、李佳妙、黃艾萱、吳佳錦、盧璐，2009）、華語兒童理解與表達詞彙測驗（黃瑞珍、簡欣瑜、朱麗璇、盧璐，2011）、修訂畢保德圖畫詞彙測驗（PPVT-R）（陸莉、劉鴻香編譯，1994）、修訂學前兒童語言障礙評量表（林寶貴、黃玉枝、黃桂君、宣崇慧，2008）、學前幼兒與國小低年級兒童口語語法能力診斷測驗指導手冊（楊坤堂、張世彗、李水源，2005）、修訂學齡兒童語言障礙評量表（林寶貴、黃玉枝、黃桂君、宣崇慧，2009）、兒童口語理解測驗（林寶貴、錡寶香，2002）、中文閱讀理解測驗（林寶貴、錡寶香，2003a）與國小學童書寫語言測驗（林寶貴、錡寶香，2003b）。

(二) 標準參照測驗

標準參照測驗，主要是針對個別學生或群體訂出特定標準，經由評估加以決定學生是否滿足標準，其判斷準則通常由量表的編製者或篩檢單位訂定。這類評估工具的優點在於施測容易，但無法得知個案與同年齡層兒童表現的差異。

表 8-6 ▪ 國內聽語療育常用的評估工具

名稱	施測目的	適用對象	評估向度
零歲至三歲華語嬰幼兒溝通及語言篩檢測驗	快速並簡便篩選疑似溝通及語言遲緩之嬰幼兒，了解兒童的語言能力到達哪一階段，以利早期發現、早期轉介，並早期鑑定語言發展遲緩之嬰幼兒。	零歲至三歲	語意、語用、語法
華語兒童理解與表達詞彙測驗	鑑定詞彙發展遲緩兒童，作為「語言」鑑定之工具，並可得知兒童詞彙相關認知能力，以了解個人內在的優弱勢表現。	三歲至六歲兒童，或七歲以上疑似語言遲緩者	語意：詞彙理解
修訂畢保德圖畫詞彙測驗（PPVT-R）	評量兒童詞彙理解能力，評量結果可用以了解學童的最基本語意能力，以及評估其語文智能。	三歲至十二歲	語意：詞彙理解
國語正音檢核表（再版）	診斷國語發音障礙類型。	一年級至九年級或有發音障礙者	音韻
修訂學前兒童語言障礙評量表	評量學前兒童之口語理解能力、表達能力及聲音、構音、語暢情形。	三歲至五歲十一個月	口語理解與表達
學前幼兒與國小低年級兒童口語語法能力診斷測驗	對照全國性常模，了解兒童接受性與表達性口語語法的能力。	五歲至八歲	語法
修訂學齡兒童語言障礙評量表	1. 評量學齡兒童之口語理解能力、口語表達能力及構音、聲音、語暢情形，以進一步確定其是否具有溝通上的困難或障礙。 2. 作為篩選或鑑定學齡兒童各類語言障礙或語言發展遲緩之工具。	六歲至十二歲十一個月	口語理解與表達
兒童口語理解測驗	評量國小一年級至六年級學童的口語理解能力，以作為篩選在口語理解上有困難的學童之用，或作為探討身心障礙學生口語理解能力之用。	國小一至六年級	口語理解
中文閱讀理解測驗	篩選在閱讀理解上有困難的學童，或是作為探討身心障礙學生閱讀理解能力之用。	國小二至六年級	閱讀理解
國小學童書寫語言測驗	初步篩選在書寫語言表達上有困難的學童，或是作為探討身心障礙學生書寫語言能力之用。	國小三至六年級	書寫語言表達

插圖 8-1 ▪ 聽覺口語法療育重視以正式和非正式評估方式
了解聽障兒童的學習需求與表現

　　國內聽覺口語法療育實務中常參考的標準參照測驗工具為：國語正音檢核表（席行蕙、許天威、徐享良，2004），該工具主要是以詞彙的形式來評量兒童的音韻能力。

　　值得注意的是，表 8-6 中提及之國內各種標準化的評估工具，針對不同使用對象資格區分為 A、B、C 三級（心理出版社，無日期）或第一、二、三類（國立臺灣師範大學特殊教育中心，2011），如：零歲至三歲華語嬰幼兒溝通及語言篩檢測驗、華語兒童理解與表達詞彙測驗和修訂畢保德圖畫詞彙測驗，乃是列管 A 級的評估工具，主要提供具有專業資格之心理師、職能治療師、物理治療師、語言治療師、特教老師或具該測驗研習證書者使用；國語正音檢核表（再版）則為列管 B 級的評估工具，主要是提供從事社會服務及心理諮商機構之社工師或大學心理、輔導學系等相關科系畢業且修過心理測驗與教育統計，或具該測驗研習證書者使用。為確保評量工具實施的品質，相關聽語療育工作者在評量工具的使用上宜審慎選用符合資格的評量工具。

第三節　聽覺口語法療育之評估施行與詮釋

　　評估聽障兒童及其家庭接受聽覺口語法療育的優弱勢和需求，乃是一項有賴於專業團隊共同進行的工作，因此宜結合教育、聽力與社福等不同領域專業人員的參與，以作為了解聽障兒童的學習潛能與擬訂合適療育計畫的依據。

壹　嚴謹的施測程序與情境安排

　　對於聽障兒童接受正式聽覺口語法療育之前、之間或之後的評估，為隨時掌握兒童學習及其家庭效能的進步情形，聽覺口語法療育團隊將針對多方面的途徑，如：測驗、觀察、晤談等方式收集相關資料，並注意所取得資料的可靠性與實用性，以作為設計聽障兒童個別化療育計畫的參考。

　　施測者、進行評估的所在場所、診斷評估的工具，以及評估進行的方式等，皆宜儘量讓聽障兒童先認識與熟悉，並且應避免依賴單一評估工具評量孩子表現（Bailey, 2009; Reed, 2005），以期聽障兒童在評估過程中能表現出真實的能力水準。

　　在評估過程中，不同的聽障兒童可能有不同的調整需求。囿於每一位聽障兒童生理與心理的發展條件不同，聽覺口語師可能會面對部分兒童難有穩定評估結果的問題，故將有賴於教師針對評估方法、時間、地點與工具等進行適當的因應調整。因此，良好的評估需要透過不同時間、不同情境的多次量測，以降低評估上的困難，使評估結果能正確反映聽障兒童的學習表現與需求，如：對於尚未能平坐的嬰幼兒，宜安排在設有軟墊的地板教室，經由聽覺口語師引導主要照顧者與嬰幼兒的互動中，觀察其聽覺潛能和反應。整體而言，教學者在為聽障兒童進行評估時須注意的事項，如表 8-7 所示。

表 8-7 ▪ 評估聽障兒童學習需求的注意事項

1. 聽障兒童在評估內容上有無特殊的需要，是否需要藉由其他方式調整評估的內容？
2. 聽障兒童在生理上有何特殊的限制而足以影響其評估的進行？
3. 是否配戴合適的聽覺輔具協助該生進行相關評估工作？
4. 評估時有無獲得聽障兒童的家長或監護人之許可同意？
5. 如果使用標準化的測驗工具時，評估的工具是否合法有版權，或具有適當之信度與效度？
6. 進行評估時，評量者是否具有相關的專業知能？
7. 評估後的資料是否有妥善的保管與保密？
8. 評估後的結果有無適當地對聽障兒童的家人說明？

 ## 貳 評估結果的合宜詮釋

　　儘管標準化評量工具提供了關於兒童學習表現的數字，然而，在實際運用上卻往往難以區分學生有無學習動機，或難以實質協助教師擬訂介入的目標（Beck, 1996; Downing & Perino, 1992）。因此，透過日常觀察兒童在環境中的需求，評定聽障兒童在環境中的表現，將有助於評估的深入、完整和精確，進而發展適當的介入方案。

　　為更客觀地了解聽障兒童的學習需求，聽覺口語師重視聽障兒童在有意義的活動中表現自然的聽語能力，以作為了解兒童的真實需求與設計聽語療育課程的具體參考。在實務上，聽覺口語師除了日常教學中持續的觀察外，亦透過定期標準化工具，作為了解兒童學習需求的參考。整體而言，聽覺口語師在測驗前將充分說明評估工具的使用目的，並在獲得家長同意聽障兒童接受評估測驗後實施；測驗實施之後，教師亦將向家長詳細解釋評估的結果及意義，必要時，也需要針對家長的期待進行澄清，避免造成刻意練習特定內容的練習效應（如表 8-8 所示）。

表 8-8 ■ 評估結果解釋舉例

小花是五歲的重度聽障兒童，日前在家長同意之下，接受了修訂學前兒童語言障礙評量表的施測。聽覺口語師將針對該評量結果向家長說明：

表現	原始分數	百分等級
語言理解	32	57
口語表達	41	56
語言發展	72	61

※聽覺口語師向家長解讀評估結果的重點：

1. 說明評估工具的使用目的：

   修訂學前兒童語言障礙評量表主要為評量三至六歲學前兒童之口語理解能力、表達能力及聲音、構音、語暢情形。

2. 解釋評估結果的意義：

   百分等級表示受試者的原始分數勝過同儕團體的人數百分比，最高為 99，最低為 1。在語言理解分測驗上，小花的百分等級為 57，表示在 100 位同齡的一般學生中，至少有 57 位兒童的語言理解評估結果較小花低下或和她一樣；在口語表達分測驗上，小花的百分等級為 56，表示在 100 位同齡的一般學生中，至少有 56 位兒童的口語表達較小花低下或和她一樣；整體的語言發展上，小花的百分等級為 61，表示在 100 位同齡的一般學生中至少有 61 位兒童較小花低下或和她一樣，顯示小花在該測驗的語言發展上具有中等的表現，且小花在語言理解和口語表達分測驗上的評估結果相當。

3. 家長期待的澄清與後續的療育設計：

   小花在語言理解和口語表達分測驗上的結果表現中等，未必能真實反應小花在日常生活中的表達性語言和接受性語言的能力，因此，除了應避免過分詮釋該測驗的結果，家長仍應著重於觀察小花在日常生活情境中的語言表現。

4. 避免練習效應：

   為避免家長因焦慮而刻意針對兒童不熟稔的測驗題項進行反覆練習，造成兒童在刻意的練習下產生練習效應，失去評估的客觀性，因此，聽覺口語師可鼓勵家長轉而積極思考如何與聽語團隊共同合作維持或提升兒童現有的語言能力，而非刻意針對評估工具中的特定題項練習。

結語

　　一般人常以多少「分貝」（dBHL）作為聽力損失的主要描述，卻往往忽略存在於這些反映聽損程度的數字背後，所應該重視的要點乃是聽障兒童的學習需求與表現。

　　國內的聽覺口語法重視提供一對一的個別教學，其主要目的乃是期待提供每位聽障兒童及其家庭所需的療育服務與資源，以協助聽障兒童銜接一般主流的教育環境，實質達到減少社會成本，使其未來成為獨立的個體。

　　對聽覺口語法療育團隊而言，謹慎地使用與詮釋正式與非正式的評估結果，將有助於個別化療育計畫的設計與執行，同時也達到監控、檢視聽障兒童在接受聽覺口語法過程中的學習成效，及其家長效能提升的具體依據。

Part **3**

聽覺障礙兒童
成功融合之策略

Chapter 9　學前聽障學生轉銜至國小普通班
　　　　　之因應策略

9

學前聽障學生轉銜至
國小普通班之因應策略

林桂如

- 了解當前聽障學生安置在國小普通班的現況
- 了解當前聽障學生安置在普通班的可能助益
- 學習規劃支持聽障學生幼小轉銜計畫
- 學前聽障學生順利轉銜至國小普通班之因應策略

與學生站在同樣的高度，從其視框來看他們的能力，
或許會發現原來他們在帶領我們漫步於其花園中，品味每一株生命。

～鈕文英（2008：130）

 前言

聽覺障礙學生依其確診年齡、聽損程度、家長參與度、認知能力與早期療育的品質、使用聽覺輔具的一致性、溝通模式與其他障礙等因素，其學習表現與生活適應迥異。因此，在協助學前聽障學生轉銜融合至國小普通班的過程中，乃需要聽覺口語師與國小教師、家長等共同合作，以協助兒童順利適應國小生活。

有鑑於此，本章將先就當前聽障學生接受融合教育安置的現況與可能的助益分析討論，其次，探討聽語早療團隊如何有效規劃支持聽障學生幼小轉銜計畫，最後提出聽障幼小轉銜至融合教育方案的配套措施，期能提供聽障家長與相關工作者在因應聽障學生幼小轉銜的參考。

第一節　聽障學生安置在普通班的現況與影響

融合教育的理念是提供身心障礙學生在接受普通教育過程中的支持性服務，而教師本身亦獲得所需的支援系統，以營造一個能兼顧所有學生學習需求的學習環境，讓所有學生皆能在適齡的普通教育中受益。

壹　聽障學生融合至普通班的現況

Sailor、Gee 與 Karasoff（1996）指出融合教育是建立在六大原則：零拒絕、就近入學、按照自然比例將特殊學生編排至普通班級、在與自己年齡相當的年級就讀、普通教師與特教教師協同合作，以及了解學生的優勢能力，進而透過優勢能力進行教學。

值得關切的是，融合教育不僅是一個安置地點的選擇，而是一種服務型態的提供，透過專業團隊的合作，將身心障礙兒童和普通同儕安置在同一學校、同一教室中共同學習，真誠接納個別差異，並將相關配套服務納入普通教育環境中，以提供身心障礙兒童與一般同儕都能受益的教育。

近年來融合教育乃蔚為教育主流，對於聽障教育亦然。根據教育部（2013）特殊教育通報網，101 學年度高級中等以下教育階段的聽覺障礙學生共計有 3,642 人，其中，2,769 人（76.03%）安置於一般學校普通班就讀，其餘 873 人（23.97%）就讀特教學校或一般學校的集中式特教班，足見國內多數聽障學生乃是安置於普通班。

進一步就國小階段的聽障學生安置討論，就讀國小一般學校與特殊學校的聽覺障礙學生計有 1,329 位，安置在一般學校集中式特教班學生有 71 人（5.4%），在特殊學校的聽障學生人數有 135 人（10.2%），而有 1,123 個（84.5%）國小聽障學生主要是安置在與一般同儕共同學習的環境中，並接受部分的特教資源服務，如：巡迴輔導、資源班等特教服務（如圖 9-1 所示）。

在多數國小聽障學生安置於一般教育環境之際，身為聽語早療工作者，除了肩負協助學前聽障學生與國小階段順利轉銜的要務外，也殷切盼望透過各種不同教育階段的順利接軌，將早期療育的成效擴展、有效延續，協助聽障學生由能聽、會說，進而發展到聽得懂、說得好，並成為日後社會上獨立、具貢獻的個體。

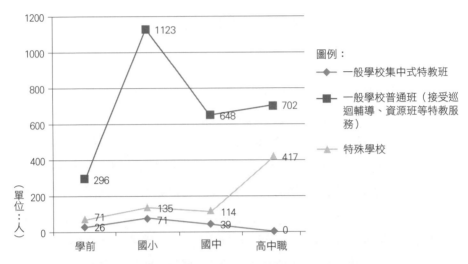

圖 9-1 ▪ 國內 101 學年度高中以下聽覺障礙學生在
不同安置型態下的人數分布

資料來源：教育部（2013）。

貳 聽障學生融合至普通班可能的助益

　　為聽障學生最大利益所做的教育安置，應考慮融合教育的長短期目的、教學的支援程度，進而綜合個案年齡、溝通模式與能力、學業成就、安置偏好等因素（劉俊榮，2009）。

　　相較於聽常學童，聽障學童在日常對話中較易因為自身聽力限制、言語特質、溝通行為和心智能力等因素，致使在對話中未能交換清楚的訊息因而遭遇溝通中斷，倘若又無法有適當的對話修補技巧，將可能降低同儕之間日後溝通的動機，甚至衍生其他人際互動上的誤解（賴曉楓、林桂如，2012）。因而，聽障學生融合至普通班中常需面對溝通上的挑戰，若教師與家長能引導得宜，聽障學生在普通班中的學習將更具助益（如教學示例9-1）。

教學示例 9-1 ▪ 聽障學生在溝通上可能遇到的挑戰因應策略

情境一、孩子聽不清楚、聽不懂或不專心時，經常以眼光投向老師尋求協助。

策略：1. 鼓勵孩子表達聽不清楚，請對方再說一次。

　　　2. 教師以口語提醒聽障生專心聆聽訊息內容，並確認學生聽取的程度，如：「剛剛○○說什麼，我沒有聽清楚，可以請你再說一次嗎？」

情境二、孩子經常獨自一人，無法加入團體間的討論。

策略：1. 引導孩子開啟話題，如：「他們好像在玩疊疊樂，我們過去問問看。」

　　　2. 設計簡單的輪流情境，讓每個人都有參與的機會。

情境三、孩子遇到問題就以「我不知道」、「我聽不懂」等逃避。

策略：1. 多以問句循序引導，找出孩子不了解的地方，如：「為什麼圖片上的小朋友淋濕了？」「他有帶雨具嗎？」或「他手上沒有雨衣或雨傘，所以他為什麼淋濕了？」

　　　2. 教師可以針對問題設計情境或以運用圖片的方式呈現，詢問班上所有同學解決方法，如：「如果要上畫畫課，你卻忘了帶蠟筆，你會怎麼辦呢？」

情境四、同儕排擠或誤會聽障生。

策略：1. 教導同儕在說話前先獲得聽障生的注意，可先叫對方名字或輕拍對方肩膀。

　　　2. 若是因距離太遠或環境聲音太吵，可請同儕靠近一點和聽障生說話，並做眼神接觸。

　　　3. 透過角色扮演的方式，讓同儕試著感受聽不清楚的感覺，再鼓勵全班一起討論合適的相處方式。

　　囿於聽力損傷的問題，聽障學生在接收外界訊息上常遭遇困難，甚至直接或間接影響其學習、人際互動等方面，透過融合教育的方式，除了讓聽覺障礙學生有更多機會與一般學生接觸，也讓一般學生可以更了解聽覺障礙學生的世界。一般而言，在有良好特教配套服務下的融合教育中，聽覺障礙學生可能獲得的實質助益如下（郭俊弘，2007；張淑華主編，2010）：

一、與一般孩子共享多元化的學習環境

　　普通學校豐富、多樣化的課程內容，將可提供聽障學生一個平等的學

習機會，讓他們在耳濡目染中激發潛能，提高對自我的要求，如：學會使用更清晰的語言，以利與他人的溝通；建立自信心及榮譽感。

二、在自然情境中發展獨立與互助的能力

在融合教育中的聽覺障礙學生因為學習上有同儕的協助與彼此競爭，在學習動機及態度上顯得較為積極。透過學校內各種不同的社交活動，聽障學生可以學習如何與人相處、主動尋求協助、如何獲取資訊，並發展出獨立與互助的精神。

三、融入同儕文化並增進鄰里情誼

在與同儕的交流互動過程中，自然接觸的許多溝通行為，提供聽覺障礙學生具體的示範及模仿，此外，也可自然習得同儕團體間的文化，如：流行用語、熱門話題等。隨著聽障學生的加入，學校與社區中的成員也能進一步了解他人的殊異性，學習悅己納人，進而建立優質的社區關係。

四、積極融入社會為自身權益倡議

學校是未來生活適應所處環境的縮影，在就學階段實施融合教育，一般學生可以從中學習與聽障學生的相處之道，而經由專業團隊的指導及家庭的積極參與，亦有助於聽障學生建立因應未來真實社會的各項能力，使其得以學習、成長，成為獨立的個體，對社會有所貢獻，並為自身權益倡議（如插圖 9-1 所示）。

插圖 9-1 ▪ 聽覺口語法療育目標是幫助聽障學生成為獨立的個體、貢獻社會

第二節　支持聽障學生幼小轉銜計畫之規劃

　　聽障學生幼小轉銜計畫應針對其個別需求加以考量，在進行教學或提供服務時，首要應了解現行相關法令內容與轉銜服務實施流程，進而促成學校教師、行政人員與家長三方的協力，共同提供每一位聽障學生適性的教學環境，順利銜接至國小生活。

壹　現行法令

　　從學前療育銜接至國小教育時，協助身心障礙兒童順利轉銜到正式教育的普通班就讀，乃是學前特教和早期療育的主要目標之一。為順利實施幼小轉銜，國內外皆有法令的明文規範，以確保身心障礙學生得以順利銜接、適應不同的學習階段，茲說明如後。

一、身心障礙學生幼小轉銜的相關法令

　　在國內外關於身心障礙學生幼小轉銜的相關法令中，主要強調銜接與協調關於身心障礙學生不同的生涯福利資源，以提供家庭、學生與療育提供者預作轉銜規劃，符應學前身心障礙學生所需的轉銜服務。

(一) 國外的法令

　　美國在 1990 年《身心障礙教育法》（Individual with Disabilities Education Act，簡稱 IDEA）法案中，根據該法案 Part H 部分（出生到三歲的早期療育），有關「身心障礙嬰幼兒早期療育方案之學前方案的轉銜」的規定，明訂對於符合 Part H 的障礙學生，政府均應在「個別化家庭服務計畫」中，提供學前階段個別化的轉銜規劃，並明訂負責的單位，障礙家庭、地方教育當局或機關必須在障礙兒童滿三歲前之九十天、更早或在該兒童符合 Part B（三歲到五歲前的學前教育）之年齡時，共同召開轉銜會議，以提

供障礙兒童所需之轉銜服務。之後 1997 年修正的《IDEA》法案，則進一步詳細列出早期療育階段轉銜服務的要素，包括：轉銜會議的時間、參與的人員、個別化家庭服務計畫與個別化教育計畫，並強調在學前特殊教育一開始的個別化教育計畫會議上，應邀請早期療育的協同者或其他代表早期療育系統的人員，共同協助進行轉銜服務與追蹤幼兒在下一階段的成效（林宏熾，1999；Repetto & Correa, 1996）。

(二) 國內的相關立法

目前國內在早療轉銜階段的相關法令，主要訂定於相關的教育與福利法規中。《特殊教育法》（2014）第三十一條明定，為使各教育階段身心障礙學生服務需求得以銜接，各級學校應提供整體性與持續性轉銜輔導及服務，其轉銜輔導及服務之辦法，由中央主管機關定之。

此外，《身心障礙者權益保障法》（2015）第四十八條則是強調銜接身心障礙者不同的生涯福利需求；《兒童及少年福利與權益保障法》第三十一條（2015）明定：由中央主管機關會同衛生、教育主管機關規劃辦理早期療育所需的篩檢、通報、評估、治療、教育等各項服務的銜接及協調。

相對於前述偏重概括性陳述的法令，新近教育部修訂的《各教育階段身心障礙學生轉銜輔導及服務辦法》（2010）及內政部訂定之《身心障礙生涯轉銜服務整合實施方案》（2006），在早療階段進入國民小學的轉銜做法有較具體的時程規範，如：召開轉銜會議的時間點、轉銜資料通報於全國身心障礙者生涯轉銜個案資料管理系統，應將轉銜資料紙本移送將就讀國小並追蹤六個月等。

為使身心障礙學生服務需求得以銜接，教育部的《各教育階段身心障礙學生轉銜輔導及服務辦法》中，明訂各級學校及其他實施特殊教育之場所應評估學生個別能力與轉銜需求，學生進入國民小學、特殊教育學校國小部之轉銜，原安置場所或就讀學校應規定於安置前一個月召開轉銜會議，邀請擬安置學校、家長及相關人員參加，依會議決議內容至通報網填寫轉銜服務資料，並於安置確定後二星期內填寫安置學校，完成通報。安置學

校應於學生報到後二星期內至通報網接收轉銜服務資料，於開學後一個月內，召開訂定個別化教育計畫會議，邀請學校相關人員及家長參加，並視需要邀請學生原安置場所或就讀學校相關人員參加。

貳　身心障礙兒童幼小轉銜服務流程

　　早期療育的基本目標之一，是在協助身心障礙兒童及其家庭盡可能過著正常化生活。由早期療育進入國小階段的學前轉銜過程中，需要早期療育與國小教育體系順利接軌，以使身心障礙兒童得以轉換到一個有助其成長的環境，並且使其家庭更有能力去承擔照顧特殊兒童的責任。

　　整體而言，學前轉銜的準備時間通常在一至二年，多由轉移前的原單位或機構的人員協助提供相關服務，並由原單位與後續單位提供三個月至六個月的接續安置前之轉銜服務，流程整理如圖 9-2。

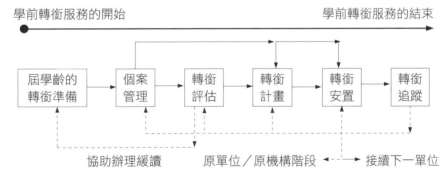

圖 9-2 ■ 學前轉銜服務之流程

資料來源：取自林桂如（2007a：215）。

參　聽障學生幼小轉銜的協助

　　聽語療育團隊陪伴聽障學生及其家庭一同走過幼小轉銜過程，使聽障學生得以融合至不同的教學環境，減緩改變服務方案可能的衝擊，將積極

提供持續性、系統性的服務，共同為提供孩子順利轉銜與未來良好適應而努力。

聽障早療單位協助學前聽障學生順利幼小轉銜的策略，主要可包含入學前的準備和入學後的協助，強調在入學前協助家長了解學生的優弱勢和認識下一環境，順利銜接入學後的學習適應（如表 9-1）。

表 9-1 ▪ 聽障早療單位協助學前聽障學生順利幼小轉銜的策略

階段	內容
入學前的準備	1. 協助家長了解該生的學習狀況，並提供與入學相關的建議。 2. 提供家長有關入學安置之相關法令及資訊。 3. 預備孩子適應學校生活，例如：請家長陪同孩子認識校園。 4. 必要時陪同家長拜訪學校，例如：協助校方了解該生的特殊需求，並說明其所配戴無線調頻器材（FM）的重要性及相關申請規定；提供校方有關國內外聽障教育的最新資訊。
入學後的協助	1. 與學校教師針對雙方課程目標進行交流，促進彼此的教學合作。 2. 了解該生課程上需加強之處，並與家長、學校教師討論教學策略調整的可能性。 3. 因應兒童的學習需求，經學校教師與家長同意後，實地觀察該生的聽能環境及學習態度，適時給予建議，促進其與同儕間的良好互動。 4. 協助學校教師進行到校班級宣導，說明聽障學生配戴聽覺輔具（如：助聽器、人工電子耳）的目的、功能、特質及可能需要的協助等，加強教師及同儕的了解，以便找出與該生最好的溝通方式及技巧。 5. 解說教學時教師配戴無線調頻系統（FM）的重要性及使用方法。 6. 與校方交流相關聽障教學資訊，並邀請相關人員參訪基金會的療育課程及參與座談會，以促進雙方的意見交流。 7. 利用聯絡簿、電訪或校訪與校方保持密切聯繫。 8. 若經評估仍有接受聽覺口語法療育的需求，則持續提供療育服務。

資料來源：整理自張淑華主編（2010）。

肆　聽障學生幼小轉銜計畫之推動

　　為協助聽障學生在早療階段順利銜接國中、小教育,目前聽覺口語法療育除了重視協助聽障學生順利完成幼小階段的轉銜外,亦推動不間斷的無接縫服務理念。以雅文基金會為例,目前即積極推動長程服務生的相關服務,同時,為服務偏遠地區的聽障學子及其家庭,亦著手開發遠距教學模式,期能跨越地域的限制,讓更多聽障孩子能擁有學習傾聽、口語溝通與融入一般環境的可能。

一、聽障學生之幼小轉銜計畫目標

　　成功轉銜計畫的目標設定,應考量聽障學生及其家庭的需求,其主要的目標有六:(1)確保連續性的服務;(2)減少家庭適應改變過程中的干擾;(3)確保孩子因應將接受的方案準備;(4)符合個體需求的安置決定;(5)避免重複的評量與目標;(6)降低兒童、家庭與服務提供者的壓力(Shotts, Rosenkoetter, Streufert, & Rosenkoetter, 1994; Wolery, 1989)。因此,由早療單位與學校共同協助發展聽障孩子的幼小轉銜計畫誠有其必要性。

二、聽障學生之幼小轉銜計畫

　　Salend(1998)發展出一套提供學生由早期療育方案轉換至新學校的幼小轉銜模式,可提供聽障學生的家長在面臨兒童轉銜過程中的因應參考,其主要內容包括:透過轉銜模式中的預作準備,將提供聽障學生接觸新環境的經驗和機會,也提前幫助兒童適應教學環境、生活作息的改變,幫助其在新環境的學習與適應(如表 9-2 所示)。

表 9-2 ▪ 身心障礙兒童幼小轉銜計畫

項目	幼小轉銜計畫因應
決定安置地點	教育者基於地點、學校人員態度、可提供的服務與學生的需求決定適合的安置地點，並確認學校或方案的傳遞與接收人員，進而收集關於聽障學生環境轉換的相關訊息。
接觸新環境	教師可藉由模擬下一個新環境可能對學生提出的要求、環境的狀況，以協助聽障學生適應新環境。
分享兒童在舊有環境中的技能	原來的教師與新環境中的教師、行政人員與支持人員討論該生曾成功運用的策略，並由新學校中的教育者共同發展與分享教育目標。
拜訪新環境	家長可帶學生拜訪或參觀新學校。
從小單位的時間開始	一開始，可採短時間參與新環境的方式，協助學生逐漸適應。當學生對新學校漸感自在時，再逐漸增加參與時間直至全天參與。
陪伴學生	將學生轉出的機構人員在一開始可陪伴學生，作為學生或新環境人員的資源。
建立正向的學習經驗	將該生的工作區安排至接近班長的位置，或分配一項重要的班級工作，並教導同儕關於個人的差異與友誼；此外，教師進行教學上的適當調整與監控其有效性。
開放溝通的管道	建立由服務遞送與接收學校人員間的持續溝通系統。
定期追蹤	透過追蹤會議加以討論學生的進步適應問題。

資料來源：整理自 Salend（1998）以及 Pianta 與 Kraft-Sayre（2003）。

第三節　學前聽障學生轉銜至國小普通班之因應策略

　　融合教育並非是身心障礙學生隨班就坐的安置，為真正落實融合教育的理念，奠基成功融合的基礎，將有賴於教師、學校行政與家長三方共同協力：由學校協助提供聽障學生需要的資源，如：資源教室、手語翻譯、調頻助聽器、代抄筆記、語言治療、聽能訓練等，並健全行政資源與支持系統。而教師在推動融合教育方案上，宜釐清普通班教師與特教教師的角

色與職責,建立適合彼此溝通、合作的方式,並運用其專業能力與特教知能,了解特殊學生的需求所在。

壹 學校教師、行政人員與家長的合作

為真正落實融合教育的理念,須有多方面的配套措施;發展有效的專業團隊,則是促成成功融合的基礎。透過學校教師、學校行政支援及家長三方面的合作,將能順利推動融合教育方案。

一、學校教師

由於聽障生本身特質與溝通上的限制,普通班教師首要應了解學生的特質與學習需求,方能提供學生合適、友善的學習環境。在教學情境中,教師除了應提醒聽障學生配戴聽覺輔具外,教師在教學過程中也應積極配戴 FM 調頻系統,並需要特別留意噪音的問題(Turner & Traxler, 1997)。

郭俊弘(2007)指出,聽覺障礙學生的教室安排需考慮周遭環境的噪音問題,儘量遠離街道、餐廳、樓梯或其他吵雜的區域。教師也可以在桌腳和椅腳裝上桌椅腳套來減低教室內的噪音;在學生座位方面,可安排在前面、中間第二排左右的位置,以利孩子聽取訊息,且不清楚時可由前後左右的同儕協助(如插圖 9-2 所示)。

教師乃是營造班級接納的氣氛和態度的重要推手,運用其專業能力與特教知能將有助於了解學生的需求,並提供特殊需求學生所需的支持服務,一般而言,教師的角色主要有四(林桂如,2007a;Smith, Polloway, Patton, & Dowdy, 2001):

1. 作為專業團隊的成員:與家長及其他專業人員分享經驗與知識,協助團隊處理教學或班級管理的事情。
2. 扮演學生權益的倡議者:營造一個學生免於嘲笑或威脅的安全環境,公平對待所有學生,讓學生感受到重視,同時也試著了解學生的家庭和其文化脈絡,鼓勵學生在學業上精進。

插圖 9-2 ▪ 坐在前面、中間第二排左右的位置，
可幫助聽障學生在聽取訊息時更清楚

3. 由特教教師協助普通班教師進行協同教學：特教教師可適時入班協助班級教師，觀察學生在普通班級中的學習情況與需求。

4. 持續進修專業知能：經由研習、進修，培養成功的融合班級中所需要的能力。

二、學校行政支援

　　國內《特殊教育法》（2014）中明訂學校應依據學生的學習及生活需要，提供必要之教育輔助器材及相關支持服務，其中與聽覺障礙學生相關的項目包括：資源教室、手語翻譯、調頻助聽器、代抄筆記、語言治療、聽能訓練等，因此，學校實有責任協助提供聽覺障礙學生所需的支持服務。

　　融合教育並非是身心障礙學生隨班就坐的安置，教育支援乃是攸關融合教育能否成功的關鍵要素。為促進學校行政人員對融合教育的了解與支持，進而打造友善校園的學習氣氛，其因應的方式如下（林桂如，2007b；張海清，2001）：

1. 足夠的行政資源與支持系統：每班身心障礙學生以一人為限，較易於輔導。

2. 加強師資培育與在職研習訓練：身心障礙學生應優先分發給有特教專業知能的教師，未具備特教專業知能的教師亦應優先培訓或提供諮詢對象；學校舉辦特教知能研習及親職教育，邀請家長一同參加，增進家長教養知能。

3. 有效的行政領導與協調：以團隊合作的方式，結合醫療、復健、語言、行為專家等，共同負責學生學習情形。

4. 提供學生適當的教育方案和支持服務：身心障礙學生的課程、教材得以調整，評量得以與普通班學生分開進行，增加其學習動機。

5. 持續提供教師協助和支持：透過人員培訓和資源提供，促使和維持普通教育教師的接納度與成長。

三、家長參與

　　當聽障學生由早期療育服務或學前教育銜接至國小教育階段，家庭本身也必須開始學習新的規則與例行事務，並因應伴隨而來的壓力與標記的問題。聽障學生及其家庭的轉銜需求，主要著重於參與、資訊的獲得，以及與專業人員的溝通等方面，家長除了藉由參與子女個別化教育計畫，參與學校活動事務，獲得學校所提供的相關資訊外，其積極的因應之道包括（林桂如，2007b）：

1. 確認孩子進入下一階段所需之技能：了解孩子的能力所在，並對孩子有適切的期待。

2. 主動獲知相關福利資源及法律保障的權益：了解可以運用的相關社區資源，與法律上保障父母參與及特殊幼兒入學的相關權利。

3. 表達對學校系統的關心：與學校有良性的互動與交流。

4. 參與轉銜計畫會議：由於家長可能比教師還了解兒童的需求，若能在轉銜計畫會議中表達意見與想法，並參酌其他專業團隊成員的想法，共同擬訂適性的轉銜計畫，將最能滿足孩子實際的需求。

5. 與學校教師真誠合作：親師之間建立互信互賴的合作關係，共同為孩子更好的成長而努力。

6. 監督轉銜機制的運轉：在轉銜服務的過程中，應監督社政與教育體系的合作關係，以維護孩子與自身的權益。

貳 善用輔助科技協助聽障學生成功融合之策略

對每一位從事教育的教師而言，當面對具有特殊學習需求的孩子時，所需要的不僅是注意其與一般孩子之間的落差，更需要的是將之修補。因此，提供適當的輔助科技（assistive technology），將有助於營造正向的學習環境，以利身心障礙學生與一般同儕有同樣受益的教育（林桂如，2009）。

融合教育，乃是營造一個能兼顧所有學生學習需求的學習環境，提供所有障礙及一般學生能在適齡的普通班級中共同學習。對於聽障學生而言，為降低環境中普遍存在的噪音、混響（聲源停止後，聲音繼續存在的聲學現象）、距離聲源的遠近等因素對聽取訊息產生的影響，輔助科技將是促進成功融合不可或缺的要件。

一、確認高科技聽能輔具運作

輔助科技依成本高低可劃分為低科技（low-tech）與高科技（high-tech），前者通常是簡單、現成、價廉的物品，如：筆記；高科技設備則多是包含較多複雜的技術，如：助聽器、人工電子耳等（林桂如，2009；Peterson & Hittie, 2003）。

為提供正向、有益於身心障礙孩子學習的環境，家長或師長宜先確定聽障學生的助聽器或電子耳的運作正常，以確保孩子在課堂中不會錯失重要的教學內容。Hill-Patterson（2009）指出，可利用以下方式確認孩子助聽器或人工電子耳的功能（參考圖 9-3）：

(一)善用聽覺輔具的監聽器材

對於植入電子耳的聽障學生而言，可以諮詢孩子的聽力師或助聽器廠

商，了解孩子所使用的設備機型及監聽方式，以確認聲音是否透過語言處理機正確傳送；對於配戴助聽器的聽障學生而言，則可以利用助聽器專用的監聽器，讓家長和教師聽見該設備所傳送出來的聲音，達到檢測聲音傳送的情形。

(二)備份電池的留存與更換

在學校留有備份電池，以便電池沒電時，可以更換。隨著孩子年紀漸長，應嘗試讓聽障孩子自己學習更換語言處理機或助聽器的電池；若孩子年紀尚幼，則家長應為孩子及其師長示範該如何更換電池。

(三)測電器材的使用

在教室中使用測電器是個不錯的選擇，它將能確保孩子每天的助聽器在充足的電力下正常運作。

(四)安全考量

除了確保聽覺輔具的正常運作外，尚要注意在學校中使用的安全性，尤其是在體育館或競賽中。家長可利用布製的膠帶固定孩子的語言處理器，

| 善用聽覺輔具的監聽器材 | 備份電池的留存與更換 | 測電器材的使用 | 安全考量 |

圖 9-3 ▪ 確認高科技聽能輔具正常運作

並同時提供一捲給教師備用，或利用鬆緊帶、夾子或繩扣等將處理器固定在適當的位置，以防止語言處理器和助聽器掉落鬆脫。

二、低科技輔助策略

教學者將輔助科技應用在教室內，除了提供身心障礙學生精熟輔助科技的使用，亦可以帶給所有學生學習的機會，如：提高學習動機、獨立性、參與感、績效、擴展學習與生活經驗，也為人際互動與溝通帶來新契機，同時，更改變了傳統對兒童潛能的觀點（Hill-Patterson, 2009; Smith et al., 2001）。

(一) 定期整理筆記

儘管有一些可資利用的電子設備，然而，有時候一本筆記本也能在教室內協助兒童獲得重要訊息。若有專門協助孩子抄寫筆記的同學，教師鼓勵兒童定期將筆記影印將是個好方法，它可以作為原稿遺失時的備份資料。此外，利用檔案夾整理學校的資料，同樣有助於了解孩子在校的作業表現情形。

(二) 輔具做記號，辨識更容易

若班上有兩位以上的聽障學生，由於這些孩子經常喜歡把東西拆下來、重組，因此，即使是再小不過的東西，家長都應將所有東西貼上標籤以利辨識。此外，當將聽覺輔具取下時，宜鼓勵兒童養成放置在防撞包保管的習慣。

(三) 溫馨小卡有助提醒

為防止孩子遺失聽覺輔具，家長應提供一份人工電子耳或助聽器的「檢查表」，可以做成像卡片式的清單，並附上一些基本的零件資料，放在孩子書包或夾在聯絡本裡，方便孩子自行檢查或教師協助確認。

三、教室內促進輔具效能的策略

聽障學生在教室的情境中，最重要的是透過使用輔具系統的協助，讓聽障學生得以更容易遵循教師的教學與指示；聽覺輔具可以協助盡可能地阻絕背景噪音，讓教師的聲音直接經由麥克風增強音量、傳送出來，使孩子得以聽得更好。

教室內促進輔具效能的策略，涵蓋有形的硬體設備運用（如：聽覺輔助設備、麥克風與多媒體教學）和無形的心理環境支持營造（Altman & Rothwell-Vivian, 2009; Davis, 1993; Lang, 2002; Winston & Clawson, 2009），茲說明如下：

(一) 有形的硬體設備運用

在教學有形的物理環境的營造方面，「科技」（technology）對於許多身心障礙學生在適應新環境與提供支持上，常常扮演相當重要的角色。因此，教學者在教室中運用這些輔助科技，不僅是協助身心障礙學生精熟這些輔助科技，亦是提供所有學生共同學習的機會，如：提高學習動機、獨立性、參與感、績效、擴展學習與生活經驗，也將為同儕間的人際互動與溝通帶來新契機（Smith et al., 2001）。

1. 使用聽覺輔助設備

FM系統、擴音電話、線圈設備等，皆是可收集說話者的聲音、直接傳送到聽障者的輔具中，協助聽障學生在教室裡聽得更清楚。

2. 搭配麥克風，讓孩子聽得更清楚

使用個人 FM 系統的限制之一，乃是需要配戴轉換器或麥克風。為解決這樣的問題，可利用全班傳遞講授者的麥克風或另行購置可傳遞的麥克風，使每個人的聲音皆能放大，同時又不影響課程進度，協助聽障者能更容易參與全班的討論和活動。

3. 多媒體教學的使用

多媒體教學的使用可鼓勵孩子透過影音的呈現，如：電子白板，協助

孩子從視覺線索中輔助聽覺，掌握課程重點。此外，還可搭配進行文件、圖片的展示，或者播映 DVD、光碟和投影片等，增加教學的豐富性。

為促進聽障學生以合作學習的方式，調整教室內促進輔具效能的系統，將有助於協助孩子參與不同課程型態的教學活動，並提高學生參與課程的能力和機會。

(二) 無形的心理環境支持營造

心理環境的合作與互助是成功融合教育的要件。因此，教師可透過無形的心理環境支持營造，使聽障學生學習在團體中扮演好自己的角色與負責，並幫助所有學生由相互尊重中接納個別差異、提供相互的情感支持。

為促進聽障學生與同儕間的溝通，Altman 與 Rothwell-Vivian（2009）提出「適應」（A. D. A. P. T.）策略，鼓勵聽障學生發展良好的社會互動技巧，進而營造良好的同儕互動。筆者依其概念繪製如圖 9-4 所示。

1. A——為自己發聲（Advocating for Yourself）

建立自信與為自己發聲的能力乃是聽障學生終生的學習課題，教師透過鼓勵聽障學生表達和回答問題、參與個別化教育計畫擬訂的過程，指導聽障學生學習表達和與他人分享。

2. D——有成功的決心（Determination to Succeed）

教師可透過具有卓越表現的聽障者，如：鼓勵聽障學生以堅持不懈的態度面對挑戰，鼓勵聽障學生：「你做得到！」

3. A——檢視態度（Attitude Check）

聽障學生在中學時期如何看待人生與自己聽障事實的看法，將決定其自我接納的程度及人我的互動關係。因此，鼓勵聽障學生和自己相處，以新的眼光看待自身聽障的事實，將有助於聽障學生悅己納人的態度。

4. P——做好準備（Preparation）

聽障學生及其家長宜了解政府法律具體保障可運用的服務資源和學習上的調整，讓聽障生能在課業上及與他人的社交互動中，展露自己最好的能力，如：課堂中觀看的影片應提供字幕、必要時可申請抄寫筆記服務。

圖 9-4 ▪ 聽障學生發展良好的社會互動的適應技巧

資料來源：取自林桂如（2011：11）。

5. T──善用科技（Technology and the Use of It）

科技與聽障者的生活密不可分，除了聽覺輔具之外，網際網路亦使聽障者能夠與社會互動資訊完整連結，因此，聽障學生可以藉由認識與善用網路平臺（如：即時通、臉書）和科技產品（如：手機），促進與他人之間的社交互動。

對聽障學生而言，成功轉銜至融合情境包含許多因素，尤其是當一個安置環境轉銜到另一個環境的過程中，學生須學習適應許多不同的教學形式、課程需求、教學風格、行為期望和社交型態（Salend, 1998）。因此，結合學校教師、行政人員與家長的合作，並且善用輔助科技，將有助於引領聽障學生由優勢能力出發，進而擴大其學習優勢、迂迴其弱勢，透過提供符合學習需求的教學情境，協助聽障學生成功轉銜至國小階段，並順利融入一般學習生活中。

 結語

　　南非詩人兼小說家 David Wright（1990）在自傳《失聰》（*Deafness*）中描述，曾在一次與家人的「對話」中，家人調皮地搗住嘴巴，使他無法由讀唇解讀對方談話內容的當下，讓他深刻明瞭：「如果看不到，我就聽不見。」

　　國內自 2012 年 3 月 15 日起全面推動免費新生兒聽力篩檢，並在《特殊教育法》（2014）中明訂身心障礙兒童之早期療育，其特殊教育之實施提前自二歲開始。隨著科技的日新月異、免費新生兒聽力篩檢的推展與聽障早療的推動，以及具有剩餘聽力的聽障學生在經由配戴適當的聽覺輔具、及早接受早期聽語療育之下，這群學生擁有學習傾聽、發展口語，以及與人有效溝通的更多可能性。

　　為順應聽障學生安置於普通教育環境的需求與趨勢，以雅文基金會為例，在 2010 至 2011 年間開始與臺北市、新北市和桃園縣的坊間幼托園所合作試辦聽障學生的融合訓練。透過團隊與幼托園所的相互交流，使教師與同儕對聽覺障礙兒童有更適切的了解，並由客觀了解各園所的特色、設備、環境與教師態度等，推介適合學前聽障學生就讀的友善園所名單（如〈附錄七：學前聽障學童就讀之友善園所名單〉），盼能建立聽障兒成功的融合經驗，協助孩子順利從學前早期療育接軌至一般教育環境。

Part 4

聽能管理

10
淺談聽覺系統

馬英娟

學習目標

- 了解聽覺系統的生理構造
- 認識與聽力損失相關的疾病
- 從聽覺發展歷程的觀點了解聽能創建／復健的重要性

The cheese has moved regarding our views of deafness in the new millennium.

在這個新紀元，我們對聾的看法已經改變。

~Madell & Flexer（2008: xxi）

 前言

　　耳朵是人體中負責聽覺的重要器官，但平日所見的耳朵卻僅是整體聽覺系統中的一小部分。為能更了解聽力損失的緣起，專業人員勢必得要熟悉聽覺系統的各項功能及耳部疾病所帶來的影響，有鑑於此，本章將針對聽覺系統之解剖生理、聽力相關疾病、聽覺發展歷程對聽能創建／復健的影響進行討論，藉以提供相關聽語早療工作者參考。

插圖 10-1 ▪ 即使擁有正常外觀的耳朵，
　　　　　　　也不等於內部構造及功能都健全

第一節　聽覺系統之解剖生理 ♥

　　根據胚胎學研究，聽覺系統發育得非常早，大約在懷孕第五週時，外耳、中耳、內耳系統已經開始發展（Hill, 2011）。大約在懷孕第二十至三十週時，胎兒內耳中的耳蝸已經開始與腦部產生連結，因此當懷孕進入第三孕期（七至九個月）時，胎兒已經可以有一些聽覺功能（Harrison, 2011）。雖然寶寶出生時，他內耳中的耳蝸已經成形，但聽神經及聽覺中樞還未完全成熟，此時大腦功能仍保有高度的可塑性。

　　簡單來說，人類的聽覺系統可以分為五個區域：外耳、中耳、內耳、聽神經及大腦聽覺中樞（如圖 10-1 所示），任一區域出現了構造異常或功能缺損，都有可能造成聽覺障礙，因此若能了解各部位的結構，對診斷聽覺障礙將是一大幫助。

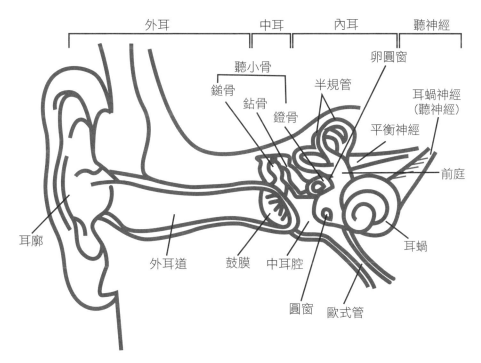

圖 10-1 ▪ 聽覺系統解剖結構平面圖

壹 外耳

外耳的組成為耳廓及外耳道，耳廓的組織成分大多是軟骨及肌肉，連接著外耳道。耳廓的外型並不平整，它有許多突起和凹陷；外耳道入口處、耳廓凹陷的地方稱之為耳甲（concha），而耳廓外緣突起處稱之為耳輪。耳廓本身並沒有太多擴音的能力，但它表面上不對稱的結構卻有助於聲源定位（sound localization）。

外耳道的長度約為 2.5 至 3.5 公分，呈現略微彎曲的 S 形狀，其中前端的三分之一為軟骨組織，後三分之二為骨骼組織。在外耳道出現的耵聹（俗稱耳垢）是由軟骨部位的皮膚所分布的皮脂及耵聹腺所產生（Gelfand, 2009）。

貳 中耳

聲音是一種能量，為了讓它進入耳朵，一開始是透過空氣分子的振動來傳遞，而這個能量最終必須傳遞到耳蝸內。由於耳蝸是一個充滿液體的結構，液體的阻力遠大於空氣分子，所以需要透過中耳系統來減少內外阻力不同對聲音能量傳遞所造成的影響，也因此中耳又被稱為耳朵的能量轉換器（如圖 10-2 所示）。

中耳的組成包含鼓膜、聽小骨、中耳腔及歐氏管。鼓膜，又稱為耳膜，位於外耳道的最尾端，並且連接著聽小骨中的鎚骨。健康的鼓膜外型平滑，呈現半透明狀態，若以耳鏡（otoscope）的光線照射，會出現光點反射。很多醫學書籍都形容鼓膜有三層，但事實上，它有四層（Gelfand, 2009）。最外層是連接著外耳道的皮膚組織，而最裡層是連接著中耳腔黏膜組織，中間則有兩層纖維層。

中耳腔位於鼓膜之後，接近中耳腔底層前側的位置正是歐氏管的開口。歐氏管的主要功能是平衡鼓膜內外的壓力，成人的歐氏管呈現 45 度角的彎度，但嬰幼兒的歐氏管為水平狀態。平時歐氏管是關閉狀態，當出現吞嚥、

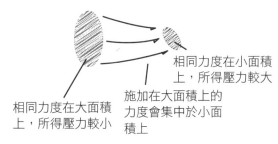

相同力度在小面積
上，所得壓力較大

施加在大面積上的
力度會集中於小面
積上

相同力度在大面積
上，所得壓力較小

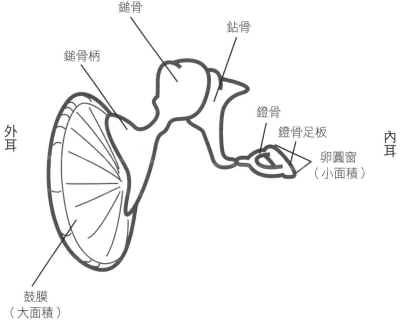

錘骨

鉆骨

錘骨柄

鐙骨

鐙骨足板

卵圓窗
（小面積）

外耳

內耳

鼓膜
（大面積）

圖 10-2 ▪ 中耳：耳朵的能量轉換器

打呵欠等行為時，歐氏管就會打開（Roeser, 2013）。若歐氏管長期處於關閉狀態，如：過大的腺樣體或過敏所產生的黏液導致歐氏管開合不良，則中耳腔就會出現負壓狀態，嚴重時可能會影響聽覺。

聽小骨是由三個小骨頭組成，分別稱為錘骨、鉆骨及鐙骨，三個小骨串連一起，並由韌帶及肌腱支撐，懸掛於中耳腔中，因此又稱為聽小骨鏈。錘骨直接連結著鼓膜，而鐙骨的足板區則直接連接至耳蝸上的卵圓窗。控制錘骨的肌肉稱為鼓膜張肌（tensor tympani muscle），是由三叉神經控制，

當鼓膜張肌收縮時，鎚骨會被拉向前內側面，聽小骨鏈就會呈現緊繃狀態。控制鐙骨的肌肉則稱為鐙骨肌，它是人體中最小的骨骼肌，並由顏面神經控管，當鐙骨肌收縮時，鐙骨就會被拉向後方，同樣會讓聽小骨鏈緊繃，因此中耳肌肉的收縮會減少聲音能量通過中耳和到達內耳的機會。

參 內耳

內耳包含著聽覺及平衡兩個區域，聽覺功能主要是由耳蝸掌管，而平衡功能則由前庭和半規管負責。考量本章旨在說明與聽覺功能相關的解剖結構，因此，關於平衡器官部分不贅述，建議有興趣的讀者可進一步閱讀 *Handbook of Balance Function Testing*（Jacobson, Newman & Kartush, 1997）和 *Vestibular Function: Evaluation and Treatment*（Desmond, 2004）。

耳蝸總長度約為 3.4 公分，是一個內有三個腔室，並以耳蝸軸為中心，旋轉圍繞成一個約二又四分之三圈的螺旋形狀結構。外側有骨性迷路，內裡為膜性迷路，膜性迷路中充滿著淋巴液。

耳蝸內的三個腔室分別為：前庭階（scala vestibuli）、中階（scala media）及鼓室階（scala tympani）（如圖 10-3 所示）。前庭階與中階的分隔膜稱為前庭膜（Reissner's membrane），而鼓室階與中階的分隔膜則稱為基底膜（basilar membrane）。

耳蝸上還有兩個重要的地標：卵圓窗及圓窗（如圖 10-1 所示）。卵圓窗坐落在耳蝸的底部，是前庭階對外的開口，也是聲音由中耳區域傳輸至內耳的主要路徑；圓窗則位於鼓室階的基部。中階內充滿著內淋巴，而前庭階及鼓室階則充滿著與內淋巴化學成分相反的外淋巴。前庭階和鼓室階最終會在耳蝸孔會合，因此外淋巴是相互流通的。中階裡的內淋巴化學成分是靠側面的血管紋來維持。

在中階裡、基底膜上有一個聽覺的感應器，稱之為柯蒂氏器（organ of Corti）。柯蒂氏器中最重要的聽覺細胞包含一排內毛細胞，外型為梨型，數量約有三千個，及三排外毛細胞，外型為長柱型，數量約為一萬二千個。

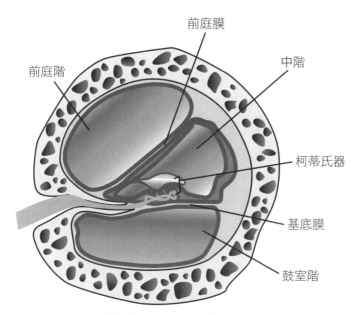

前庭膜

中階

前庭階

柯蒂氏器

基底膜

鼓室階

圖 10-3 ▪ 耳蝸解剖平面圖

兩種毛細胞上的纖毛擺動後，可以讓耳蝸內部產生電位差，進而產生刺激
聽神經的能量。內毛細胞內受到高達 95%的上行神經支配，而外毛細胞卻
只有 5%。主要是因為外毛細胞大都受到下行神經的控制。

聽覺系統有一個重要的特性，稱為「音調排列組合」（tonotopic organ-
ization），此特性從耳蝸這個周邊器官就出現（如圖 10-4 所示），一直延
伸至大腦皮質層。如圖 10-4，耳蝸的基底部位（base）主要負責接收高頻聲
音，而靠近頂端部位（apex）則負責接收低頻聲音。

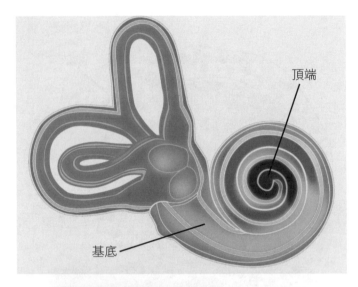

頂端

基底

頂端	低頻	中頻	高頻	基底
	20~500赫茲	500~3000赫茲	3000~20000赫茲	

圖 10-4 ▪ 耳蝸音調排列組合

肆 聽神經與聽覺中樞

　　聽覺中樞神經系統指的是從耳蝸後到大腦聽覺皮質的所有路徑（如圖 10-5 所示），其中包含了耳蝸核、上橄欖核複合體、外側蹄系、下丘、內膝體。

　　聲音訊號從耳蝸往上傳後，通過耳蝸核至上橄欖核複合體進行第一次的訊息交叉傳遞，所以耳蝸核只會接收到同側耳蝸及聽神經的訊號。上橄欖核複合體也是鐙骨肌反射路徑的重要中繼站，再加上它同時能接收同側和對側的聽覺訊號，所以在進行聽覺反射測試時，單側的聲音刺激能引發雙耳的鐙骨肌收縮。

　　外側蹄系則是腦幹中的主要聽覺路徑，研究人員發現它的反應能被電生理類型的聽力檢查方法檢查記錄下來，如：聽性腦幹反應（auditory bra-

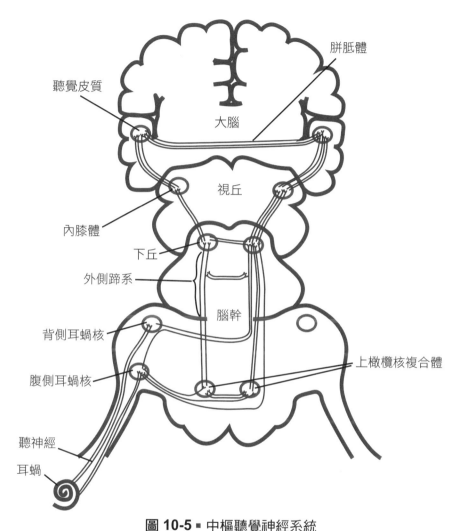

聽覺皮質

胼胝體

聽覺皮質

大腦

內膝體

視丘

下丘

外側蹄系

腦幹

背側耳蝸核

上橄欖核複合體

腹側耳蝸核

聽神經

耳蝸

圖 10-5 ▪ 中樞聽覺神經系統

instem response，簡稱 ABR）。學者 Moller（2000）就發現外側蹄系中的神經元反應所出現的位置，正是 ABR 檢測結果中所記錄的第五波（Wave V）。外側蹄系有三個重要的編碼功能，分別是強度、時間和頻率。

所有的聽覺訊號最終都會上傳至大腦顳葉部位，其中橫向腦迴（Heschl's gyrus）被定義為主要的聽覺區域。然而，在大腦內，鮮少有一個工作區域

專司單一功能，因此，主要聽覺區域也是不斷地連結左右腦內其他的附屬聽覺區、感覺區、認知區及運動區。

伍 聲音傳導路徑

聲音從外耳傳遞至聽覺中樞的方法有兩種，一種稱為氣導，另一種稱為骨導。氣導傳遞聲音時，是透過外耳道內的空氣分子，進入到中耳，一路往裡傳導；但骨導傳遞聲音時，主要是透過頭骨的振動。兩者皆可引發耳蝸內的行波及毛細胞上的纖毛運動，進而向聽神經傳送訊號。

正因人類的聽覺可由這兩種不同的傳導路徑誘發，所以在臨床聽力診斷時，聽力師會以耳機或喇叭等工具來施放刺激音，由空氣傳導聲音訊號，來檢測整個聽覺系統，再用骨導振動器施放刺激音，由骨頭傳導聲音訊號，來確認內耳的聽覺功能正常與否。

從解剖生理結構中能發現聽覺系統是一個非常精密的器官，任何環節出現畸形、疾病，都可能影響人類聽聲音的能力，同時臨床上所使用的聽力檢查方法亦是用來確認各解剖結構的功能是否正常。

第二節 聽力相關疾病

了解聽力相關的疾病有助於專業人員完成診斷，而在進行疾病分類時，常會看到教科書使用一些特定的專有名詞，如：造成聽覺障礙的異常結構或功能，通常稱之為「病灶」；如果無法定義疾病的起因，通常稱為「特發性」；若疾病是在出生時就已經存在，則稱為「先天性」，在其他的時間點發生則稱為「後天性」。

在所有嬰幼兒疾病中，聽覺障礙的發生率算是相當高。每一千個新生兒就會有三名寶寶出現先天性雙側感音神經性聽力損失，若擴大範圍統計

單側永久感音神經性聽力損失的嬰幼兒，其發生率更高達 8‰（Stach & Ramachandran, 2008）。

　　有些疾病並不會直接造成聽覺障礙，但是它們會讓處置聽覺障礙的過程變得困難，如：外耳道過敏性皮膚炎，只要耳道內的皮膚接觸到過敏物質，就會引發紅腫、刺痛或搔癢等不舒服的感受，個案自然無法穩定配戴耳模及助聽器。

插圖 10-2 ▪ 在嬰幼兒疾病中，聽覺障礙的發生率算是相當高

壹　傳導性聽力損失

　　當外耳或中耳系統出現異常，無論是疾病因素或是發育不全，都會阻擋聲音傳送至內耳。當傳導聲音路徑出現問題，即會被定義為「傳導性聽力損失」。

一、常見的外耳疾病

　　若是外耳及中耳結構發育不全或發育異常，如：小耳症伴隨著耳道狹窄、耳道閉鎖、無鼓膜、聽小骨發育不全、先天性膽脂瘤等等，都可能會引發傳導性聽力損失。雖然傳導性聽損的程度因發育異常的狀況而異，但最高可以達到 60 分貝（dBHL）的聽損程度。手術有機會能改善傳導性異常的狀況，但實際可以減輕多少聽力損失，則因人而異。

　　最常見的外耳疾病包含耳垢阻塞、耳道異物、骨增生、外耳炎、耳道黴菌感染、耳道皮膚過敏等等，雖然不見得所有的問題都會造成聽覺障礙，但只要外耳道因上述狀況而阻塞，就有機率出現傳導性聽力損失，然而損失程度因人而異。以耳垢阻塞為例，約 10%的嬰幼兒會出現耳垢過多的問題，若是發展遲緩的兒童，耳垢阻塞的比率可高達 28% 至 36%（Stach & Ramachandran, 2008）。再者，若聽力損失個案正好有耳道皮膚過敏問題，可能會因過敏所伴隨的紅腫及搔癢感，導致無法配戴耳模及聽覺輔具。

二、常見的中耳疾病

　　中耳問題中，以中耳炎最為人知，特別是急性中耳炎（acute otitis media，簡稱 AOM）好發於年紀幼小的嬰幼兒。約 90% 以上的孩子在七歲以前都曾得過一次急性中耳炎（Castillo & Roland, 2007），其中最容易感染的巔峰年齡是六至二十四個月大的嬰幼兒。若孩子有特殊疾病且合併顱顏異常，如：唐氏症、顎裂、崔契爾柯林斯症候群（Treacher Collins syndrome）等，則更加容易感染中耳炎。

　　臨床上，急性中耳炎多半伴隨著發燒、耳痛、紅腫等症狀，期間耳鼻喉科醫師可能會投藥加以治療。若患者不積極治療，則可能會導致鼓膜破裂，造成耳漏、流膿等問題。根據統計，即使患者因為中耳炎而產生中耳積水，仍有約九成的個案能在三個月內痊癒，但若中耳積水存在超過三個月以上，患者的症狀就由急性轉為慢性中耳炎。慢性中耳炎與急性的症狀相比，多屬於無感症狀，也因此很容易被家長疏忽。但長期的中耳積水會直接影響聽力，造成傳導性的聽力損失，這時，醫師可能會建議執行鼓膜切開術，抽取積水並安裝通氣管。當個案中耳積水問題嚴重，第一副通氣管脫落後，醫師可能會再建議重新安裝，同時也會評估是否需要進行腺樣體切除術。

　　膽脂瘤及聽小骨硬化症也是熟知的中耳疾病。膽脂瘤是因為鼓膜向中耳腔內側凹陷，長期下來便形成一個增生的組織，並可能不斷地向內擴張導致聽小骨毀損，更甚者還會侵蝕耳蝸，造成永久性的聽覺障礙。目前在

臨床上，多以乳突切除術的手術方式作為膽脂瘤的處置方法，但過程可能需要連帶移除部分或全部的聽小骨，最終的後遺症可能是留下永久的傳導性聽力損失。聽小骨硬化症則大多是遺傳導致，因硬化影響了鐙骨足板運動，進而造成傳導性聽力損失。聽小骨硬化症的遺傳特性主要是自體顯性遺傳，約 75%的患者兩耳皆受到影響。在進行聽力評估時，聽小骨硬化症患者在 2,000 赫茲的骨導聽力閾值會特別差，臨床上又被稱為「Carhart's notch」，且中耳鼓室圖結果多為 As 型（請參照第十一章）。

貳 感音神經性聽力損失

感音神經性聽力損失的病灶位置是在耳蝸或聽神經處，其中耳蝸內的毛細胞或神經上的神經元都有可能受損。由於現有的聽力檢查方法無法明確分割感音性或神經性的聽力損失，因此診斷時多數統稱為感音神經性。

一、構造問題

若內耳發育不全，就會造成感音神經性聽力損失，其中最嚴重的發育不全稱為米契爾氏發育不全（Michel's aplasia），內耳的組織完全不存在。若內耳有發育，但耳蝸圈數不足，則稱為蒙蒂尼氏發育不全（Mondini's dysplasia）。

二、可能的病因

撇除發育不全問題，感音神經性聽力損失可以分為先天和後天兩種病因。先天因素又可再細分為基因遺傳和非基因遺傳，後文將特別探討基因遺傳所造成的聽覺障礙，因此此處僅探討先天非基因遺傳因素及後天因素所造成的聽覺障礙。先天非基因遺傳因素包含：母體感染、孕期服用耳毒性藥物、孕期胎兒發育異常和生產過程異常。常見的母體感染進而造成寶寶聽覺障礙的疾病為德國麻疹、巨細胞病毒、梅毒。孕期胎兒若有心血管器官發育異常，就有可能造成胎兒缺氧，影響耳蝸膜性迷路發育。同樣地，

生產過程中寶寶若有缺氧情況，也有可能造成內耳受損。而後天因素所造成的兒童聽覺障礙，則以肺炎鏈球菌所造成的腦膜炎最常見（Stach & Rama-chandran, 2008）。噪音及老化問題也是導致後天聽覺障礙的原因之一，只是這些因素很少在嬰幼兒聽力障礙中討論。

參 混合性聽力損失

混合性聽力損失含有傳導性及感音神經性聽力損失的兩個特性，有可能是因為聽覺系統同時存在著兩個獨立的疾病，各自影響著不同的區域，如：噪音性聽力損失加上中耳炎；也可能是同一個疾病，但同時傷害了傳導及感音神經系統，如：嚴重的聽小骨硬化症，同時破壞了中耳及耳蝸結構。當診斷出混合性聽力損失時，醫師及聽力師都會優先確認患者的傳導性聽力問題是否有治療的可能性，以減輕整體的聽力損失程度。

肆 與聽覺障礙有關的基因問題

造成先天性聽覺障礙的原因很多，但簡單來說可以分成「基因遺傳型」和「非基因遺傳型」。在 3‰ 的聽覺障礙發生率中，基因遺傳型聽覺障礙就占了 50% 的機率。基因遺傳型聽覺障礙又可以再區分為「症候群」（亦即除了聽覺障礙外，還伴隨其他器官病症）和「非症候群」（亦即單純的聽覺障礙），其中症候群聽覺障礙只占基因遺傳型聽覺障礙的 30%，其餘 70% 皆為非症候群聽覺障礙。

常見的症候群聽覺障礙包含：瓦登伯革氏症候群（Waardenburg syn-drome）、崔契爾柯林斯症候群、CHARGE 聯合畸形、BOR 症候群、亞伯氏症候群（Alport syndrome）、彭德雷德氏綜合症（Pendred syndrome）、尤塞氏綜合症（Usher syndrome）、神經纖維瘤第二型等。由於個案同時有多於一種的健康問題，因此很多時候他們所接受的醫療處遇，都會以維護身體重大器官功能為優先，聽力損失診斷則會排在之後的順位。

非症候群聽覺障礙則比症候群型常見，其遺傳的方式多數為自體隱性遺傳，如：影響 Connexin 26 的 GJB2 基因異常，就占了超出一半以上的非症候群聽力損失（Gurtler & Lalwani, 2002）。自體顯性遺傳和粒線體基因遺傳所造成的聽覺障礙雖然少，但仍不可忽略。粒線體基因突變可能會造成症候群或是非症候群的聽覺障礙，而且近年的研究還發現，可能與病患對耳毒性藥物的敏感性及老年性聽障的發生有關（Gurtler & Lalwani, 2002）。過去聽力專業人員對基因所知甚少，但隨著基因研究的進步，未來在進行聽力評估時，基因檢測也會是不可缺少的一環。

第三節　聽覺發展歷程對聽能創建／復健的影響

學習語言是每一個孩子非常重要的發展歷程，它會影響孩子表達需求、想法和感受的能力，同時也會影響著他們言語及接受教育的機會。聽力損失往往被認定是剝奪聽障個案學習語言的主因，而聽能創建／復健的過程就是重拾語言學習的機會。身為專業人員，必須了解一個正常聽覺的孩子所經歷的聽覺發展過程及各個聽覺相關能力成熟的時限，以透過創建／復健來協助聽障者達到正常聽覺者能習得的聽能及語言能力。

壹　聽覺發展

嬰幼兒第一年的生命中所經歷過的聽覺經驗，將會左右他的聽覺系統發展。其中原因與大腦可塑性有關，多項研究顯示，嬰幼兒十二個月內的大腦發展是規模最大且最快速的，而超過三歲之後，大腦的可塑性逐漸變差（Northern & Downs, 2002）。多份動物研究顯示，在早期發展階段若出現聽覺障礙，如果能及時地重新給予聽覺訊號，則大腦的可塑性仍可被激發，減少聽障所帶來的負面發展影響。這些研究呼應著臨床專業人士對早期介入、早期療育的理念（Yoshinaga-Itano, Sedey, Coulter, & Mehl, 1998）。

Elliot 與 Elliot（1964）證實胎兒的耳蝸在懷孕第二十週後就開始有聽覺功能，因此新生兒出生時，已經擁有至少四個月的聽覺經驗。不過，新生兒聽到聲音後會出現什麼樣的反應，與他的發展成熟度有關。聲音刺激最容易引出嬰幼兒的驚嚇反應（startle response，又稱為 Moro's response）。一般而言，65 分貝（dBSPL）以上的突發刺激音都能引發正常聽力嬰幼兒（新生兒至三十六個月大）的驚嚇反應（Northern & Downs, 2002）。筆者參照 Northern 與 Downs（2002）的研究，整理出不同發展年齡階段的聽力正常孩子可能出現的聽覺反應，如表 10-1 所示。

表 10-1 ■ 正常聽力嬰幼兒應有的聽覺發展歷程

發展年齡	聽覺反應
出生至四個月大	眨眼、張大眼睛、被聲音吵醒、驚嚇反應、開始出現緩慢轉向聲源處的轉頭動作；能夠被熟悉的聲音安撫。
四至七個月大	轉頭找尋聲源，以水平轉頭為多；喜歡有聲音的玩具。
七至九個月大	水平轉頭反應快速且明確，轉動後可以向下找尋眼睛之下的聲源；開始對自己名字被叫喚有反應；開始了解「掰掰」和「不行」的意思；會專注聽音樂。
九至十三個月大	水平和向下轉頭找尋聲源的能力穩定；聽得出說話者的語氣是開心還是生氣，並給予不同反應。
十三個月以上	除水平和向下轉頭外，開始找尋眼睛之上的聲源；能夠跟隨簡單的語音指令，如：找身體部位；聽到音樂節奏會隨之擺動。

資料來源：整理自 Northern 與 Downs（2002: 132-133）。

貳　語言發展

在聽覺發展的同時，嬰幼兒的語言發展也同步展開。Condon 與 Sander（1974）的研究中指出，新生兒在出生時就會出現類似發音行為的韻律，因此推測語言發展在一出生時就開始了。語言發展的時間點不像聽覺發展有那麼明顯的分切點，但專家一致同意，嬰兒所發出的咕咕聲、笑聲及牙牙學語的行為都是語言發展的表現。

　　雖然嬰兒出生幾個月後就有能力區分不同的語音，但發音的行為卻沒有這麼快發生。正常的嬰兒大約滿二至四個月大時，就會發出單一母音聲音，而五個月大後，就會出現子母音（Consonant-Vowel，簡稱CV）的組合（Northern & Downs, 2002）。由於聽力損失會導致語言發展遲緩，因此從事聽語療育的專業人員若能了解一般兒童的語言發展歷程（如表 10-2 所示），將有助於提供更適切的療育服務。

表 10-2 ▪ 正常聽力嬰幼兒應有的語言發展歷程

發展年齡	語言表現
新生兒	哭聲、咕咕或咯咯聲。
二至三個月大	類似母音的發聲行為，如：ㄚ～或ㄨ～。
四至六個月大	牙牙學語的行為，從單一母音推進成為子母音組合。
六至十個月大	牙牙學語的行為從六個月後開始減少，取代的是更像語音的發音行為（如：ㄇㄚㄇㄚ、ㄅㄚㄅㄚ），並含有音節和語調特徵。
十一個月大至滿一歲半	一歲時，可能會說出人生第一個有意義的字彙；開始建立說話的字彙庫。

資料來源：整理自 Northern 與 Downs（2002: 138-139）。

參　早期療育的意義

　　早期療育（early intervention）泛指當障礙狀況被確定時，所採取的創復健過程，其中應該包含醫療創復建、特殊教育、家庭支持、福利服務、專業諮詢等。以聽障兒童為例，早期療育包含給予聽障兒童的家長諮詢和支持、使用助聽器、聽語創建／復健課程等。為了能有效地將醫療與教育做結合，當耳鼻喉科醫師及聽力師在告知家長孩子有聽覺障礙時，就是討論介入和療育的好時機。然而，很多醫療人員可能對早期療育的工作十分陌生，因此有賴於聽語早療工作者的宣導。

　　另外，要和家長建立信任關係並不容易，許多新手家長剛發現孩子的

聽覺障礙時，都會衍生很多負面情緒，如：生氣、否認、悲傷、自責等，倘若這些情緒沒有得到適當的處理，反而不容易推動家長對早期療育的重視。建立關係有時也需要一段很長的時間，因此療育計畫將需要長期、系統性的規劃。當專業人員和家長之間能持續良性互動時，將有助於確認彼此對孩子成長和發展的期待，以制定最合適的療育計畫。

從嬰幼兒聽力師的角度來看，早期聽語療育的基本元素，主要包含三點：(1)診斷結果出來後，立即給予家長適當的諮商及支持；(2)推動家長讓孩子接受合適的助聽器選配；(3)鼓勵家長給予孩子豐富的語言和建立家人之間專屬的溝通模式（Northern & Downs, 2002）。若聽語早療工作者能把握上述的原則，來和耳鼻喉科醫師及聽力師溝通，將能有效幫助聽障兒童及其家庭早日銜接上適當的聽語創復健方法。

 結語

聽力學是一門研究聽覺系統的科學。為了更了解聽覺系統異常對於聽覺功能的影響，因此，作為聽覺口語法療育的專業團隊成員，將需要對於解剖結構、疾病成因、聽覺發展，甚至診斷方法、處置建議有完整的認識。本章僅針對與聽覺系統有關的基礎科學概述，期盼提供相關專業人員在了解聽覺障礙學生聽能需求的參考，以求擬訂最適合個案的聽語療育計畫。

＊感謝蘇于雅小姐協助繪製圖 10-1 至圖 10-5，在此謹表謝忱。

11
聽力篩檢與嬰幼兒聽力檢查方法之介紹

林淑芬

學習目標

- 了解聽力篩檢與診斷式聽力檢查的差異
- 認識不同的嬰幼兒聽力檢查方法
- 了解聽力資訊的衛教技巧

Our job as pediatric audiologists is to prepare today's babies to be the take-charge adults in the world of 2030, 2040, 2050 ... not in the world of 1970 or 1990 or even 2009.

小兒聽力師的工作是預備今天的嬰兒成為 2030 年、2040 年、2050 年……的主人翁，而不是 1970 年、1990 年或是 2009 年的主人翁。

～Flexer & Madell (2008: xix)

 前言

　　聽力是人類感官的一部分，失去部分或全部聽力將可能對生活帶來諸多不便，例如：與人的溝通互動中容易因聽覺障礙而漏聽或是聽取錯誤，進而導致誤解。在兒童人口中，最先因聽覺障礙受到影響的不外乎是語言、言語及知識的學習。然而，在研究如何降低聽覺障礙對兒童所造成的影響前，筆者認為應先了解如何發現聽覺障礙，以及如何正確評估聽覺障礙的程度、型態及造成的影響。有鑑於此，本章將針對聽力篩檢、電生理檢查、行為聽力檢查與聽力資訊衛教技巧加以分述說明，並在文末彙整聽力檢查常用專有名詞（如表 11-4 所示）提供參照。

第一節　聽力篩檢

　　一套完整的聽力檢查通常需要數十分鐘，甚至數小時才能完成，不過大部分的人口聽力正常，並不需要全套的檢查，若每個人都被安排詳細的聽力檢查，不但浪費受測者的時間，也浪費醫療資源。因此設計良好的聽力篩檢計畫來縮小需要全套聽力檢查的人口，是相當重要的第一步，接下

來則是針對這些未通過篩檢的人，提供一個有效率的追蹤及評估計畫，最後給予適當的治療、矯正、創建／復健等介入。

　　一般而言，目前臨床實務中常用來為兒童聽力把關的聽力篩檢項目有二：新生兒聽力篩檢與學前聽力篩檢，筆者分述如後。

壹　新生兒聽力篩檢

　　世界衛生組織（WHO）在 1968 年所列出的疾病篩檢指導方針中指出，若要確認某種疾病是否適合進行全面性新生兒篩檢，應符合以下五個條件：(1)該疾病有一定程度的好發率；(2)該疾病的症狀在新生兒時期並不明顯；(3)有合乎經濟效益的篩檢方法可早期發現此疾病；(4)如果不及時治療，該疾病症狀會快速惡化，導致更多嚴重的後遺症；(5)該疾病一旦被診斷出來，有治療或防範後遺症的方法（Wilson & Jungner, 1968）。先天性聽覺障礙符合以上五個條件，故應當進行全面性新生兒聽力篩檢，以預防聽覺障礙帶給聽障兒童嚴重的後遺症。雖然學者們有這樣的認知，但在當時因缺乏合適的篩檢工具，全面性新生兒聽力篩檢無法有效落實。一直到 1980 年代末期，隨著耳聲傳射（oto-acoustic emission，簡稱 OAE），甚至是後來的自動化聽性腦幹反應（automated auditory brainstem responses，簡稱 AABR）檢查儀器的問世，加上數不清的研究證據，陸續有許多先進國家（如：美國）開始推動全面性新生兒聽力篩檢計畫，並根據其結果不斷修正流程及建議，來達到更好的結果（White, 2008）。

　　美國嬰幼兒聽力聯合委員會（Joint Committee on Infant Hearing，簡稱 JCIH）在 2007 年的修訂建議中指出，所有的新生兒均應在出生後一個月內接受篩檢，三個月大以前完成確立診斷。而聽力確診一個月內應選配合適的聽覺輔具，並於六個月大以前開始接受聽語療育（Joint Committee on Infant Hearing, 2007）。

一、新生兒聽力篩檢的方法

目前臨床上最常用的聽力篩檢方法是耳聲傳射（OAE）檢查，及自動化聽性腦幹反應（AABR）檢查。

OAE 檢查的原理是透過測量耳蝸中的外毛細胞反應，來推估聽覺敏感度是否落在正常範圍內（Prieve & Fitzgerald, 2009），是一套相當簡單的測試工具，也是 1990 年代至 2000 年代最常被用來進行聽力篩檢的一項工具。後續在臨床上因聽力師及相關領域學者陸續發現聽神經病變（auditory neuropathy spectrum disorder，簡稱 ANSD）案例後，OAE 檢查作為聽力篩檢工具的合適性一度被質疑。

ANSD 最明顯的特徵乃是聽力檢查結果不一致（Starr, Picton, Sininger, Hood, & Berlin, 1996），例如：OAE 檢查結果落在正常範圍內，但聽性腦幹反應（auditory brainstem response，簡稱 ABR）檢查結果異常；純音聽力檢查結果正常，但語詞辨識結果異常，等等。因著 ANSD 的緣故，目前在臨床上有越來越多的醫療院所捨棄OAE檢查，改用AABR檢查作為其主要篩檢工具。近幾年來，學者們更進一步建議，若希望早期發現ANSD個案，建議進行兩段式的篩檢。在初篩階段先進行 AABR 檢查，若 AABR 檢查未通過，則建議在複篩（也就是第二次篩檢）時先重複 AABR 檢查再進行 OAE 檢查。若 OAE 檢查通過，那麼該新生兒有極高的機率患有 ANSD（Starr et al., 1996）。

AABR 檢查的原理和 ABR 檢查相同，乃是透過聽覺神經接收刺激音的反應狀態來預估聽力損失程度。ABR 和 AABR 的差別在於前者是透過人為判讀進行診斷評估，後者則只進行單一個刺激音量的測量並透過電腦自動判讀。

不管哪一種篩檢方法都有其優缺點，因此 White（2008）指出，新生兒聽力篩檢計畫是否有效，篩檢工具固然重要，但是最關鍵的還是整個篩檢計畫的設計，例如：

• 何時提供篩檢？

- 在何處進行篩檢？
- 誰負責提供篩檢服務？
- 誰負責監控篩檢品質？
- 聽力篩檢的通過標準為何？
- 誰負責向父母說明篩檢結果，並提供衛教諮詢？
- 由誰負責後續的追蹤，包括診斷檢查、輔具配戴及聽語復健課程？

　　此外，不管是 OAE 或是 AABR 檢查，其製造商均透過研究及臨床驗證，不斷地改良及更新其技術，因此只要在制定新生兒聽力篩檢計畫及流程時，謹慎考量該篩檢方法的缺點，並輔以適當的配套措施，例如：家長衛教及家長諮詢管道，OAE 及 AABR 均是理想的選擇。

二、新生兒聽力篩檢計畫步驟

　　新生兒聽力篩檢計畫施行的過程主要分成三個部分：篩檢、診斷以及介入，筆者將分別探討各步驟重點如下。

(一) 篩檢

　　根據美國JCIH（Joint Committee on Infant Hearing, 2007）的建議，所有的新生兒應在出生一個月內接受篩檢。若新生兒是在醫療院所接生，接受篩檢最理想的時機點為新生兒出生後二十四小時至出院返家之前。若篩檢工具為 OAE，因該檢查容易受外耳道內的胎脂影響，建議出生三十六至四十八小時後再接受篩檢，如此可有效降低偽陽性，進而降低轉介率。此外，未通過篩檢的新生兒在轉介進行詳細的檢查之前，均建議複檢，可有效降低轉介率。

(二) 診斷

　　當新生兒未通過篩檢（包括初篩及複篩）時，應安排新生兒接受診斷式聽力檢查。JCIH（Joint Committee on Infant Hearing, 2007）建議新生兒應在三個月大前確認診斷，因確診檢查項目較多，且可能需要重複檢查確認，

因此建議滿月時便應該開始接受檢查。

(三) 介入

介入是整個新生兒聽力篩檢計畫中最重要的核心，主要包含聽覺輔具的使用以及聽語創建／復健課程。倘若少了此步驟，將使整個篩檢失去其意義。

貳 學前聽力篩檢

新生兒聽力篩檢的主要目的是儘早發現先天性聽覺障礙，但事實上並非所有的聽覺障礙均為先天性的。有些聽覺障礙原因雖仍舊是先天性，但病程卻為遲發或者是漸進式的，例如：部分前庭導水管擴大症個案、部分基因導致之聽覺障礙，這些症狀可能無法在新生兒聽力篩檢中發現。有些聽覺障礙則是後天性的，例如：中耳炎、腦膜炎、車禍、耳毒性藥物所導致之聽覺障礙。因此，為了避免遺漏這些聽障兒童，遂發展出學前聽力篩檢，此篩檢的目的主要有二：(1)若有兒童錯過新生兒聽力篩檢，學前篩檢將是發現其聽覺障礙的第二次機會；(2)可找出遲發性聽覺障礙的兒童。

一、學前聽力篩檢方法

通常學前聽力篩檢實施的時機點是孩子在就讀幼兒園階段，也就是三至六歲之間。此階段的孩子通常已經能夠配合簡單的純音聽力檢查（例如：聽到聲音便舉手），或是遊戲式聽力檢查（例如：聽到聲音後，丟一個積木進桶子裡）。

二、學前聽力篩檢計畫的步驟

學前聽力篩檢計畫施行的過程分為三步驟：篩檢、診斷和介入。筆者將就各步驟的重點探討如下。

(一) 篩檢

由於學前聽力篩檢建議實施的時機點通常是在三至六歲之間，國內選擇在孩童該年度滿四歲時進行，此年紀的孩子通常已經可以接受稍有難度的指令，例如：一聽到聲音就要馬上舉手。若此時發現孩子有聽覺障礙，孩子在入小學之前尚有充裕的時間接受治療、矯正及聽語創建／復健課程，以減少孩子在入小學之後的學習困難。

(二) 診斷

國內學童未通過篩檢時，將由健康中心的護士追蹤孩子的聽力狀況，確認他是否已至醫院接受複檢，包含：耳鼻喉科醫師的評估、中耳檢查及詳細的純音聽力檢查及必要的相關治療，例如：中耳炎治療。

(三) 介入

學前聽力篩檢計畫和新生兒聽力篩檢相同，介入主要包含聽覺輔具的使用與聽語創建／復健課程，此步驟乃是整個學前篩檢計畫中最重要的核心，少了此步驟整個篩檢將失去其意義。

第二節　電生理聽力檢查

電生理檢查，就定義上而言，是指不需要孩子主動配合的檢查，從中耳到耳蝸及聽神經，一直到中樞聽覺路徑，都可以使用各種不同的電生理檢查來分析聽覺障礙發生的病灶位置。目前在臺灣用於臨床診斷的電生理檢查，以聽阻順檢查（immitance audiometry）、聽性腦幹反應（ABR）檢查、耳聲傳射（OAE）及聽性穩態誘發反應（auditory steady state response，簡稱 ASSR）檢查為主，診斷中樞聽覺路徑之檢查相對較少使用，故本節僅針對這四項常用的檢查進行介紹。

壹　聽阻順檢查

　　聽阻順檢查包含鼓室圖（tympanometry）檢查及聽覺反射檢查（acoustic reflex testing）。鼓室圖檢查主要評估中耳鼓膜順應力、耳咽管功能，以及整個中耳腔內壓力的平衡狀態。若個案患有中耳炎、中耳積水、鼓膜穿孔、耳垢堆積、耳咽管功能異常等中耳疾病，通常會反映在鼓室圖結果中。中耳炎／積水是最常見的小兒疾病，而且此疾病十分容易影響聽力檢查結果。目前，國內醫療院所中最常運用Jerger（1970）的分類方式，來判讀中耳鼓室圖的檢查結果。Jerger主要將鼓室圖分成三種主類型：A、B、C型。A型通常代表著鼓膜順應功能正常（數值介於 0.3 至 1.5 ml），中耳耳壓也落在正常範圍內（數值介於 +50 至-100 daPa）（如圖 11-1 所示）。測量耳壓時，若順應力的數據低於 0.3ml，則會被歸類為 As 型。此類型可能與聽小骨硬化症或中耳積水有關。然而，若順應力數據高於 1.5ml，則會被歸類為 Ad 型。此類型可能與鼓膜曾破損後的癒合傷疤或聽小骨鏈斷裂有關（Gelford, 2009）。C 型的圖型和 A 型雷同，唯一的差別是 C 型的中耳耳壓落在負壓範圍（低於 -100 daPa）（如圖 11-2 所示），這表示病患的耳咽管功能異常。相較之下，B 型的中耳問題更為嚴重，鼓膜順應功能及中耳耳壓均異常（如圖 11-3 所示），代表受測者可能已經有中耳積水或是鼓膜穿孔的問題，一般會建議搭配耳鏡（otoscopy）檢查來合力評估外耳和中耳的健康狀態（Shanks & Shohet, 2009）。

　　聽覺反射檢查則主要評估中耳腔內鐙骨肌的反射狀態。一個健康的聽覺系統突然遇到大的聲響時，同側耳及對側耳的鐙骨肌均會反射性地收縮，藉此保護聽覺系統。聽力師可藉由鐙骨肌的收縮閾值來推估此人的聽覺閾值。除此之外，聽力師亦可針對同側耳及對側耳的鐙骨肌反射結果，來評估聽覺系統（從外耳一路到大腦中樞）的每一個環節是否健康。

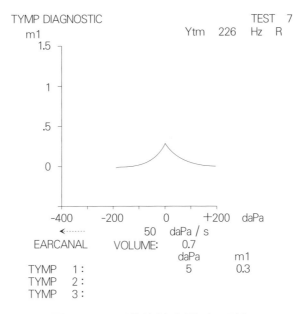

圖 11-1 ▪ 正常的鼓室圖（A 型）

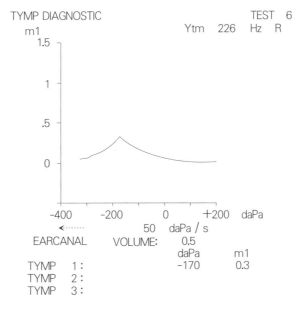

圖 11-2 異常的鼓室圖（C 型——耳咽管功能異常）

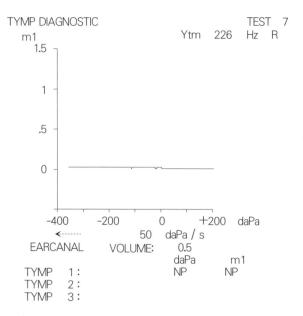

圖 11-3 ■ 異常的鼓室圖（B 型——中耳異常）

貳 聽性腦幹反應檢查

　　聽性腦幹反應（ABR）檢查是透過聽神經接收刺激音的反應狀態，來了解聽覺系統的健康狀況，故在臨床上最重要的應用是診斷耳蝸後病變，其次才是用來預估聽力損失程度。後者最常應用於嬰幼兒族群，或是無法配合行為檢查的個案的聽力診斷。ABR 檢查主要使用的刺激音有兩種：滴答音（click）及爆破音（tone burst），前者主要用在進行耳蝸後病變診斷，而在進行聽力損失程度預估檢查時，則可使用滴答音或 500、1,000、2,000及 4,000 赫茲爆破音。

　　一般而言，使用滴答音得到的結果較接近 1,000 至 4,000 赫茲的聽閾值，使用爆破音則可取得頻率特定性較高的結果。在臨床上若測試目的為篩檢性質，建議優先使用滴答音；但若測試目的為確認診斷並選配助聽器，則建議使用爆破音。

參　耳聲傳射檢查

耳聲傳射（OAE）檢查的原理則是透過測量耳蝸的外毛細胞反應，來推估聽覺敏感度是否落在正常範圍。然而，OAE 檢查仍有以下限制：(1) OAE 檢查結果和聽能狀況有一些關聯性，但它無法提供詳細的聽閾值（分貝）訊息。部分極輕至輕度聽障者仍有正常的 OAE 反應；(2)OAE 對外耳和中耳狀態極為敏感，因此若耳道有耳垢阻塞現象，或是中耳功能異常時，OAE 反應便無法被測量（Prieve & Fitzgerald, 2009）。

考量上述現象，在提供聽覺障礙病灶診斷時，除了 OAE 檢查結果之外，還需要一併參考其他診斷式聽力檢查結果。

肆　聽性穩態誘發反應檢查

聽性穩態誘發反應（ASSR）檢查和 ABR 檢查同為電生理檢查，只是選用的刺激音不同，ASSR 乃是使用調頻及／或調幅持續音，和 ABR 使用的滴答音或是爆破音不同。此外，依照 ASSR 測試音的特性，可同時進行多個頻率的測試（Lins & Picton, 1995）。此外，許多研究均顯示在預估聽閾值時，ASSR 的中高頻閾值和純音聽力檢查結果較吻合，低頻的誤差則明顯較大。此外，針對聽力損失程度較嚴重的案例，ASSR 閾值和純音聽力檢查結果有相當高的關聯性，針對聽力損失程度較輕微的個案（例如：聽力落在正常範圍或是輕度聽損），ASSR 的誤差值明顯較大（Rance, Rickards, Cohen, DeVidi, & Clark, 1995; Rance et al., 2005; Stapells, Gravel, & Martin, 1995）。因此在臨床上，Rance、Dowell、Rickards、Beer 與 Clark（1998）建議優先採用滴答音來進行 ABR 檢查，當 ABR 無反應時，可直接進行 ASSR 檢查來預估聽閾值。

第三節　行為聽力檢查

　　兒童行為聽力檢查和電生理聽力檢查迥然不同，電生理聽力檢查通常需要受測的孩童越安靜越好，當孩童哭鬧、變換姿勢、說話或飲食等發出的噪音均會掩蓋電生理反應，進而影響結果的判讀。行為聽力檢查剛好相反，進行此檢查時，聽力師需要孩童保持清醒，在聽力師及聽力助理的制約及引導下，適度的哭鬧、變換姿勢、說話或飲食反而有助於結果的判讀。不但如此，在聽覺口語法療育實務中，聽覺口語師同樣可將兒童行為聽力檢查的概念及技巧應用在課堂中，提供家長聽障兒童聽能表現的指標。兒童行為聽力檢查可分成四種評估方式：行為觀察聽力檢查法（behavioral observation audiometry，簡稱 BOA）、視覺增強聽力檢查法（visual reinforcement audiometry，簡稱 VRA）、制約式遊戲聽力檢查法（conditioned play audiometry，簡稱 CPA）和語音聽力檢查。以下將針對這四種方法進行詳細的說明，內文中所提到有助於檢查的注意事項，也可應用於聽覺口語法療育中，提供聽覺口語師與家長在孩子接受聽力檢查前預作準備的參考。

插圖 11-1 ▪ 沒有無法被測試的孩童，
　　　　　　只有不會引導孩童、觀察孩童的聽力師

壹　測試前的準備

　　許多臨床聽力師對於嬰幼兒行為聽力檢查相當卻步，刻板印象是幼兒不容易受控制、無法配合檢查、對聲音的反應不明確或是不一致，所得到的結果可能沒有參考價值。其實若能在事前先掌握以下原則，將有助於提升行為聽力檢查的完成度及可信度。

一、聽力檢查環境設計

　　檢查環境的規劃在嬰幼兒聽力評估中扮演重要的角色，例如：聽檢室的設計、增強物擺放的位置，以及座位的安排等。

　　每個提供小兒聽力評估服務的醫療院所單位在聽力檢查環境的設計上不盡相同。有些單位會將不同的檢查項目安排在不同的檢查室進行，其優點為聽力師之間可共用一些使用率較低，或是測試時間較短的儀器設備。然而，若希望檢查動線較順暢，且聽力檢查室（以下簡稱「聽檢室」）內部空間足夠，亦可將多項檢查設備放置在聽檢室中，除了減少移動個案的頻率外，聽力師亦可視評估需要，自由調整檢查順序。因幼兒對於密閉空間較為敏感，且聽檢室中需要放置視覺增強物、玩具等物品，因此用來進行嬰幼兒行為聽力檢查的聽檢室通常較寬敞。多數幼兒在更換檢查室時容易焦慮，且需要花時間重新適應新環境，故建議將需要孩子配合的檢查儀器設備均放置在聽檢室中，例如：中耳檢查儀。

　　實際上，聽檢室是一間隔音室，其設計應優先考量空間大小及人力規劃，這將決定所使用的聽檢室採用單間式或是雙間式的設計（如圖 11-4、圖 11-5 所示）。單間式的聽檢室占用的空間較小，可由一位聽力師獨立進行檢查。這位聽力師需同時負責儀器操作，並引導和觀察受測的孩子；也可以由兩位聽力師（或是一位聽力師搭配一位聽力助理）合作進行，第一位聽力師負責儀器操作，第二位聽力師／聽力助理負責引導受測的孩子。雙間式的聽檢室則包括一間控制室（control room）和一間測試室（test room），應該由一位聽力師搭配另一位聽力師／聽力助理進行檢查。在控

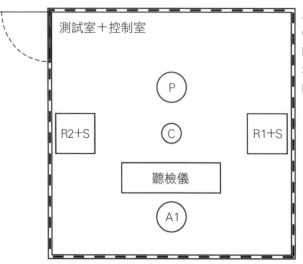

A1 ＝ 聽力師 1
C ＝ 受測孩童
P ＝ 家長
S ＝ 喇叭
R ＝ 視覺增強物

圖 11-4 ▪ 單間式聽力檢查室平面圖

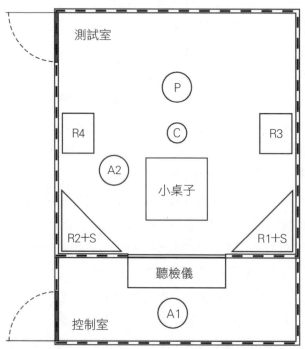

A1 ＝ 聽力師 1
A2 ＝ 聽力師 2 / 聽力助理
C ＝ 受測孩童
P ＝ 家長
S ＝ 喇叭
R ＝ 視覺增強物

圖 11-5 ▪ 雙間式聽力檢查室平面圖

制室中的聽力師負責操作儀器並評估孩子的聽反應是否一致，而另一位聽力師／聽力助理則和受測個案同時在測試室裡，主要負責提醒個案注意聆聽、回饋個案的狀況等給聽力師。

聽檢室中增強物擺放的位置十分關鍵。視覺增強物放置的高度及角度是否合宜？是否符合孩子的發展里程碑？若嬰幼兒的脖子尚未硬挺，還無法自如轉頭尋找聲源，增強物便不應放置在過高的位置或是過大的角度，否則測試時孩子不容易找到增強物，不但難以被增強，也容易對增強物失去興趣，導致聽力檢查無法順利完成。在理想的狀況下，增強物應擺放在和孩子視線平行的位置，角度不應超過 90 度角。不過在現實狀況中，因空間的限制，增強物擺放的位置若較低，聽檢室可運用的空間便容易受限，因此增強物通常被擺放在較高的位置，例如在聲場喇叭上方。折衷的辦法是部分的增強物應設計成活動式，當測試年紀較小的孩童時，聽力師能夠輕易調整擺放位置。

在聽檢過程中，家長可能會有意無意地給予孩子肢體上的提示，因此若個案能夠有自己的座位，且為符合孩童身高的桌椅，將有效降低家長造成的聽檢誤差，並提高聽檢可信度。針對尚無法坐立的嬰幼兒，附有安全帶的躺椅或汽車安全座椅是很好的選擇。年紀稍大的幼兒則可考慮使用附有餐盤的餐椅或是兒童專用的小桌椅。

二、聽力檢查耳機的選擇

在一般醫療院所中，一間標準的聽檢室必須包含一台純音聽力檢查儀。純音聽力檢查儀必要的配件為耳機及反應鈕。耳機包括全罩式耳機、插入式耳機及骨導耳機。進行裸耳氣導聽力檢查時，需要選擇全罩式耳機或是插入式耳機其中一種，進行裸耳骨導聽力檢查時，則需要使用骨導振動器。除了耳機之外，純音聽力檢查儀的刺激音亦可輸出至聲場喇叭，可用來進行裸耳氣導檢查或是進行戴助聽器的效益評估。

為幼兒進行裸耳聽力評估時，因全罩式耳機較緊且較重，幼兒的接受度較差，建議改用插入式耳機。不過，插入式耳機需搭配拋棄式泡棉耳塞，

故成本較高。若接受檢查的個案使用耳掛式助聽器，那麼進行檢查時可直接用個人的耳模來連接插入式耳機，不但舒服、衛生，也可減少泡棉耳塞的使用。若幼兒無法配合使用全罩式或是插入式耳機，可改在聲場中進行裸耳氣導檢查，但缺點是無法取得分耳結果。所得的結果應該是兩耳之中優耳的結果。

骨導振動器的設計是利用鐵箍來固定，一端是骨導振動器，應擺放在乳突骨上，另一端通常會放在對側耳上方，約太陽穴的位置。骨導振動器本身有一定的緊度，故有些幼兒會抗拒配戴。建議在幫幼兒配戴時可使用軟墊墊在太陽穴的位置，可大大提升舒適度並提高幼兒配戴骨導振動器的意願。

聲場喇叭除了可用來進行裸耳氣導檢查外，它最大的功用乃是進行助聽器效益評估，包含聲場聽力檢查及語詞辨識檢查。進行聲場檢查時應特別留意環境的噪音控制，例如：避免選擇會發出聲音的玩具，並提醒陪伴的家人避免製造背景噪音，否則容易影響檢查結果。

三、透過病史蒐集資訊並與家長建立關係

聽力師可在測試前訪談家長，以蒐集個案的背景資料，例如：懷孕史、出生史、疾病史、發展史、家族史等，並了解家長平時對孩子聽能表現的觀察，以及家長面對孩子聽覺障礙的態度。這些資訊不但有助於聽力師決定評估的方向、推測聽力損失程度、提供父母適合的聽力資訊，更可以在訪談的過程中與家長建立良好的醫病關係。反之，若聽力師未事先詢問病史，可能降低聽力評估的品質並影響檢查結果的診斷效力（Madell & Flexer, 2008）。訪談時間的長短，可視各醫療院所不同的服務性質來訂定，聽力師可事先列出訪談內容和目的，並自行控制合宜的訪談時間。蒐集病史這個概念也可應用於聽覺口語法療育課程中，教師透過病史訪談加深對個案的了解，也能幫助教師設計更合宜的課程內容。

四、聽力助理的角色

進行嬰幼兒聽力檢查時，究竟一位聽力師便足夠，還是兩位聽力師較合適？若聽力檢查室的設計已經無法改變固然是評估點之一，但理想中，聽力師應該先考量個案的需求，才進一步討論聽力檢查室的設計。嬰幼兒因年紀小、認知能力有限，其檢查配合度、專注時間及能力往往十分短暫。若聽力師除了操作儀器、觀察孩子的反應，同時又需兼顧引導受測的孩子注意聽或是制約孩子聽到聲音後做出反應，將是極具挑戰；且若受測的孩子本身較好動或伴隨其他身心障礙，那麼其挑戰程度將更為提升。因此，筆者建議，若聽力師負責的個案族群普遍為三歲以下的嬰幼兒，無論聽檢室是單間或是雙間式的設計，有兩個人配合進行檢查將較為理想。

理想中，由兩個聽力師進行測試是最佳的狀況，然而，人事成本也相對高出許多，因此許多醫療院所乃退而求其次，選擇採用一位聽力師，搭配一位聽力助理的模式（Madell, 2008c）。目前國內並未針對聽力助理的專業背景訂定任何標準，但通常建議選擇具有幼兒保育或幼兒教育背景的人員擔任此工作。聽力師事前應該提供該聽力助理足夠的訓練，協助他充分了解嬰幼兒聽力檢查的目的，以及協助聽力師進行檢查時需配合的事宜。

貳　行為觀察聽力檢查法

行為觀察聽力檢查法（BOA）適用於零至二歲的幼兒，尤其是發展年齡零至六個月大的嬰兒。此年齡層幼兒的行為能力以反射性動作居多，例如：吸吮、驚嚇反應，因此即使他們尚沒有成熟的心智能力可配合制約活動，但若善用孩子的反射性動作，仍然可以取得可靠的聽反應（Madell, 2008d）。此聽反應稱為最小反應值（minimal response levels，簡稱MRL）。

Madell（2008d）建議進行此檢查時，儘量將檢查時間安排在寶寶精神好但是肚子餓或是想吸奶嘴的時段，施放刺激音時仔細觀察孩子吸吮動作上的改變，例如：停止吸吮。Madell（2008d）曾經追蹤過上百名採用此方

法進行檢查的幼兒，發現和他們日後用制約方法（如：視覺增強聽力檢查法和制約式遊戲聽力檢查法）取得的聽閾值結果雷同，說明若聽力師和聽力助理能夠將整個測試狀況控制良好，將是相當可靠的測試方法。不過值得注意的是，此檢查法乃是利用孩子的反射性動作，而不是透過制約活動，因此持續時間不長，可能只有孩子喝一瓶奶的時間（約五至十五分鐘），聽力師必須能有效利用時間，挑選適當的刺激音進行測試。

除了以上建議的方法，還有兩種方式是聽力師常用於觀察孩子的聽能反應：第一種方式是觀察孩子聽到聲音所出現的驚嚇反應；突然施放音量大的刺激，然後觀察孩子是否出現眨眼、暫停動作、哭泣等驚嚇或是驚訝反應。不過此方式不宜頻繁使用，也不建議在測試一開始使用，以免孩子受驚嚇而哭鬧不休，導致檢查中斷。第二種方式是若孩子剛好想睡覺，可善用孩子快睡著的前段時間進行檢查，孩子這時十分容易因聽到聲音──特別是有趣的聲音，而張開眼睛，甚至醒過來。不過和吸吮反應相同的是，測試時間不宜太長，否則寶寶可能會突然完全清醒、哭鬧或是熟睡，而不再做出反應。

 視覺增強聽力檢查法

視覺增強聽力檢查法（VRA）適用於五至三十六個月大的嬰幼兒。聽力師是藉著此年齡層孩子的發展特質及喜好來制約孩子，一旦有聲音出現，而且孩子會主動找尋聲源時，便可以得到獎勵（視覺增強物）。只要孩子可以自行撐起脖子，且有些微的轉頭能力，即可進行此檢查（Northern & Downs, 2002）。

進行此檢查的聽力室中，必須要裝置視覺增強物。理想的增強物應放置在暗箱中，當需要給予增強時，聽力師才按下開關讓暗箱中的燈光亮起。常見的增強物是會動的可愛玩具。不管是何種增強玩具，較複雜的增強物較可吸引孩子的注意，並延長他們參與測試的時間。不過給予增強的時間也不宜太長，理想為二至三秒，否則測試時間將會拉得過長，有些孩子可

能因此而失去耐心。Northern 與 Downs（2002）指出，嬰兒大約在三至四個月大時開始發展聲源定位能力，直到二十四個月大時發展成熟。其轉頭尋找聲源的能力依序是先平行，接著往下，最後才發展往上尋找聲源。而嬰幼兒在轉頭尋找聲源的角度，也是先從較小的角度（例如：45度角）開始，再逐漸擴大到更寬廣的角度。因此增強物的擺放高度應該至少和孩子的耳朵齊高，或設計成活動式，以便聽力師依個案聽能發展成熟度來調整增強物的擺放高度。最理想的增強物擺放角度應控制在孩子轉頭45至90度角的位置。

　　制約孩子進行視覺增強法主要有兩種方法：一是施放高於孩子聽閾值的刺激音，觀察孩子是否出現尋找聲音的動作，若有，儘快給予視覺增強物作為獎勵。當孩子可連續被制約三次時，聽力師才開始調降音量進行正式測試。Schlauch 與 Nelson（2009）建議聽力師在為個案進行視覺增強法時，應參考純音聽力檢查的標準測試法（modified Hughson-Westlake up-down procedure），並依照孩子受測的狀況，適時調整成上升法（ascending method，從低於聽閾值的音量開始測起，逐漸調高音量到達聽閾值）或是下降法（descending method，從高於聽閾值的音量開始測起，逐漸調降音量直到聽閾值）（Martin, 2009）。

　　視覺增強法的第二種制約方法則是先施放高於孩子聽閾值的刺激音，隨即開啟視覺增強物，如此重複約三次後，再次施放高於孩子聽閾值的刺激音，但等待孩子主動轉頭尋找聲源，當孩子確實轉頭時儘快開啟增強物作為獎勵。同第一種方法，當孩子可連續被制約三次時，聽力師才開始調降音量進行正式測試。若孩子尚未被制約，則應退回去重新制約的步驟。

插圖 11-2 ▪ 嬰兒大約在三至四個月大時開始發展聲源定位能力，
直到二十四個月大時發展成熟

肆　制約式遊戲聽力檢查法

在孩子大約兩歲時，或是可以穩定跟隨指令時，例如：把垃圾拿去丟掉、把球拿給爸爸時，便可以開始訓練幼兒進行制約式遊戲聽力檢查法（CPA，或是遊戲式聽力檢查，俗稱聽放）。此測試法適用於兩歲以上的幼兒。進行此檢查時聽力師常用可以「丟」和「套」的玩具來配合施測（例如：丟積木進桶子裡）。當高於孩子聽閾值的刺激音出現時，引導孩子將積木丟進桶子裡。當孩子可以穩定配合三次後，聽力師才開始調降音量進行正式測試，尋找聽閾值。此處使用的測試技巧和視覺增強法聽力檢查一樣。針對較年幼的孩子，一開始取得的結果可能還是最小反應值，但是隨著孩子認知能力的成熟，所給予的反應會更貼近其聽力閾值。

針對年紀較小的孩童，特別是尚無法穩定配合此檢查的孩子，或是希望在家中監控孩子聽覺敏感度的家長，聽力師可指導家長如何在家中練習。聽放玩具的部分可以善用家中的物資，例如：讓孩子聽到聲音後，將媽媽洗好、摺好的襪子一個一個放回抽屜裡；或是洗澡前，聽到聲音便將洗澡

玩具一個一個丟進澡盆裡，結束後才開始洗澡。刺激音的部分以具有頻率
特定性的語音為首選，如：華語檢測音（ㄨ/u/、ㄜ/ə/、ㄚ/a/、ㄧ/i/、
ㄑ/tɕh/、ㄙ/s/）（Hung, et al., 2016），透過華語檢測音的頻率特性，家長
可在家大略監控孩子的聽覺敏感度。不過家長在家測試時，應留意測試音
和測試音中間應有長短不一的間隔時間，以避免孩子因猜測而給予錯誤的
反應。

伍 語音聽力檢查

Madell 與 Flexer（2008）指出進行兒童聽力評估時有四大目標：(1)測
量兒童的聽覺敏感度，並確認其聽力損失程度；(2)確認兒童的中耳狀況；
(3)盡可能透過語音聽力檢查來了解兒童的聽覺功能；(4)觀察並解讀兒童的
聽覺行為。目標(1)和(2)已經在前面的章節做過詳細的討論，接下來將介紹
語音聽力檢查。

承上所述，進行語音聽力檢查最重要的目的，是為了了解兒童的聽覺
功能。聽障兒童在日常生活中聽到的不是純音、震顫音或是爆破音，而是
語音。只有透過語音聽力檢查，才有可能了解聽障人士實際上聽到了什麼。
若孩子聽到的和說話者希望傳送的訊息有落差，專業人員必須協助這些孩
子找出問題，進而協助他們解決問題。例如：孩子聽不清楚是因為助聽器
增益不足，導致語音清晰度不佳，解決辦法便是重新設定助聽器增益量。

語音聽力檢查包括語音察覺測試及語音聽辨測試。語音察覺測試的主
要目的，是用來和純音聽力檢查結果進行交叉比對，兩者的差別在於前者
使用的刺激音為語音，後者使用純音或是震顫音等，但兩者的結果應該接
近。語音聽辨測試則是進一步去了解個案聽辨語音的狀況。

進行語音聽辨測試時，聽力師可依照評估目的來控制測驗的項目，例
如：分耳進行或是雙耳一起聆聽；裸耳聽辨或是配戴助聽器後的聽辨；對
輕聲對話音量的聽辨或是對一般對話音量的聽力；允許讀唇或是不允許讀
唇；有背景噪音或是在安靜環境等。表 11-1 列舉了臨床上聽力師常為聽障

表 11-1 ▪ 聽辨測驗項目

測試項目	測試目的
單耳 vs.雙耳	了解左右耳聽力之間是否有落差，以及雙耳同時配戴輔具是否有加乘效果。
未配戴助聽器 vs.配戴助聽器	了解使用助聽器對聽障兒童的成效。
配戴助聽器 vs.配戴助聽器＋FM 系統	了解 FM 系統對聽障兒童的成效。
在安靜環境中測試 vs.在吵雜環境中測試	了解背景噪音對聽障兒童的影響。
不同的測試音量	了解聽障兒童對不同對話音量的聽辨率。主要測試的音量有輕聲說話音量（35 至 40 dBHL）、一般說話音量（50 dBHL）、大聲說話音量（60 至 65 dBHL）。
單純透過聽覺辨識 vs.可輔以讀唇進行辨識	了解讀唇對聽障兒童的幫助有多少。
開放式測驗 vs.閉鎖式測驗	了解事先給予提示對於聽障兒童的幫助。說明：「開放式」測試是指進行測試時，測試者不提供任何線索給受測者；「閉鎖式」測試是指進行測試時，測試者會事先提供線索給受測者，例如：四選一的選擇題。

資料來源：整理自 Madell（2008b）、McArdle 與 Hnath-Chisolm（2009）、Northern 與 Downs（2002）。

兒童進行的聽辨測驗項目及其目的。

陸 特殊兒童的測試技巧

在為兒童評估聽力時，聽力師極可能會遇到有特殊需求的兒童，這些情況往往挑戰聽力師是否能夠依照孩子的狀況做出適當的調整與安排。以下將探討幾種在臨床上較常見的特殊兒童，及其可能的解決方式（Madell, 2008a）。

一、多重障礙兒童的評估注意事項

多重障礙意指擁有兩個以上的身心障礙項目，例如：肢體障礙加上視覺障礙、聽覺障礙加上整體發展遲緩及自閉症。在臨床上常見合併聽覺障礙的多重障礙項目有腦性麻痺、自閉症、全面發展遲緩、過動或是注意力缺陷症、智能障礙及視覺障礙。

當測試多重障礙兒童時，聽力師須仔細評估該個案大約的認知年齡，依照其認知年齡選擇適合的評估方法，並考量該個案其他的障礙項目，在評估過程中給予適當的彈性調整，例如：一個四歲的多重障礙兒童前來接受聽力評估，其醫療團隊評估其肢體發展年齡大約一歲半，認知年齡大約兩歲，那麼聽力師應優先採用視覺增強聽力檢查法（VRA）來評估其聽力。若聽力師依照他的生理年齡採用制約式遊戲聽力檢查法（CPA）來評估他，可能無法得到可信度高的檢查結果，且孩子無法配合檢查的可能性極高。此外，考量他的肢體發展年齡更小，聽力師在進行檢查時應該容許孩子更長的反應時間。

在評估多重障礙兒童時，若能有聽力助理或是第二位聽力師的協助為佳。第二位人力可協助維持受測兒童的注意力，並隨時依照孩子的肢體或是認知能力的限制，以及生理和情緒狀況，配合測試聽力師調整測試方法。舉例來說，部分多重障礙兒童可能對視覺增強物不感興趣，聽力師可考慮改變增強物（Madell, 2008e），例如：若該個案喜歡吃，可將增強物改成食物。不過，進行檢查時應留意給予的食物分量不宜過多，以一小口為原則，以免吃的時間過長反而導致孩子忘記注意聽，或是因吃飽了而對食物失去興趣。上述案例雖然也可以由家長代勞，但因家長並不熟悉制約的步驟，若能由受過訓練的聽力助理或是第二位聽力師來協助，將更有效率。

二、測試重度至極重度聽障的幼兒

當聽障兒的剩餘聽力相當有限時，他們通常較難被制約進行聽力檢查，因為即使聽力師施放聽檢儀最大的輸出音量，該音量對這些孩子來說並不

明顯，例如：在 1,000 赫茲，孩子的聽閾值落在 105 dBHL，聽檢儀的最大
輸出量為 115 dBHL，因此對孩子而言，115 dBHL 的感受值（sensation lev-
el）只有 10 dB。遇到此情況時，聽力師可考慮以較低的頻率來制約孩子，
因為聽障者通常在低頻率較可能有殘餘聽力（Madell, 2008a）。若個案的反
應仍不明確，則可改以其他感官方式（例如：觸覺）來制約他們進行聽力
檢查（Madell, 2008f）。聽力師可以讓個案手握骨導振動器，施放 250 赫茲
或是 500 赫茲最大的刺激音，並透過觸覺來制約個案，當個案可以將觸覺
振動及視覺增強物或是聽放玩具連結在一起，便完成第一階段的制約。接
下來可讓孩子直接配戴骨導振動器在耳後乳突骨上，仍然施放 250 赫茲或
是 500 赫茲最大的刺激音，若孩子可以被制約，便可繼續測試直到取得聽
閾值，此為第二階段的制約。最後，聽力師可以回到氣導插入式耳機進行
聽閾值的檢測。

三、測試發展及認知年齡介於 VRA 和 CPA 之間的個案

在臨床上時常遇到一些發展正常的孩童，但是在進行制約時，發現他
們對於視覺增強物已經不感興趣，但是又還無法配合制約式遊戲聽力檢查，
明顯介於兩種測試之間。此時只要聽力師在測試過程中做些微的調整，便
可順利度過這段尷尬的過渡期。聽力師需要先評估個案現階段較接近 VRA
或是 CPA 階段。若是較接近 VRA，便以 VRA 為主，但給予增強物時除了
視覺增強物之外，可以再給予第二增強物，例如：視覺增強物出現後讓個
案丟一個積木到桶子裡。有些孩子進行這樣的模式一段時間後，會在聽到
聲音時主動要求得到一個積木，聽力師便知道可以讓孩子進階到直接進行
CPA 檢查。假如相反地，個案雖介於兩種制約模式之間，但是較接近 CPA
階段，聽力師可在他完成遊戲時給他一個視覺增強物作為獎勵。經過幾次
後，聽力師可逐漸減少給予視覺增強物的頻率，例如：從 100% 降為 70%，
再降為 50%，最後完全不給予視覺增強物。

第四節　聽力資訊衛教技巧 🫰

　　多數聽障兒童的家長並非聽語相關專業人員，因此在面對孩子的聽覺障礙時，最先遭遇到的一個問題，便是聽不懂醫生、護士、聽力師等人對於孩子聽覺障礙的相關說明，因而往往在一知半解下摸索著如何幫助自己的孩子。有鑑於此，筆者建議聽語專業人員在給予家長衛教資訊時，儘量避免使用過多的專有名詞或是英文縮寫，例如：Tymp、ABR、CPA、Type A，反之，儘量使用淺顯易懂的說明方式來提供資訊，並輔以充分的例子來幫助家長理解。

　　在聽覺口語法療育團隊中，聽覺口語師經常是聽障兒童及其家人最常接觸的專業工作者（可能每週見面一次），因此聽覺口語師將需要定期確認家長是否有相關疑問或需要澄清的概念，並主動為家長尋求專業的協助。以下筆者將以聽力圖說明為例，藉以提供相關聽語療育工作者在傳授家長相關聽力資訊上的衛教技巧。

壹　認識聽力圖

　　聽障兒童的家長通常最想要知道，為何自己的孩子聽力會異常？是否有機會復原？是否會持續惡化？等等。作為聽語療育工作者，教導家長學會看一些簡單的聽力報告（例如：純音聽力圖），帶領家長認識聽力圖符號、聽力損失程度的區分，並在每次聽檢後帶著家長一起練習看聽力圖，將有助於家長進一步了解孩子實際的聽能狀況。

一、聽力圖及聽力圖符號

　　以臨床常見的聽力圖為例（如圖 11-6 所示），其橫軸為頻率，單位為赫茲（Hertz），數字越小表示頻率越低，數字越大表示頻率越高。縱軸則是聲音的大小，單位為分貝（dBHL），數字小表示聲音較小，數字大表示

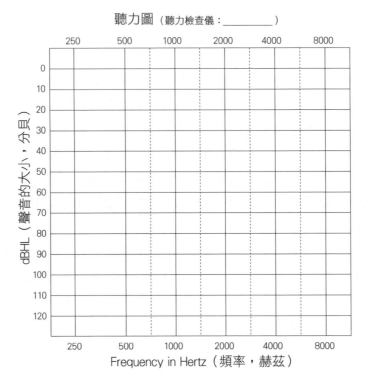

圖 **11-6** ▪ 聽力圖

資料來源：雅文聽語文教基金會（無日期）。

聲音較大。

　　部分聽力圖上的符號為國際通用，例如：右耳裸耳聽力的符號是「○」，左耳裸耳聽力的符號是「╳」，但部分符號則不然，因此看聽力報告之前，應該先找到該單位的聽力檢查符號表。標準的聽力圖符號應該在正式的聽力報告上出現，然而實際上目前仍有部分醫療院所未在聽力圖附近附上該單位的符號表。筆者茲就國內醫療院所常用的聽力檢查符號彙整如表 11-2 所示。

表 11-2 ▪ 國內醫療院所常用的聽力檢查符號表

	氣導	氣導遮蔽	骨導	骨導遮蔽	無聽反應	助聽器	電子耳
右耳	○	△	<	[	↓	AR	CR
左耳	×	□	>	]	↓	AL	CL
聲場	S				↓	A	C

二、聽力損失程度的區分

當取得個案的聽力圖之後，首先關心的便是個案的聽力損失程度，其區分方式也會因年紀而有差異。表 11-3 為國際上常用於成人及兒童的聽損程度區分方式。其中成人和兒童最大的差異在於對正常聽力的認定。對於成人，正常聽覺敏感度的定義為 25 dBHL 或是更好，兒童標準則較嚴苛，定為 15 dBHL 或更好。成人及兒童有不同的標準主要是因為兒童正值學習階段，需要聽清楚所有的語音（Northern & Downs, 2002）。

表 11-3 ▪ 聽力損失程度區分之對照表

等級	國際成人標準	國際兒童標準
正常	<25 dBHL	<15 dBHL
極輕度	-	16~25 dBHL
輕度	26~40 dBHL	26~40 dBHL
中度	41~70 dBHL	41~55 dBHL
中重度	-	56~70 dBHL
重度	71~90 dBHL	71~90 dBHL
極重度	>90 dBHL	>90 dBHL

資料來源：整理自 Goodman（1965），引自 Schlauch 與 Nelson（2009）、Northern 與 Downs（2002）。

筆者在實務工作中經常發現：國內聽障兒童的家長經常將社會福利上身障鑑定與需求評估內容，和教育上《身心障礙及資賦優異學生鑑定辦法》

（2013）針對聽覺障礙學生的定義（詳見本書第 41 頁）的條件混淆。

　　事實上，身障鑑定與需求評估因涉及相關社會福利的提供和資源補助，故聽覺障礙者在身心障礙分級和鑑定的條件上相對嚴謹。對於聽障者而言，依其障礙程度主要區分為四級（中華民國殘障聯盟，2012）：(1) 0 級：未達下列基準；(2) 1 級：雙耳整體障礙比率介於 50% 至 70%，如無法取得純音聽力閾值，則為優耳（ABR）聽力閾值介於 55 至 69 分貝；(3) 2 級：雙耳整體障礙比率介於 71% 至 90%，如無法取得純音聽力閾值，則為優耳（ABR）聽力閾值介於 70 至 90 分貝；(4) 3 級：雙耳整體障礙比率大於 90%，如無法取得純音聽力閾值，則為優耳（ABR）聽力閾值大於 90 分貝。不同障礙程度的聽障者在相關福利上所獲得的資源亦有別。

　　反觀《身心障礙及資賦優異學生鑑定辦法》對於聽覺障礙的定義，由於該辦法乃是依《特殊教育法》（2014）所制定，其立意主要是以教育為目的，因此，在聽覺障礙的定義上較身心障礙分級和鑑定的條件寬鬆，且符合該辦法中聽覺障礙定義的學生，不再依其聽力損失程度加以區分等級，而即使未持有身心障礙手冊證明的聽障生，依然可享有各項特教資源。

三、不同聽損類型的聽力圖範本

　　除了聽損程度之外，聽力圖還可以提供聽力損失類型的資訊。不過前提是聽力師的檢查必須包含氣導及骨導聽力檢查。圖 11-7 至圖 11-9 分別為傳導型聽力損失、感音神經性聽力損失，及混合性聽力損失等三大類型者在聽力圖的常見檢查結果圖例。

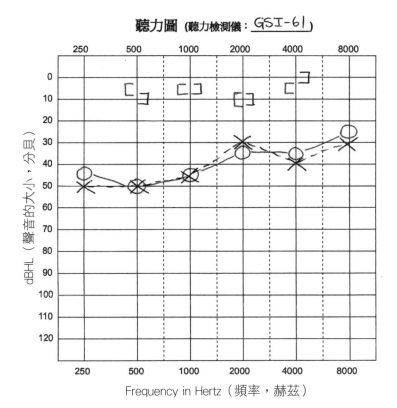

圖 11-7 ▪ 傳導型聽力損失

註：氣導聽力異常、骨導聽力正常。

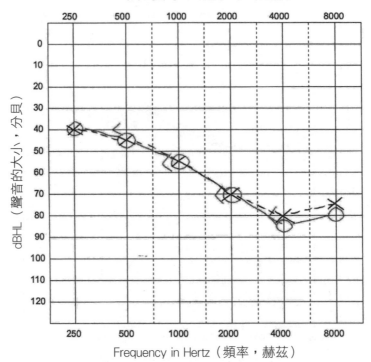

圖 **11-8** ▪ 感音神經性聽力損失

註：氣導和骨導結果均異常，且兩者結果沒有顯著的差異。

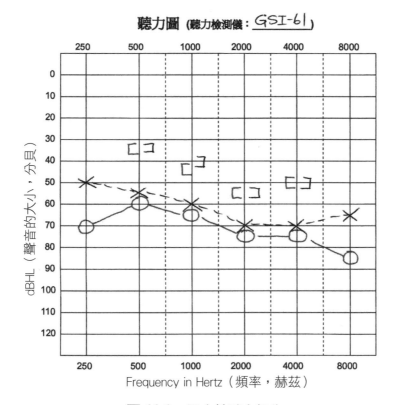

圖 11-9 ■ 混合性聽力損失

註：氣導和骨導結果均異常，但骨導結果仍明顯較氣導結果佳。

表 11-4 ▪ 聽力檢查常用專有名詞說明

名詞	說明
偽陽性	聽力正常，卻未通過篩檢。
偽陰性	聽力異常，卻通過聽檢。
轉介率	因未通過篩檢而必須轉介進行診斷式聽力檢查的機率。
分貝 dB（deciBel）	聲音大小（音強）的單位，不過當提到分貝時，應注意分貝後面的單位，因為當分貝單獨出現時並不具有任何意義。
dBA（deciBel A-weighting）說明：使用聲壓計量測時最常被使用的單位	聲壓計常用的量測單位。聲壓計麥克風基本上可擷取到收音範圍內的任何聲音頻率，當使用 A-weighting 過濾器量測時，就會不再強調對 1000Hz 之下的低頻收音。
dBnHL（deciBel normalized Hearing Level）	常用於電生理檢查中。一般電生理檢查原本採用之單位為 dBSPL，但所產生之結果無法和純音聽力檢查結果進行比較，因此鼓勵各臨床聽力檢查單位尋找聽力正常之個案進行校正，並與其純音聽力檢查進行交叉比對，經校正過之結果單位改成 dBnHL。
dBSPL（deciBel Sound Pressure Level）	此為一個聲音壓力的物理單位，其公式為 $20 \log P/P_{ref}$，會因使用的參照值(P_{ref})不同，所計算出的數值也不同。最常使用的 P_{ref} 為 $20\mu Pa$，其為大氣壓力的參考值。
dBHL（deciBel Hearing Level）	為純音聽力檢查專用的分貝單位，聽力正常者的平均聽閾值被歸零，訂為 0 dBHL。
聽閾值	人耳可以聽到最小聲的聲音。
最小反應值（minimal response levels，簡稱 MRL）	常用於嬰幼兒的行為聽力檢查中，意指可觀察到嬰兒及幼兒行為改變的最小音量。最小反應值通常高於聽閾值，兩者的差距通常隨著嬰幼兒年紀的增長而縮小。

結語

　　聽力篩檢對於聽障兒童只是一個開始，聽力檢查才是發現問題的起頭。而真正能夠幫助聽障兒童的是後續的聽覺輔具選配、使用以及聽語創建／復健課程。然而要能選配最合適的助聽器，必須先取得正確以及完整的聽力評估結果才行。此外，一位聽障兒童若一開始完成完整的聽力評估，也擁有一副合適的助聽器來幫助他學習聽和說，但後續卻沒有定期追蹤，掌握聽力的變化，孩子的聽語學習仍可能因而受到阻礙，因此聽力評估和聽語創建／復健課程乃是息息相關。

＊感謝張林燊先生協助繪製圖 11-4 和圖 11-5，在此謹表謝忱。

12
聽覺輔具的使用

馬英娟

- 了解各項聽覺輔具的特色及用途
- 學習驗證聽覺輔具的矯正效益
- 認識聽能環境對聽障兒童的學習影響
- 了解如何在聽能創建／復健中善用輔具的功能

When we do the best that we can, we never know what miracle is wrought in our life, or in the life of another.

當我們盡力而為，我們永遠不知奇蹟如何精練自己或另一個人的生命。

~Helen Keller

 前言

以現今的醫療技術，並沒有任何可以完全治癒聽覺障礙的方法。為了讓聽障人士重拾聽覺，並且能學會語言溝通，在確認個案的聽力損失型態和程度後，需要使用聽覺輔具來矯正。

市面上聽覺輔具的類型大致分為三類：助聽器、人工電子耳及 FM 無線調頻系統。如同現今的 3C 產品，隨著科技的演進，聽覺輔具的功能也不斷地進化，因此專業人員必須了解各種輔具的功能及特性，才能給予聽障者更直接的協助。同時，現有的教科書和文獻也會受限於發表時間，因此所提供資料也許並非第一手資訊，故本章將簡介目前臨床上最常見的聽覺輔具，期能作為了解聽覺輔具相關核心知識之參考。

第一節　助聽器

助聽器的基本組件包含麥克風、擴大器和接收器。麥克風主要的功能是收取聲音，並將聲能訊號轉換至電能訊號，接著再由擴大器增強電能訊號的強度，最終由接收器將電能訊號轉換回聲能訊號，才可傳送至使用者的聽覺系統。

插圖 12-1 ▪ 助聽器是讓聽障人士再次接收到聲音的重要輔助器具

壹　助聽器簡介

　　使用助聽器的目的是為了讓配戴者能夠聽清楚語音，但又不會因為擴音而導致不舒適的感覺。對於聽障兒童而言，戴助聽器的主要目的更是為了學習語言及言語，因此聽力師會使用幾個基本的守則來幫助聽障者選擇一個最合適的助聽器。

　　一般而言，依助聽器的外觀（如圖 12-1 所示）可分為：耳掛型（BTE）、開放式耳掛型（RIC）、耳內型（ITE）、耳道型（ITC）、深耳道型（CIC）、骨導型（BCHA）、骨導植入式助聽器（BAHA）、對側傳聲型（CROS/BiCROS）、體配型（body aid，又可稱為口袋型）。以往大型助聽器（如：體配型）是主流，但隨著科技進步，助聽器的外型也越做越小，因此體配型助聽器目前在美國的市占率已不到 1%（Gelfand, 2009）。

　　在配戴耳掛型、耳內型、耳道型及深耳道型助聽器前，聽力師需要先取得使用者的耳型（如圖 12-2 所示），來製作固定用的耳模或訂製耳內型的助聽器外殼。年齡較大的兒童或青少年所使用的耳模與成人使用的差異不大，但嬰幼兒所使用的耳模多數使用軟性材質來製作，如：矽膠，一來

1. 耳掛型助聽器

2. 開放式耳掛型助聽器

3. 耳內型助聽器

4. 深耳道型助聽器

5. 骨導型助聽器

6. 骨導植入式助聽器

圖 **12-1** ▪ 各式助聽器外型

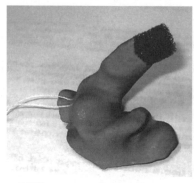
1. 耳型

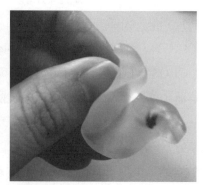
2. 耳模

圖 **12-2** ▪ 耳型與耳模

降低耳模不密合的可能，二來增加使用的安全性，減少因為碰撞問題所帶來的使用傷害。壓克力則是另一個常被選用的材質，屬於硬式材料，因此比較容易塑形，若需要將耳模挖空製作骨架式外型或是打氣孔，都比軟式材質容易完成，但密合度不如矽膠材料優。

骨導型助聽器則較為特殊，主要適用於耳道閉鎖或有特定傳導性聽力損失的個案。一般而言，骨導型助聽器都是以耳掛型助聽器改裝，並且接上一個骨導振動器來替代傳統氣導型式助聽器的傳音管道，因此不需要使用耳模。有些傳導性聽力損失是屬於永久性的，因此也會有個案考慮使用BAHA（bone anchored hearing aid，骨導植入式助聽器），來減少傳統骨導型助聽器使用上的問題，包括：頭帶壓力所造成的不舒適、骨導振動器位置不對所造成的迴授音（因輸出聲音，被再次輸入，導致擴音過程變成無止盡的迴路）及擴音不足。

助聽器的訊號處理模式可分為三類：類比式、程控式及數位式。類比式的技術是從電話發明以來就一直存在著的訊號處理模式，直到 1990 年代中期，數位式的訊號處理模式崛起，帶來更精準、少運作噪音、更省電，且能處理更複雜聲音訊號的 IC 板（Dillon, 2001），將助聽器的科技往前推進一大步。在這個類比式轉換成為全數位式的訊號處理過程，中間的階段就衍生出程控式的處理技術，它運用了數位電腦來操控類比音訊。目前程控式及類比式助聽器已漸漸被淘汰，坊間最常見的助聽器都以數位式為主，據 Kirkwood（2007）的研究顯示，數位式助聽器在美國擁有 90%的市占率。

貳 選配助聽器

一般熟知的助聽器選配方法有時並不能直接運用至嬰幼兒助聽器選配上，其原因有二：(1)嬰幼兒的耳朵小於成人，而且在孩子長大的過程中，耳道內的聲學特性改變得非常快；(2)嬰幼兒並不一定有穩定的聽覺行為反應，也未必有足夠的語言能力去反應聽到的狀態。

　　為了達到早期介入的目的，Northern 與 Downs（2002）建議，當確認個案有聽力損失後，就應該立刻著手進行助聽器選配，後續追蹤診斷時，再陸續補足分耳分頻率的檢查結果。不過無論聽力師如何積極進行，從選配、訂貨、調整到配戴在個案身上，仍舊免不了要耗費一至四個月以上的時間。

　　選配助聽器還需把握一個原則，若聽力損失的耳朵有任何可用的剩餘聽力，應該盡可能提供該耳重拾聽覺的機會。雙耳聽覺可以給予聽者很多優勢，如：雙耳加乘效益可增加 3-6 dB 的聽覺響度、幫助更正確的聲源定位、降低噪音及迴響（reverberation，聲音一再地發出與折回）對語音聽辨的影響（Gelfand, 2009）。也正因如此，如個案雙側皆為聽力損失，聽力師多會建議雙耳同時配戴助聽器，而非單耳配戴就好。如個案只有單側聽力損失，也應當讓聽力受損的耳朵使用助聽器，以達到雙耳聽覺優勢。

　　一般而言，嬰幼兒所使用的助聽器形式多以耳掛型為主，若個案耳廓小，助聽器固定困難，還可選擇嬰幼兒型耳掛勾（pediatric earhook）來幫助固定，也可使用頭帶來減少助聽器晃動的問題。助聽器等級和內建的各式功能與它的外型並無絕對的相關性，因此在選擇助聽器外型後，還要考量內部的功能。助聽器等級的高低常取決於頻道數量的多寡及附加功能，如：自動聆聽程式切換、方向性麥克風、噪音消除／抑制功能、回授音反制系統、FM 系統相容性等。聽力師都必須考量個案最新的聽力檢查結果、年齡、使用助聽器的場合、日常生活中對於聲音接收的需求等，再來給予一對一的建議。

參　驗證助聽器

　　當個案開始使用助聽器後，專業人員必須了解使用後是否有達到預估的成效，因此「驗」、「證」是兩個非常重要的步驟。聽力師可以透過聲電分析儀來進行真耳測試（real ear measurement）和聲電檢查（test box measurement），也可透過聲場聽力評估及語音聽力檢查，來追蹤個案矯正後

的效果。聲場聽力評估如：制約式遊戲聽力檢查及語音聽力檢查的主要目的，是為了了解矯正後，使用者聽察覺及聽辨識能力是否因透過輔具的使用而提升。除了配戴助聽器需要接受聲場聽力評估外，配戴電子耳，甚至FM 系統，都可以使用相同檢測方法來評估使用效果。

除了透過聽力檢查外，助聽器的使用效能還能利用客觀的真耳測試來評估。進行真耳測試時，聽力師會利用一根非常細的探管麥克風，並將其放置在使用者的耳道內，用來量測耳道內的聲壓值。最主要的量測數值包括裸耳下的耳道聲壓值，又稱為 REUR（Real Ear Unaided Response）；戴助聽器後的耳道聲壓值，又稱為 REAR（Real Ear Aided Response）；戴助聽器後的聲壓飽和反應，又稱為 RESR（Real Ear Saturation Response），用於評估助聽器接收很大聲的輸入音後的輸出飽和反應（Frye & Martin, 2008）。

真耳測試的檢測過程需要受測者的姿勢保持穩定，這對於成人個案來說還算容易，但要嬰幼兒個案在測試中不動，是一件非常困難的事情，因此嬰幼兒的真耳測試可改成量測 RECD（Real Ear-to-Coupler Difference）值。進行RECD時，聽力師可以先快速量測嬰幼兒個案的裸耳耳道聲壓值，接下來再量測聲電分析儀中 2cc 耦合器的聲壓值，之後分析儀即能計算出兩者間的聲壓差異，而未來調整助聽器時所需的操作都可以透過耦合器來進行，個案也就無須被固定在調整設備之中。量測後的結果可與助聽器選配公式所計算出的音量設定相互比對，再決定是否有微調助聽器音量增益的必要。若個案仍舊無法配合 RECD 的測量程序，則可使用真耳測試儀器中內建的 RECD 平均值，來進行助聽器設定。目前常用的助聽器選配公式為NAL-NL1 及 DSL v5.0a，分別為澳洲及加拿大研發，而多數的助聽器調整軟體常建議使用 DSL v5.0a 作為嬰幼兒助聽器選配公式。

聲電檢查則是另一個常見的助聽器檢測方式，但它的主要功用不是用來分析音量設定的合適性，而是用來確認助聽器的功能是否仍處於良好狀態。所有的助聽器在出廠前，原廠一定都會給予聲電檢查，並且核對該助聽器的狀態是否與預設出廠規格相符。目前的規格主要是以美規 ANSI 及歐

規 IEC 兩者為主。而隨著助聽器的使用，內部零件的效能可能會衰退，所以在保養助聽器的同時，也會進行聲電檢測加以確認助聽器的擴音效能、內部迴路噪音值、扭曲值、電池耗電量等是否在標準值內。

除了聽力學中的標準助聽器檢測外，家長也需要協助聽障生保養及維護助聽器，以確保助聽器的使用效能及延長助聽器可被使用的年限。一般助聽器公司多有販售助聽器居家保養工具的「保養包」，詳細的使用方式及注意事項可參照本書〈附錄八：助聽器保養包使用說明〉。

插圖 12-2 ▪ 聲電檢查有助於聽力師了解目前助聽器功能是否異常

第二節　人工電子耳

若聽力損失程度很嚴重，即使強力助聽器仍無法提供使用者足夠的矯正效益，接下來可以考慮選擇的聽覺輔具即為人工電子耳，在其他的華語地區因翻譯習慣，又稱為人工耳蝸。人工電子耳可以將聲音轉換成電流後，再給予聽神經刺激。

現今在臺灣主要使用的人工電子耳廠牌為澳洲Cochlear、美國Advanced Bionics（簡稱 AB）及奧地利 Med-El（如圖 12-3 所示）。

無論何種廠牌，電子耳的組成皆大同小異，它主要分成內外兩個部件，內部稱之為植入體，外部稱之為聲音處理器。植入體上有接收器，能接收由聲音處理器傳來的電子訊號，再透過電極將訊號傳送到聽神經。聲音處理器則經由麥克風在外部收取聲音訊號，再將訊號轉為電能，透過線圈上的傳輸器以電磁場形式傳送訊號至植入體。

1. 澳洲 Cochlear 植入體、Nucleus 6 系列
   聲音處理器及遙控器

2. 美國 Advanced Bionics Hi-Res 90K 植入
   體及 Neptune、Naida CI Q70 系列聲音
   處理器

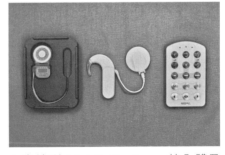

3. 奧地利 Med-EL Synchrony 植入體及
   Sonnet 聲音處理器及遙控器

圖 12-3 ▪ 人工電子耳各項配件

壹 合適的人工電子耳候選人

不是所有的聽障者都適合植入人工電子耳，隨著研究和科技演進，電子耳植入候選人的篩選條件也不斷被修正。臺灣多跟隨著美國食品與藥物管理局（Food and Drug Administration，簡稱 FDA）的規範走，FDA 規定嬰幼兒人工電子耳候選人的年齡必須超過十二個月。在個案年齡未滿二十四個月前，雙耳聽損程度皆需要為極重度（PTA≥90 dBHL，根據臺灣內政部社會司制定之聽覺輔具補助標準，PTA 即是 500、1,000、2,000 及 4,000 赫茲之平均聽閾值）才能符合植入條件；年齡滿二十四個月後，雙耳聽損程度只要落在重至極重度（PTA≥70 dBHL），就可被選為植入的候選人（Gelfand, 2009）。同時，該個案必須先使用助聽器至少三至六個月，並積極配合聽能復健，但未能達到聽語學習成效，才會被考慮為植入的候選人（Northern & Downs, 2002）。只有在一種醫療情況下，可以不受試用助聽器的條件規範，就是因腦膜炎導致極重度聽力損失者，主因乃是為了避免因腦膜炎造成耳蝸鈣化，導致日後無法植入電子耳，因此這類個案多數無須經過三至六個月的評估期。另外，由於雙耳聽覺對於聲源定位及噪音下語音聽辨都有很明顯的幫助，因此近幾年雙耳植入也是非常熱門的話題，而雙耳植入的模式可以選擇同時植入或依序植入（Chute & Nevins, 2008）。

不過，人工電子耳仍舊需要良好的聽神經及中樞系統，方能達到聽覺刺激，因此無論候選人的條件如何修正，個案一定不能有任何手術禁忌，如：無耳蝸、無聽神經等。由於接受手術還必須降低傷口感染的風險，因此若個案正處於中耳炎狀態，也不適宜進行植入手術。也因此正式的人工電子耳植入前評估必須包含：耳科醫學檢查〔斷層掃描（CT Scan）及磁振照影（MRI）〕、標準的裸耳聽力檢查、中耳檢查、戴助聽器後的聲場及語音聽力檢查、個案語言及言語能力評估等，而嬰幼兒個案還有可能會追加心智及肢體發展評估。當手術醫師越了解個案的健康狀況及聽覺功能，就越能減少不必要的手術風險。

幫助人工電子耳候選人和家長建立正確的期待也是非常重要的，人工

電子耳並無法治癒使用者的聽覺障礙，因此無法還原他們的正常聽力。雖然選擇電子耳的個案或家長一定會期待使用者可以發展口語能力，但學習口語及語言必須透過聽能創建／復健，而這個過程所需要付出的時間和努力可能非常多，因此家庭支持度，特別是對聽能創建／復健的投入，也是選擇候選人的關鍵之一。若候選人已經是青少年或成人，則他們本身必須要有堅強的意志，確定自己願意加入聽與說的世界，否則聽能創建／復健的過程會讓使用者感到痛苦，而電子耳的成效也會十分有限。

貳　人工電子耳調頻的重要性及技巧

　　從 1982 年起，人工電子耳就被成功地運用在兒童聽障個案身上，且對於矯正聽障有極重大的價值（Northern & Downs, 2002），但多項研究仍顯示使用者的成效有很大的個別差異性。除了上述在候選人選擇條件上的差異外，最大的關鍵還是在於電子耳的設定，這個程序又稱之為「調頻」（mapping）。調頻圖很像助聽器的頻率設定參數，但因為每個使用者能容忍的電流量不盡相同，因此絕不能將任何兩個使用者的調頻圖交換使用。

　　使用者植入人工電子耳植入體後，雖然聽力師在手術室都會安排電極檢測（telemetry），確認電極功能完好，但個案並不是立刻就開始使用人工電子耳。使用者必須先等待傷口復原，之後才進行「開頻」（switch-on）。開頻便是將語言處理器設定後，再將頭貼線圈安放在植入體對應的位置上，整個過程可能會耗費一至兩個小時。電子耳內主要的設定參數是 T 值及 C/M 值，T 值代表著使用者可以開始感受到聲音的最小電流量，而 C/M 值則是使用者感受到大聲但舒適的最大電流量。設定 T 值的方法，與行為聽力檢查使用的方式大略相同，但 C/M 值的設定則需要使用者有明確的大小聲感知，若他無法說明聽到的聲音是大聲但舒服，如：幼兒個案，那設定時就會出現較大的誤差。也因此電子耳調頻軟體中內建了一個客觀的神經遙測檢查，澳洲 Cochlear 公司將此檢查稱為 Neural Response Telemetry（NRT），而美國 Advanced Bionics 公司則將之稱為 Neural Response Imaging（NRI），所得結果可用來預估使用者的 C/M 值。

　　雖然聲音處理器內可以儲存多個調頻圖，但是定期讓使用者回診調頻是術後的一個重要步驟。孩子在聽能創建／復健的過程中，可能會改變對聽的需求，因此微調能讓他們聽得更好。一般來說，剛開頻的頭六個月，調頻的次數非常密集，但之後會漸漸減少，不過還是建議一年至少應完成一次調頻，以檢視目前的設定能否符合該使用者的聽覺需求。

第三節　教室聲學與無線調頻系統

　　雖然助聽器及人工電子耳可以提供聽障者矯正聽力的機會，但這些輔具上面麥克風的收音有效距離是有限的，因此在學習環境中，適當地運用輔助性聽覺裝置（Assistive Listening Device，簡稱 ALD）是非常重要的。ALD 的種類非常多，包含：個人無線調頻系統（又簡稱為個人 FM 系統）、聲場無線調頻系統、遠紅外線聲場系統及 T 線圈系統，但其中最常被探討的裝置就是個人 FM 系統。

壹　教室聽能環境評估的重點

　　教室是一個以聽覺和口語學習為導向的環境，但教室裡的聲學特徵多數為高噪音、高迴響，對於聽障學童而言，確實不是一個理想的學習環境。迴響是指從牆面、地板、天花板或房間內任何硬的表面將聲音反彈回來的現象，一般而言是以迴響時間（reverberation time，簡稱 RT）作為量測的基準，測量聲音反彈回來所需要的時間長度。當迴響的時間越長，語音辨識率就會越差。美國語言及聽力協會（American Speech-Language-Hearing Association，簡稱 ASHA）（1995, 2005）所公布的教育聲學環境標準值中就明定，迴響時間不得多於 0.4 至 0.5 秒，以減少感音神經性聽障學生的溝通困難。

教室裡的背景噪音特別容易遮蔽住輕聲的聲母，導致整體的語音辨識率下降，而為了讓聽障學童聽清楚教師的語音，教師的音量需要高於背景噪音15至20分貝（dB），因此Bess與McConnell（1981）就提出教室中使用聲壓計量測的噪音量不應超過35分貝（dBA）。但事實是，教室內的平均噪音音量是55至65分貝（dBA），甚至可高達69分貝（dBA）（Sanders, 1965）。上述所提到，語音訊號減去背景噪音所得到的分貝數又稱為訊噪比（signal-to-noise ratio，簡稱SNR）。一般而言，嬰幼兒較無語言基礎，所以需要比成人更優的訊噪比，才能得到相同的語音辨識率（Boothroyd, 2004）。

如何正確使用個人 FM 系統

個人FM系統包含了麥克風、發射器及接收器。發射器是由教師佩戴，無論是內建式麥克風或外接式麥克風，佩戴時麥克風距離嘴巴位置大約15公分，說話者的音量正常即可。這樣使用後，便能營造出說話者全時間都在距離學生耳朵15公分的地方，並能維持穩定的正數訊噪比。接收器則是由學生佩戴，通常是透過轉接裝置，如：音靴，將FM接收器裝配在助聽器或人工電子耳上。隨著科技進步，有些助聽器公司品牌亦推出一體成型式的接收器，可直接接合至助聽器上，無須透過音靴。

FM系統可以在背景噪音中有效地將教師的語音提升6至10分貝（dB）（Northern & Downs, 2002），而且因為發射器與接收器之間是以無線傳播和接受訊號，所以不會限制住教師和學生之間的活動。當然，FM系統並不只侷限於學校使用，居家環境若常常出現噪音，又或是在戶外活動有聽取指令的需求，FM系統也能派上用場。另外，FM系統還可連接至視聽設備，讓聽障者直接接收到視聽設備播放出的訊息，如：考英文聽寫時，可將FM系統接到CD播放器上，讓聽障考生更輕鬆地聽到語音訊息。

 結語

　　當聽覺障礙發生時，溝通就出現了困難，甚至還會伴隨著心理、教育、發音等層面的問題，也因此當聽障者要重建溝通能力時，他會需要透過聽能創建／復健的過程。在其中，重拾「聽能」是創建／復健的關鍵，而聽覺輔具正是提供其聽能的一個管道。若想選擇一個正確的聽覺輔具，則在此之前一定要有完整且詳細的聽力診斷。聽能管理的概念就是包含著完整聽力診斷及正確使用聽覺輔具，並且給予聽障兒及其家庭足夠的心理支持，以幫助個案儘快進入聽能創建／復健之路。

Part **5**

家有聽障兒之家庭支持性服務

Chapter 13 　家有聽障兒之家庭評估與處遇

13

家有聽障兒之家庭評估與處遇

陳俐靜

學習目標

- 了解家庭面對聽障兒及其心理調適的歷程
- 認識家庭相關的評估理論與處遇
- 家庭面對零至六歲聽障兒的需求與任務
- 了解如何進行聽障家庭評估與處遇之範例

Only through experience of trial and suffering can the soul be strengthened, ambition inspired, and success achieved.
只有通過試煉和遭受苦難經歷的靈魂可被強化和振奮雄心，進而達到成功！

~Helen Keller

 前言

　　自孩子生下來的那一刻起，家庭即背負了照顧和養育孩子的責任，而孩子也緊密地和家庭連結並一起生活。因此，聽障兒的服務無法與其所屬的家庭切割，故聽障兒和其家庭同為聽語療育服務的對象。若家庭願意接納孩子聽障的事實、與專業人員一同努力，並且深度參與聽語療育，將有助於提升療育成效。

　　本章就聽覺口語法療育團隊中的社會工作師角色（以下簡稱社工師），說明聽障兒對家庭的影響與心理調適的歷程、評估家有聽障兒的家庭之理論觀點與處遇，以及零至六歲聽障兒各階段的需求與任務，期能作為相關早療工作者提供早療聽障社會工作服務之參考。

第一節　家庭面對聽障兒及其心理調適的歷程

　　當家庭面對孩子經診斷為聽障之事實時，每一個家庭的情緒反應迥異，然而，同樣必須面對孩子後續的療育。因此，為把握聽障兒童的最佳黃金療育期，協助家庭及早正向接納聽障孩子的心理調適歷程，遂為社工師的首要之務。

壹 新生兒確診為聽障對家庭的影響

　　面對孩子確診障礙的初期，乃是身心障礙者家庭中的夫妻承擔壓力的高峰期（利翠珊，2005）。當家庭有障礙兒出生之際，父母易被引發不同層面的失落，分別是：(1)父母期望的失落；(2)親職角色的失落；(3)父母自我的失落；(4)父母原有生存價值的失落；(5)原有家庭生活的失落；(6)父母社會隸屬的失落，而這些不同的失落使得家庭受到的衝擊性不一，卻同樣深深影響障礙兒童與家庭生活（張英熙，2002）。

　　無法沉浸於喜獲新生兒的喜悅，卻要面對孩子聽障的事實，多數家庭處於負向的情緒中，同時，家庭成員也必須面臨生活型態的改變，如：該由誰來照顧聽障孩子、療育的選擇與安排、家庭經濟來源者的異動等。對於聽障兒童的家庭而言，在孩子確診為聽障後，常見的需求有四：(1)不同專業系統的服務，如：新生兒聽力篩檢、聽力學、治療／療育、社會支持及財政支持；(2)不同專業的協調整合服務，讓家庭在安排孩子之療育過程有所依循，降低困擾與無所適從等問題；(3)來自其他聽障家長的支持，如：透過機構或自身發起組成的家長支持性團體；(4)資訊需求，如：有關聽力、療育資源、政府福利與服務等相關資訊（Fitzpatrick, Angus, Durieux-Smith, Graham, & Coyle, 2008）。

　　綜合前述，可歸結出家庭在孩子確診為聽覺障礙後，面臨的衝擊與壓力常是持續的。因此，社工師同理家長的情緒、評估聽損兒與家庭在不同層面的需求，並展開後續相關的服務，以協助和陪伴家庭渡過壓力高峰期，將會是有所助益的。

貳 家庭面對聽障兒的心理調適歷程

　　不少研究結果皆指出，多數聽障家庭在面對孩子確診為聽障後，會經歷一連串的情緒轉折。Hindley 在 2000 年的研究提出，95%聽障兒之雙親為聽力正常者，因為過去其大多沒有接觸聽障人士的經驗，因此，當覺察小

孩是聽障時，對聽常父母而言，是很大的震驚，接著可能引發類似悲痛的
情緒（引自邢敏華、顧玉山，2005：46）。

　　孩子剛確診為聽障的階段，家長往往需要時間去調適心情，才能接受
孩子聽障的事實（Luterman, 2008）。綜合文獻（Dale, 1996；引自張如杏，
2010：171；Mutton & Peacock, 2006），家庭通常會陸續經歷震撼、無助、
否認、悲傷、罪惡感、接受到完全調適心理與情緒等歷程。部分家長因無
法接受兒童的障礙，因此對孩子有過度要求、排斥、虐待等反應，或衍生
家人彼此指責的現象，這些混亂的情緒將會持續影響家庭關係。筆者整理
上述家長面對孩子聽障時所產生的心理狀態、行為表現以及介入的重點，
如表 13-1 所示。

表 13-1 ▪ 家庭在各階段面對孩子聽障事實的行為表現與處遇需求

心理狀態	行為表現	處遇需求
衝擊階段	混亂、驚嚇、不相信、不安、不知所措。	給予同理和情緒支持。
抗拒階段	生氣、悲傷、失望、焦慮、攻擊、否認、罪惡感。	積極傾聽家庭宣洩情緒，誠實告知關於聽障可能造成的影響與發展。
調適階段	家長開始接受孩子聽障的事實，主動詢問專業人員，接續該如何幫助孩子。	給予正向積極的鼓勵，提供正確、可信的醫療、福利和教育等資訊。
積極規劃階段	家長主動尋求相關專業人員的意見和找尋相關資源，開始規劃孩子的療育計畫。	依照聽障孩子的需求與現況，協助規劃、提供協助與指導。
開始新生活階段	家庭為聽障孩子的需求與療育，調整家庭生活的模式與節奏。	提供適當服務。

資料來源：整理自張如杏（2010）、Luterman (2008)、Mutton 與 Peacock (2006)。

　　多數的家庭無法忽略或掠過悲傷的情緒，社工師依家庭所處的心理狀
態提供介入外，並運用諮商輔導技巧讓家長情緒獲得紓解、促進家庭縮短

情緒盡速轉換正向的態度、讓家庭及早接納孩子聽障事實，以及擴展和強化家庭資源網絡，提高家庭讓孩子及早接受療育之意願。

第二節　評估家有聽障兒的家庭常用之理論觀點與處遇

　　家有聽障兒的家庭，除了要面對家庭內聽障兒的照顧、家庭成員彼此間的互動，尚需面對聽障兒的就醫與療育、家庭成員外出工作和親友相處等外在社會的連結與互動。在前述家庭的內、外在關係互動下，家有聽障兒之家庭各自呈現多元的面貌，然而，無論其呈現的功能或外部資源是否充裕，這些因素皆是影響聽障兒學習的要素。

　　因此，社工師在服務家庭時必須考量家庭與其所處的環境脈絡和互動關係，透過生態觀點將有助於了解家庭所處的社會脈絡與外在資源，而家庭系統理論可系統呈現家有聽障兒之家庭的現況與家庭成員彼此的關係，以便貼近聽障兒及其家庭的需求與問題。此外，社工師亦可透過優勢觀點協助家庭看見自身的優勢，相信其有能力且願意勇敢面對和解決問題。筆者茲就社工師提供家有聽障兒之家庭服務，常用的理論基礎與處遇策略，介紹如下。

壹　生態觀點

　　1970 年代生態觀點開始受到社會工作者之重視，該觀點主要聚焦於人與環境之間的協調或適應調和的能力，強調人在情境中，因而需要正視服務對象所處環境下的影響（宋麗玉、曾華源、施教裕、鄭麗珍，2003；Anderson & Mohr, 2003）。因此，社工師在面對家有聽障兒的家庭時，除了了解聽障兒與家庭所面臨之問題與需求，也應了解家有聽障兒的家庭目前所處的環境，藉由評估其家庭環境的資源與限制，促使家庭運用家庭外之資

源或導入新資源，以順利融入、適應所處的環境。

一、生態觀點的定義

生態觀點強調家庭與所處環境間的關係，最早由 Bronfenbrenner 提出（參見第一章）。運用於社會工作領域中，生態觀點可用來評估與了解個人與所處系統中的互動，以及各系統之間的關連性。Bronfenbrenner認為個人所在的各個系統層次，是由一個層層相扣的巢狀結構（nested structures）所形成生態系統，並將之分為微系統（microsystem）、居間系統（mesosystem）、外系統（exosystem）與大系統（macrosystem）（宋麗玉等人，2003；Anderson & Mohr, 2003; Swick & William, 2006）。

二、評估方法

生態觀點主要藉由評估個人所處的微系統、居間系統、外系統與大系統（Anderson & Mohr, 2003; Swick & William, 2006），了解個人與其環境彼此互動交流的方向和關係強弱。同時，運用生態圖（eco-map）的方式畫出家庭外的資源單位，評估家庭與外界環境（生態系統）之互動關係，讓我們了解家庭與外在連結的優勢、互動品質以及衝突。通常以家庭為中心成一個圓圈，連結外界環境，如：學校、鄰里、工作場所、專業機構或親友等，各自以不同的圓圈表示不同的系統（潘淑滿，2000；Becvar & Becvar, 2006）。此外，不同的圓圈會透過特定的符號與線條，來呈現個案或個案家庭與外界環境系統的關係。茲就生態圖常見的圖示說明如下（潘淑滿，2000；魏希聖譯，2009；Becvar & Becvar, 2006）：

(一) 關聯性

以家庭為核心，與家庭相關的資源以圓圈圖示，並以遠近代表親疏關係。

(二) 互動性

連結家庭與資源的線條描述之間的互動關係。通常實線「—」代表關係強烈；虛線「-----」代表關係淡薄；曲線「~~~」或「≠」代表壓力關係或衝突關係；箭頭「→」代表資源的流向。

(三) 親密度

連結家庭與資源之線條越粗，代表關係越緊密；若線條越細，代表關係單薄。透過生態圖（如教學案例 13-1 所示）可於短時間內了解個案家庭的問題、需求、資源的運用狀況，以及家庭與外在環境的互動關係，有助於對服務對象有整體與脈絡的評估、擬訂計畫與處遇。

 教學案例 13-1

萱萱目前就讀小學一年級，案家對於萱萱的療育十分積極。萱萱從小語言發展較同齡幼兒慢，因口語溝通無明顯落後，家人未發現萱萱有聽損的情況。萱萱就讀中班時，未通過學前聽力篩檢，經醫院確診其聽力損失為中度，至雅文基金會接受聽語訓練已三年。案父為送貨司機，薪資不高但工作穩定，收入與生活支出常呈現持平狀態，有時家庭支出較多時，則呈現入不敷出的窘境；案外婆家考量案父家計負擔十分沉重，會不定時提供經濟協助，以減輕萱萱家的經濟負擔。案祖父家經濟不佳，案父每月須提供經濟援助，然因為案祖父嗜賭，常輸光生活費用，不斷向案父要錢，案祖父與案父間因此事時有衝突。萱萱就學過程因學校老師對聽障學生的接納度不高又欠缺 FM 系統配戴意願，造成萱萱學習受到影響，家人多次溝通不順利，故案家與學校關係緊張。

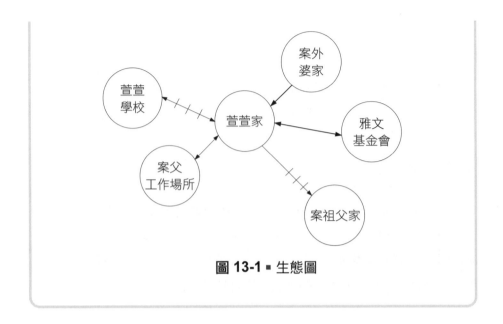

圖 13-1 ■ 生態圖

三、處遇策略

　　生態觀點之處遇主要先聚焦在環境的問題，確認可幫助家庭解決的問題為何，同時也建立家庭支持力量，並運用正式和非正式資源，促使家庭需求獲得滿足或解決問題。處遇之目標為協助案主或家庭學會解決問題和主動連結資源的能力。Hepworth 與 Larsen（1993）提出家庭的各種生態的處遇，包括：(1)確認家庭環境中的支援系統；(2)培養和提升支持系統；(3)將案主移至新環境；(4)增加各組織對案主或家庭需求的回應性；(5)促進各組織和機關的互動；(6)改善制度環境；(7)改善機構環境；(8)發展新資源（引自魏希聖譯，2009：292）。另外，Pardeck（1996）提出以生態觀點取向的處遇步驟，包括：(1)進入案主之系統；(2)繪製生態圖；(3)評量案主之生態系統；(4)創造案主願意改變的觀點；(5)協調與溝通；(6)再評量介入成效；(7)藉由評估，確認處遇是有效的（引自宋麗玉等人，2003：267-269）。

　　綜合上述文獻，在聽覺口語法療育實務中，社工師在服務家有聽障兒

的家庭時，主要運用的處遇策略包括：(1)了解目前家有聽障兒之家庭環境中存在且有連結的各系統；(2)繪製家系圖和生態圖，了解家有聽障兒家庭之生態系統；(3)確認家庭連結外在系統的不足與問題；(5)與家庭進行溝通並確認：強化或修護或導入新的資源系統；(6)評估、修正與確認完成處遇任務。

　　不論家庭功能健全與否，家有聽障兒的家庭時時刻刻都受到家庭微系統以外的各層次系統（subsystem）影響，而聽障兒本身亦可能受到所處教育、社會福利和醫療等系統的影響，因此，透過社工師的介入、評估需求或問題，以及媒合適切服務，將能提高家庭適應環境的能力。

貳　家庭系統理論

　　Goldenberg 與 Goldenberg（2004）表示家庭系統理論的基本原則來自一般系統理論（General Systems Theory），其強調一群互動的有機體，在彼此互動的過程中，不斷尋求一個恆定的狀態。此外，亦強調家庭本身就是一個互動、相互依賴的系統，在家庭生命週期中，成員的狀態與進出都會影響整個系統。因此也成為與家庭工作之專業者，在提供服務過程中的重要評估依據之一，並作為處遇的重點。

一、家庭系統的定義

　　Hepworth、Rooney 與 Larsen（1997）提出之家庭系統理論，其主張家庭成員藉由彼此的相互依賴，產生各種行為表現與互動方式。透過家庭系統理論，可釐清家庭關係和溝通中產生的問題。同時，此理論採取的信念為，家庭所發生的問題無法歸咎於個人功能缺陷或病態，並強調了解家庭互動關係，有利於理解家庭內長期助長和維持現有問題的過程與現況。

二、家庭系統的重要核心概念

　　面對家庭時，若能透過理解家庭系統的評估方式，將有助於了解個案

和家庭的行為表現與對事物的抉擇方式，以及作為認識個案及其家庭的基礎，增進社工師與個案及其家庭的服務關係。

(一) 家庭次系統

個人是家庭中的次系統，主要負責執行功能的作用。丈夫與妻子或母親與孩子的兩人組織也是次系統，次系統間具有象徵一種線條區分誰在特定系統或次系統的界線（boundary），該界線的功能主要為保護各系統間的平衡（Hepworth, et al., 1997; Goldenberg & Goldenberg, 2004）。

一般而言，家庭次系統中的界線有三種：(1)清楚且彈性的界線：係指次系統間對外保有開放吸收新知、情感與想法，並兼具一定的封閉性讓家庭保持認同和情感維繫；(2)清楚但僵化的界線：係指成員間的界線明確，但家庭成員彼此缺乏情感聯繫或不太親近，被視為疏離；(3)開放或模糊的界線：當家庭的人際界線過於開放或模糊，則被視為糾結，因其會減弱個人的完整性，使家庭成員無法自主行動、深鎖在彼此緊密的關係中，造成個人自主性降低的糾結關係。綜合文獻（劉瓊瑛譯，1996；謝秀芬，2011；Becvar & Becvar, 2006; Goldenberg & Goldenberg, 2004; Hepworth, et al., 1997），筆者針對家庭中主要的次系統說明如下：

1. 夫妻次系統（spouse subsystem）

兩個不同性別的成年人基於建立一個家庭的共同目標而生活在一起，形成夫妻次系統，藉由其互補和相互順應的能力，夫妻間建立可以隨時支持彼此的模式。夫妻次系統必須建立起一道界線，防止其他系統的入侵，包含有子女的夫妻亦如此。過於僵化或鬆散的界線，容易對夫妻次系統產生負向影響，如：夫妻次系統僵化的界線，容易讓整個家庭系統因他們的孤立而感到壓力；若夫妻次系統的界線鬆散，則易造成其他次系統入侵或產生混亂與糾結。

2. 親子次系統（parental subsystem）

當家庭中的第一個孩子出生後，家庭除夫妻次系統外，還增加了親子次系統，同時也產生一道界線，透過界線，親子間發展緊密、彈性或衝突

等不同的互動狀態與關係。另一方面，親子次系統也會隨孩子的成長而有不同的變化，如：養育期的親子較為緊密且雙親角色較為權威與主導性強；青春期的子女則傾向較為叛逆，產生較多的親子關係衝突。親子次系統也會因與外界的互動而產生影響，如當孩子長大或就學或就業而與外界互動，親子次系統對於與外界的互動也會有所因應和調整。

3. 手足次系統（sibling subsystem）

手足次系統為孩子學習與同儕互動的第一個社會互動性場所，透過手足間的相處與互動，學習合作、妥協、競爭、孤立等社會經驗。過去研究指出，手足關係性質會因年齡、性別、其他身體或心理的障礙，以及性傾向等因素而有不同。

(二) 家庭系統對於外在環境所呈現特性

家庭系統一般區分為封閉性（closed）和開放性（open）（謝秀芬，2011；Becvar & Becvar, 2006; Goldenberg & Goldenberg, 2004）。此外，Kantor 和 Lehr（1975）進一步提出隨機性（random）的家庭系統特性（引自 Hepworth et al., 1997: 291-292）。上述三種家庭特性之差異，來自家庭系統對於外在環境所產生家庭系統內與外之變化所反應出的不同樣貌，進一步說明如下：

1. 封閉性的家庭

呈現僵化的狀態，對於外界的變化通常會採取過度保護家人的行為，以避免受到傷害。在此系統中，成員有大小權力之分，家庭整體的需求與制定規則重於個人需求，對外也相對較為嚴密謹慎。

2. 開放性的家庭

具有高度的彈性和創意，在家庭內外都接受彼此的互動與交流。構成家庭系統的要素，包括自我價值、溝通方法、規則與想法等，在此方面，開放系統較為民主，尊重成員的想法與意見，鼓勵成員間和對外的溝通，重視個人價值和彼此的合作。

3.隨機性的家庭系統

家庭每個成員皆自行選擇喜愛的界線，建立並保護他們和家人間的疆界。家庭的界線是所有成員之界線組成的混合體，因沒有所謂明確的家庭界線，家庭的某些生活習慣可能在家庭以外的場所出現，同時也賦予家庭成員和外人自由進出系統的權力。

筆者整理上述三種系統的差異（謝秀芬，2011；Becvar & Becvar, 2006; Goldenberg & Goldenberg, 2004; Hepworth et al., 1997），如表 13-2 所示。

表 13-2 ▪ 封閉性、開放性和隨機性家庭系統的差異

項目	封閉的系統	開放的系統	隨機性系統
自尊	低	高	不確定
溝通	間接、不清楚、不一致。	直接、明確、一致。	可直接或間接、不一致。
規則	不合人性、缺乏彈性；成員必須改變自己的需求以符合既定的規則，不容許批評。	公開、配合時代、人性化、彈性、視需求而改變規則、可自由表達。	沒有明確的規則，由成員依自己的狀態與需求而自行選擇規則。
結果	具破壞性、若有不適當的自我評價，則會越自我懷疑、越加依賴別人來決定自我價值。	合乎實際、具適當建設性、自我價值越加重要和可信、與自我的關係越加密切。	容易混亂、不切合實際、自我關係易渾沌不明。

資料來源：整理自謝秀芬（2011）、Becvar 與 Becvar (2006)、Goldenberg 與 Goldenberg (2004)、Hepworth et al. (1997)

(三) 家庭規則

每個家庭都存在一個規則或規範，可能受文化或家族世代長久以來的互動模式影響，決定家中允許和禁止的事情，同時也限制家人對待彼此的行為。大部分的家庭規則並非明確書寫下來，然而卻默默存在家庭中，並

且提供家庭成員遵守。因此，社工師必須藉由觀察家庭成員間的互動模式，方能了解家庭隱含的家庭規則，亦即家庭得以維持運作的重複模式（謝秀芬，2011；Hepworth, Rooney, & Larsen, 1997）。

(四) 三角關係

三角關係（triangulation）最早是由 Bowen 所提出之概念，主張家庭為一個情緒系統，成員間彼此存有某種情緒的關係，在互動中容易形成焦慮關係，而解決焦慮關係的方式就是邀請第三位成員加入，建立三人的互動關係，以平衡家庭系統運作（Becvar & Becvar, 2006）。Carter 和 McGoldrick 在 1999 年更進一步闡述三角關係是家庭系統的重要概念與評估指標之一，指出三角關係是與一位相關第三者的循環模式，也就是形成三人單位的一種關係。當成對（雙人）關係出現緊張，第三者就會被拉進關係中穩定局勢，形成三角關係（引自魏希聖譯，2009：62）。通常家庭中的夫妻次系統、親子次系統和手足次系統會因不同情境產生三角關係，如：夫妻關係緊張與衝突時，孩子可能透過行為問題或症狀，讓父母從他們的問題轉移焦點在子方的問題，以維持家庭穩定狀態；或手足競爭時，將父母一方拉進來，形成另一種三角關係。

三、家庭生命週期

透過認識家庭生命週期，從婚姻關係、孩子出生至成人過程、孩子離家，以及老年生活等，家庭經歷上述不同的階段與各個階段性的家庭任務。如有幼童的家庭，家庭任務之一是彼此重新整頓關係，在工作或職涯和家務等方面進行抉擇與分工（張宏哲、林哲立譯，2003；劉瓊瑛譯，2012；Goldenberg & Goldenberg, 2004）。了解家庭生命週期可供專業團隊預測與了解服務對象，針對服務對象所處的週期與面臨的任務，提供適切的回應或處遇；或當無法處理家庭問題時，可以轉介適當的單位，接續提供服務；或是與轉介單位共同提供各自專業的服務，讓服務對象獲得適切的協助，解決其面臨的問題。

四、家庭評估的面向

國內外各學者針對家庭評估的看法不盡相同，Engel 在 1977 年提出個人健康與生物、心理、家庭和社區因素有關，之後被運用評估於家庭，著重四大面向：(1)個人系統（生物／心理層面）（individual system）；(2)互動系統（interactional system）；(3)代間系統（intergenerational system）；(4)社區系統（community system）（引自劉瓊瑛譯，2012：98-100）。Holman（1983）則認為家庭評估層面應包括：(1)界定問題；(2)評估家庭系統；(3)家庭與環境；(4)家庭生命週期（引自魏希聖譯，2009：122）。另外，Hepworth 等人（1997）亦提出家庭評估的面向應包括：家庭脈絡、家庭系統的外在界線、內在界線和家庭系統、家庭的權力結構、家庭的決策過程、家庭感受和情感表達的範圍、家庭目標、家庭迷思與認知模型、家庭角色、家庭成員的溝通風格、家庭強度與家庭生命週期等。

國內學者劉瓊瑛（2010）進一步以早療的觀點提供家庭評估著重的面向：(1)家庭關心的問題與需求；(2)家庭結構層面；(3)家庭功能面；(4)家庭生態面；(5)家庭發展面；(6)家庭優勢與復原力；(7)復原力的關鍵。筆者整理上述學者之論述，並就服務家有聽障兒之經驗，提出六點的家庭評估面向，分別為：(1)界定問題與需求；(2)評估家庭結構；(3)了解家庭功能；(4)蒐集家庭與外在環境互動之訊息；(5)確認家庭生命發展週期；(6)發掘家庭優勢與復原力，並以教學案例 13-2 加以說明家庭評估重點。

教學案例 13-2

阿德兩歲時因為沒有發展語言，加上對聲音反應不靈敏，家人帶至醫院診斷為中重度聽力損失。阿德的媽媽為新住民，嫁來臺灣六年，雖然文字懂得不多，但語言溝通無礙；阿德的爸爸在政府單位工作，家庭經濟穩定；阿德一家與阿德的祖母、阿德的伯父一家，以及姑姑同住在一棟公寓不同樓層裡，大家族感情良好，對於聽障一事，家庭積極面對並前來求助，希望阿德可以透過療育，未來能夠有口語發展並溝通無礙。

案例分析

　　社工師透過電話訪問、機構會談和家庭訪問等方式，收集阿德和家庭相關資訊，並進行以下家庭評估：

1. 家庭關心的問題與需求：希望阿德透過聽語訓練，發展口語能力。

2. 家庭結構層面：

(1) 家系圖：

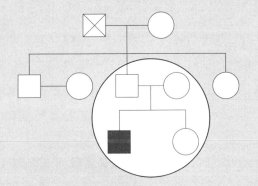

圖 13-2 ▪ 家系圖

補充：家系圖說明

　　□代表男性；○代表女性；■黑色代表案主（阿德）；×代表死亡；同一層的橫線下支線由左向右的方向，代表出生順序；—代表血緣和具法律關係的家庭成員，先生在左邊，太太在右邊。

(2) 次級系統及聯盟關係：

A.夫妻次系統：阿德的爸爸和媽媽因文化背景不同、教育程度差異大，以及年齡相差二十三歲等因素，彼此關係冷淡，只有因阿德或阿德妹妹的事，彼此才會簡短溝通。

B.親子次系統：阿德的媽媽為主要照顧者，故阿德對媽媽的依賴度高且感情深厚，相對與每天忙碌的爸爸關係淡薄。

C.聯盟關係：阿德媽媽常寵愛阿德，也常利用與阿德的依賴關係，疏遠與阿德爸爸的互動，或以威脅阿德爸爸來滿足阿德或自己物

質需求的方式，成為家庭角力關係中贏的一方。

(3) 界線性質：

　　A.家庭內次系統界線：阿德媽媽寵愛阿德，與阿德間未有親子界線；阿德爸爸和媽媽間界線明確且封閉。

　　B.與家庭外系統界線：阿德家整體對外在較為封閉，視家庭需求與狀況而開放外在資源進入家中。因阿德療育的需求，家庭特別讓雅文基金會進入家庭內並配合療育。

3. 家庭功能面：

(1) 正式、非正式角色的評估：以阿德一家四口為主要對象，確認身分與角色；其次評估阿德祖母、伯父一家與姑姑角色。

(2) 權力結構：阿德爸爸和阿德祖母皆個性溫和，阿德媽媽個性急躁與外放，表面上權力者是媽媽，然家庭實際重要決策和權力者是阿德祖母。

(3) 問題解決能力：阿德爸爸因教育程度較高且工作上須處理不少問題，故問題解決能力較高；阿德媽媽受限於教育程度與語言溝通能力影響，對於問題解決能力相對不足，如阿德無法順利適應配戴助聽器，阿德媽媽未思考如何讓阿德願意配戴助聽器，或是尋求雅文基金會或助聽器公司的協助，故讓阿德在前端的助聽器適應耽誤不少時間。

(4) 家庭規則：阿德一家以祖母為權力核心並形塑出家人皆遵從其所設定下的家規，如：家人外出皆向祖母報告。

(5) 溝通模式：阿德媽媽的溝通模式為指責型；阿德爸爸為打岔逃避型，導致夫妻關係疏離且無法有效溝通。

4. 家庭生態面：阿德家原本與親友關係緊密，然因案母個性剛烈並且抗拒其他親友介入阿德療育，加上阿德爸爸生性沉默，不善與人互動，造成親友關係與互動漸趨疏離，以致無法有效運用親友支持系統；與醫院和機構相對較為緊密，獲得較多的資源與協助。

5. 家庭發展面：阿德家庭正處於家有幼兒之家庭階段，面對養育子女與

負擔家庭經濟之發展階段。

6. 家庭優勢與復原力：阿德大家族同住，家庭人口眾多，可形成支持網絡；另外，家人對阿德聽障已接納且態度正向積極，對阿德療育將有助益。

　　家庭系統理論將家庭視為一個系統，探究家庭成員間互動下產生的行為與關係，了解家庭成員是如何受到家庭的影響，也同時影響著家庭，彼此交錯下形成家庭的樣貌。聽障兒家庭也因不同家庭成員的互動、家庭氣氛與規則，以及家庭與外在環境的交錯所影響，可能呈現積極主動或向心力極高的態度，或抗拒外在資源或家庭關係冷淡，影響聽障兒的學習與療育。社會工作師可透過此理論運用，知道如何與家庭互動或促使家庭產生動力，讓聽障兒家庭能夠健康地運作，進而穩定療育與學習的效能。

五、處遇策略

　　當完成家庭的評估面向後，我們得以清楚了解整個家庭的問題或需求、組成與結構、權力與溝通模式、家庭功能與家庭生命週期、家庭與外在環境之關係，以及家庭的優勢等。社工師開始與家庭討論處遇的目標、解決問題的策略與步驟。Jordan 與 Franklin（1975）提出家庭處遇的步驟：(1)問題的選擇；(2)問題的界定；(3)目的研擬；(4)目標的建構；(5)處遇的設計（引自魏希聖譯，2009：175-177）。謝秀芬（2011）針對家庭處遇原則，提出說明：(1)確認需求與目標；(2)改變家庭溝通型態；(3)干預家庭結構，內容包括：重建清楚界線、確定家庭規則、運用重新建構的技術、增進婚姻關係等；(4)評估家庭外親友或長輩的影響，是否需要介入處理；(5)評估家庭是否過度依賴原生家庭，需要進一步的介入；(6)連結社區網絡，家庭可以藉由資源的連結，讓家庭發揮功能，持續穩定的運作。

　　綜合前述與筆者的實務經驗，一般社工師在針對家有聽障兒之家庭進行處遇時，其設定的目標主要為服務中常見個別家庭的問題或議題，如：親子教養過於放任或嚴苛，親子次系統界線易變得模糊或僵化造成關係緊

張；夫妻因為聽障兒童之教養或分工等問題，造成次系統的壓力與衝突；有些家庭原本與外在環境的界線呈現封閉狀態，因著聽障兒之就醫、療育以及教育等需求，家庭必須學習開放或連結外界資源，獲得新知與使用不同層面的資源並發揮家庭功能，促使聽損兒童在健康的家庭中成長與滋養，順利長大。

參　優勢觀點

近年優勢（strengths）觀點受到助人專業的重視並實踐於社會工作中（Cowger, 1997; DeJong, & Miller, 1995; Saleebey, 1996）。在早期療育服務領域中，強調優勢的重要性和提升家庭整體的能力，而非著眼於家庭單一問題的處理與需求滿足。社工師應協助家庭發現自己的優勢與需求並進行評估，進而擬訂家庭處遇計畫，協助家庭透過自身的力量，來解決遭遇的困境，達到家庭充權的目的（張秀玉，2011）。

一、優勢的觀點與假設

過去的療育團隊，主要以專家角度來看待服務對象，並聚焦個人的問題與限制，而忽略人所具有的潛能與優勢。為促使服務對象產生正向的改變，Saleebey（1996）認為應關注服務對象的優勢。McQuaide 與 Ehrenreich 在 1997 年界定優勢包含了：(1)個人面對困境的能力；(2)面對壓力時，可以維持其功能運作的能力；(3)面對重大精神創傷時的回應；(4)能運用外來的挑戰以刺激成長的能力；(5)運用社會資源的能力（引自張秀玉，2006：118）。前三項的優勢強調個人面對困境時所產生的回應能力，後兩項較強調個人能夠尋求和運用外在資源的能力。綜上可知，優勢觀點重視個人本身和外在所擁有的能力與資源外，並強調個人運用自身和外在資源的能力。

Saleebey（2006）針對優勢觀點提出六點假設：(1)每個人、團體、家庭和社區都有優勢：社工師必須透過傾聽與觀察，協助案主發掘其過去生活中所展現的優勢或成長的經驗，協助案主運用其優勢；(2)不論個案過去生

活中經歷何種困境與挫敗，這些經驗皆可讓案主從中學習面對和展現生命的韌性，個案因而有所成長；(3)將焦點放在優勢，強調以正向的角度看待個案所想表達或解決之問題，支持其努力達到理想生活情境的可能性；(4)發現個案的優勢是由個案與工作者之間的合作過程產出，專業的實務工作者不會直接告知個案問題的答案；(5)無論多不好的環境都有資源存在；(6)給予案主關懷與照顧並關注其生活脈絡。

　　優勢的觀點與假設皆強調服務對象所具有的潛能與優勢；當專業工作者能夠不再以問題取向觀點看待服務對象，轉而以優勢觀點進行處遇工作，將有助於加速彼此合作的夥伴關係，提升服務的成效。

二、優勢觀點的評量

　　服務對象的優勢可從評量的過程與架構來觀察，從中收集資訊，進而評估其優勢和阻礙，最終依據評估結果展開處遇。因為優勢觀點著重的是個案和所處環境的優勢，因此社工師在晤談與評估過程，亦運用晤談的技巧，獲得與個案相關的優勢與重要訊息，以利後續處遇。

(一) 優勢評量的準則與方向

　　Anderson、Cowger 與 Snively（2006）提出優勢觀點的準則，包括：記錄個案的故事、支持與認同個案的故事、尊重個案的自主權、找尋和了解個案生活中重要的經驗、發掘個案的需求、讓個案看見過去在生活中如何克服困境、發掘個案的獨特性與個別性的優勢、社工師與個案對於評估達成共識、避免責罵與責備，以及評估過程不對案主貼上負面標籤。上述準則，可幫助社工師了解和引導個案看到自己過去至今的狀況，特別是看見自身的優勢，以及學習如何正向回應和採取行動。

　　Saleebey（2009）針對收集個案資訊，提出八種有助於發掘個案優勢的提問方向與內容：(1)面臨困境過程如何存活；(2)有哪些支持來源；(3)探索個案的觀點，如何詮釋處境；(4)了解過去生活經驗中有哪些正向的事件或情況；(5)如何發掘個案的內在想法或期待，將之轉化為改變的動力；(6)個

案如何展現自尊；(7)如何刺激改變；以及(8)確認事件或生命意義（引自宋麗玉、施教裕，2011：431-432）。藉由前述提問的方向，將有助於獲得個案優勢的資訊，作為後續處遇規劃的方向。

(二)優勢評量的架構

Cowger（1997）以優勢觀點針對個案問題之評量，建立一個優勢評量架構。進行評量時，先將個人和環境分為兩部分。首先，「個人部分」分為生理與心理兩部分，「生理部分」為個人能夠執行日常生活的能力，若此部分能力屬於正向，則其生理部分的功能也越強；「心理部分」為服務對象可以突破困境的部分，包括：認知、情緒、動機、因應、人際等面向。生理與心理功能皆包含正負向，正向功能越強代表個人在此部分擁有的優勢越多；負向功能則反之，也代表個人擁有生理和心理部分的阻礙越多。

而「環境部分」乃指個案所居住的社區中，能夠提供個案協助的人與組織，組織包含正式和非正式組織資源。這些資源視為個案環境的優勢，環境所提供的協助，包括具體有形的物質：金錢、食物、衣物、空間等；以及無形的協助：情感支持、安慰、諮詢與討論等。

Cowger（1997）提出優勢觀點的評量架構就是將個案所處環境進行分析，分為個人與環境兩部分，各自評估優勢與阻礙。架構中的「阻礙」是社工師在協助個案運用其優勢去解決其困境時，可能遇到的個人或環境的障礙。

筆者參考 Cowger（1997）所提出之優勢觀點評量，輔以筆者服務聽障兒童及家庭之經驗，形成聽障兒童優勢觀點評量的架構，將聽障兒童、家庭和所處環境的優勢與障礙共同納入評估，以三個不同大小的圓疊放呈現個人到環境的系統，並將此圓切割一半，各自呈現優勢與限制，以此作為評估架構，藉以分析與評估聽障兒童及其家庭和環境各自存在的資源現況與限制，進一步運用不同系統的優勢來克服或解決遇到的困境，如圖 13-3 所示。

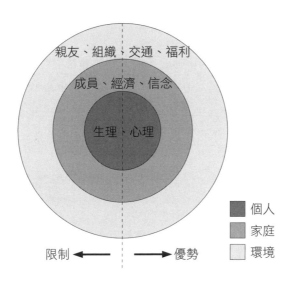

親友、組織、交通、福利

成員、經濟、信念

生理、心理

■ 個人
■ 家庭
□ 環境

限制 ←┆→ 優勢

圖 13-3 ■ 聽障兒童優勢觀點之評量架構

三、處遇策略

　　優勢觀點假設每個人都有學習、成長、改變的潛能和優勢，包括能力與資源。當我們看到服務對象的潛能與優點，接續的處遇重點即是引發或促進對象發揮潛能，進而克服或解決問題。一般而言，處遇步驟包括：(1)建立關係，展現關懷、同理、正向對待、真誠與尊重的態度；(2)運用優點評量，確認案主的想望並激發動力；(3)建立目標，以夥伴關係平等對話；(4)訂定工作計畫，運用個人與環境優勢達到目標；(5)鞏固優勢與結案，藉由持續發揮優勢並建立非支持性的支持網絡，讓服務對象得以正常化的回歸生活，此時工作者任務達成並退出介入角色（引自宋麗玉、施教裕，2011：65）。筆者依上述處遇步驟，結合服務家有聽障兒之優勢觀點處遇，提供教學案例 13-3 加以說明。

教學案例 13-3

　　小佑的媽媽為聽障，在小佑出生時，媽媽積極安排新生兒聽力篩檢，結果正常，家人當時很開心也感到幸運。在小佑中班時，對聲音反應變得遲鈍，帶至醫院聽檢為中度聽力損失，小佑爸爸以此為由與小佑媽媽離婚並拒絕扶養小佑，小佑跟媽媽回到娘家同住並前來求助。

案例分析

1. 個人部分：

　(1) 生理與心理的優勢：小佑除聽障外，各方面的發展正常，對於學習充滿熱情與積極外，也不因後天聽力下降而抗拒配戴助聽器，小佑適應助聽器的情況良好且矯正效益極佳。

　(2) 生理與心理的限制：小佑父母離異，爸爸對小佑漠不關心，加上小佑聽障，小佑媽媽和家人基於補償心態過度寵愛小佑，使小佑對家人容易過度耍賴與鬧情緒，造成小佑個性較為自我中心。

2. 家庭部分：

　(1) 家庭的優勢：小佑和媽媽住在外公和外婆家，免除租賃壓力。另外，小佑外婆可擔任幼兒園下課後的照顧者。

　(2) 家庭的限制：小佑媽媽娘家經濟並不寬裕，加上小佑媽媽因聽障因素，尋求工作困難度高且不穩定，因此小佑家經濟支持較缺乏；另外，小佑媽媽為極重度聽力損失，因此無法擔任聽覺口語教學之主要教導者；小佑外婆是唯一人選，然罹患癌症，無法太勞累，因此無法完全承擔小佑聽覺口語教學的重擔。

3. 環境部分：

　(1) 環境的優勢：非正式資源部分，住在附近的小佑舅舅和聽障阿姨都很疼愛小佑，可提供部分的經濟協助和擔任小佑的臨時照顧者；就正式資源部分，小佑領有身心障礙證明，所以政府部門提供生活津貼與早療團隊服務；又因小佑就讀幼兒園，可獲得就學補助、巡迴

輔導老師協助，以及申請FM輔具等資源的挹注。

(2) 環境的限制：非正式資源部分，小佑舅舅未同住，也有自組家庭的壓力，而聽障阿姨就業不穩定，兩人所能提供的協助有限；正式資源部分，政府雖提供相關津貼補助，然補助金額有限，無法給予教導小佑的人力與資源。

4.處遇策略：

(1) 建立關係：藉由密集的電話聯繫、機構面談與家訪，社工師與小佑家庭建立信任與友善的關係，促使家庭成員願意主動提出更多資訊，包括：家庭無穩定且具良好口語溝通之同住家人可以訓練小佑、家庭無足夠的金錢負擔購買助聽器的費用，以及家人無法有效教導小佑服從管教的困擾等問題。

(2) 運用優勢評量：評量小佑與家庭的優勢與限制，分析哪些優勢可以提升解決問題的能力與資源，如：家人的支持度及參與度極高，可以讓小佑穩定接受聽覺口語療育；媽媽雖為聽障，但媽媽的口語表達清晰，可以擔任語言輸入角色；外婆雖然年邁且罹癌，但其聽力正常可以分辨小佑口語表達的清晰度與正確性，擔任媽媽的耳朵，確認小佑表達的正確性；小佑的學習動機強與聽潛能佳，可預期有助於小佑學習進步空間。另外，在家庭經濟困難部分，媽媽必須工作才能維持生計，家庭無足夠金錢可以立即為小佑購買助聽器，須與助聽器公司協商採分期付款方式支付部分助聽器費用。社工師就所評量家庭的優勢與限制一一向小佑家人進行說明，並進一步彼此澄清與核對所評量內容是否為共同所認知和同意。

(3) 確立目標：依據與小佑家庭所討論的家庭優勢與限制並達成共識後，開始設定目標為讓小佑可以穩定接受聽語療育，並可與他人流暢地以聽和說進行溝通。

(4) 訂定工作計畫、介入與修正：首先，讓小佑可以擁有屬於自己的助聽器，以利穩定使用聽覺輔具學習。社工師連結政府輔具補助、雅文基金會對外募集的聽輔具補助基金，以及小佑媽媽以分期付款方

式支付餘款,透過三方的資金,家長可順利購買小佑的助聽器;其次,除了鼓勵小佑媽媽參與教學外,亦邀請外婆一起協助教學。另外,社工師評估媽媽僅能利用下班時間教導案主,教學時間有限,故媒合愛心家長到宅輔導服務,每週固定到小佑家指導小佑和家人運用家庭或社區內的資源,教導家長為小佑進行聽與說的訓練,提升小佑學習的成效,同時,也提升家人教導小佑之自信心。過程中,社工師持續地追蹤與檢視訂定的計畫和介入方式,是否需要進行修正。

(5) 鞏固優勢:目前小佑接受雅文基金會服務已二年,除定期檢視小佑的學習外,也重視家庭教導小佑技巧的提升,社工師在服務過程中,不斷地讓家人看到藉由發揮自身的優勢與努力不懈的教導,促使小佑持續地進步。目前小佑已經具備良好聽與說的溝通能力,家人對於教導小佑也更具信心。

　　過去筆者服務聽障兒及其家庭的經驗中,發現多數家庭在孩子確診為聽障後,往往聚焦於孩子的聽力問題,看到孩子配戴助聽輔具和進行療育課程時,常不禁為其聽障惋惜難過!生活所見與心中所想總也不脫聽障兒的所有大小事情,家庭成員竭盡所能的為聽障孩子往外尋求資源與療育,甚至跨越不同的縣市,只為找尋更好的資源。隨著時間的消逝,長時間與長距離的奔波,家長與聽障兒都身心俱疲,家人與親子間極容易產生衝突,生活變得失序。

　　家庭容易忽略聽障兒的優勢和家庭成員亦有其優點,都能成為聽障兒的內部資源,藉由重新盤點與評量,也能從外部環境中發掘可以幫助聽障兒之資源。此外,透過專業人員的介入,有助家庭看到聽障兒與其所擁有的內在資源,並連結與維繫外部資源,進而減輕或解決問題及困境。

第三節　家庭面對零至六歲聽障兒的需求與任務

　　個人生活品質受到人格發展與身體因素的影響,而家庭生活則會因不同發展階段而有所變動。其中育有零到六歲孩童的家庭可能會面對的課題包括:家庭新生命的誕生、孩子聽障的確診、療育之安排、團體生活的適應、入小學應備能力與適應力的培養,以及發展社會互動的技巧等。本節將就筆者擔任聽覺口語法療育團隊中社工師的角色為例,分享家庭面對零至六歲聽障兒的需求與任務,以及社工師的角色和處遇重點。

壹　零至一歲聽障兒之療育

　　家庭得知孩子聽障確認的時期,常常出現驚恐、失望與沮喪的情緒反應,以及不知如何將障礙事實告知其他家人。家庭在此階段須面對悲傷情緒和安排孩子就醫檢查等相關事宜,社工師在此階段須介入輔導家庭及早接受孩子聽損和調適情緒,建構與提升家庭面對孩子聽障的正向能量,為接續療育做準備。

一、家有零至一歲聽障兒的家庭需求與任務

　　受惠於臺灣目前全面施行的新生兒免費聽力篩檢,大多數的聽障兒皆能及早發現。家庭首要的需求為確認孩子聽力損失的程度與配戴合適的聽覺輔具;其次,需要獲取所需之聽障相關療育和福利資訊,連結療育與運用福利資源;再者,需要藉由專業人員協助盡速調適接受孩子聽障的事實,以及回應其他家人有關孩子聽障一事。

　　配合上述需要,家庭之任務包括:須盡速就醫確認孩子聽力損失的程度與積極為孩子配戴合適的聽覺輔具,並透過醫院、療育機構或公部門以及網路等管道,獲取聽障相關的療育和福利等正確資訊。此外,家庭必須學習接受孩子聽障的事實,做好心理準備並告知家人孩子聽障一事。此階

段家庭最重要的任務為調適心情，共同接納孩子聽障的事實，才能往下一階段為聽障兒和家庭的需求與任務而努力。

二、社工師面對零至一歲聽障兒之家庭的角色與處遇

多數接受服務的家長由醫院、網路或其他單位轉介而來，社工師為第一位與家長接觸的專業人員，此階段社工師評估與處遇任務，包括：了解家長或家庭的主要問題、評估家長的情緒狀態、蒐集聽障兒的就醫病史、家庭結構、了解家長和其他家庭成員對於孩子確診為聽障的想法，以及家庭的經濟狀況等資訊。重點在蒐集聽障兒與家庭狀況，並與家庭建立信任關係。

社工師的角色為諮詢者、情緒支持者、資訊提供者以及資源的媒合者，工作內容主要為：評估與確認家長情緒的狀態；當家長或其他家庭成員情緒低落或無法接受孩子聽障時，社工師須進行情緒支持與輔導；當家庭對於孩子聽力檢查結果有所疑惑或擔心孩子的發展，提供就醫聽力確診或發展評估的醫院，讓家庭可以更進一步確認孩子的聽力與發展現況。依照聽障兒與家庭之需求，進行資源盤點與連結社會福利資源，如取得身心障礙證明、助聽器或人工電子耳補助等。

社工師在此階段需要密集地確認聽障兒和家庭之需求，蒐集相關資訊，以進行評估和處遇。當評估有所疑慮或需要跨專業意見時，社工師進一步與機構內聽語團隊或外部早療單位進行個案與家庭研討會議，並擬定後續服務的方向。藉由內部或外部之專業團隊的溝通與合作，彼此討論與核對訊息，滿足或解決此階段家庭的需求與任務。

貳 一至三歲聽障兒之療育

此階段為聽損兒進入療育階段前之預備期至開始療育階段之前期，多數聽障兒因接受新生兒聽力篩檢而發現聽障，隨著及早發現與確診，聽障兒接受療育年齡也逐年提早。家庭除了評估選擇療育進行的方式外，也須

著重聽障兒照顧及家庭經濟需求等，並平衡家庭內與外在資源之連結，協助聽障兒穩定接受療育。

一、家有一至三歲聽障兒的家庭需求與任務

聽障兒隨著年齡增長，和同年齡的幼兒一樣，必須開始學習如何傾聽並與他人進行溝通，因此展開聽障兒之療育極為重要。然而，聽障兒往往會因為學習聽和說的過程需要不斷的練習而感到挫折，甚至發脾氣。如何建立聽障兒之自信心，願意配合教導與學習，以及願意主動與他人溝通，遂成為家庭需要教導聽障兒之重要任務。

家庭為聽障兒安排療育前，須確認由家中哪位成員擔任聽障兒童的主要照顧者角色，此外，尚需將聽覺輔具所可能造成的經濟負擔納入考量。倘若擔任聽障兒童的主要照顧者為年邁的長輩或新住民，易受限於照顧者的年齡、能力和照顧意願等，影響聽障兒的照顧與教導品質。聽障兒開始接受療育前，可能會因聽覺輔具、療育和交通等費用支出，增加家庭的經濟負擔，因此，家庭經濟收入須有更多的考量與分配。

插圖 13-1 家庭須面對與思考聽障兒之照顧與教導

　　此階段家庭任務的分工與角色期待為：家庭面對聽障兒的照顧分工與生活作息的調整，以因應聽障兒的療育和照顧責任，同時家庭須思考與評估家庭經濟是否因聽障兒的照顧與療育方式的選擇而受到影響，維持雙薪或由單一家長肩負起家庭經濟等家庭工作分配與經濟考量。

二、社工師面對一至三歲聽障兒之家庭的角色與處遇

　　社工師的角色為激發家長療育動機、協助家長預備療育的輔導者，以及家庭資源的媒合與管理者，此階段工作重點在激發家長願意讓孩子接受療育的想法、引導家庭認同孩子接受療育、評估是否媒合其他資源，以及協助家長完成接受聽覺口語法課程前的預備，包含：討論與協助家庭分工與教導工作之安排、澄清家庭是否了解基本的聽力知識、協助家庭購買或租借聽障兒之聽覺輔具並建立聽障兒穩定配戴習慣，以及積極與團隊合作協調，幫助聽障兒接受聽語療育。同時，社工師評估聽障兒與家庭之個別需求，引進家庭外之資源，如：聽障兒若合併動作或語言發展遲緩，則需其他語言或物理治療的資源；若聽障兒之主要照顧者親職功能待提升，則媒合機構內愛心家長志工，投入推動與輔導家庭和聽障兒聽與說的學習。

　　此階段，社工師另一個角色為團隊的資訊提供者、溝通協調者，以及家庭與團隊的橋樑。社工師評估家長或家庭對於療育已具共識，也願意接受療育後，社工師即召開療育團隊會議，邀請聽力師和聽覺口語老師參與會議，針對下列資訊進行說明與討論：聽障兒之聽力狀況、發展現況與個性特質、家庭對於聽障兒之期待與想法、家庭成員、權力關係與溝通模式、主要照顧者的特質與能力等，以助團隊在短時間內了解聽障兒與家庭，特別是聽覺口語老師可依家長和聽障兒之能力設計合適之早療學習目標，發展聽障兒聽與說之基本能力，以及協助團隊與家庭建立合作與對等的夥伴關係。

四至六歲學前聽障兒之療育

當孩子進入學齡階段，家庭關注焦點轉為安置場域的選擇和早療成效的維持。雖然直接照顧時間縮短，然經濟與有品質教導的負擔加重，家長對孩子未來照顧課題的意識，帶給家庭更大的壓力。

一、家有四至六歲聽障兒的家庭需求與任務

四至六歲聽障兒進入幼兒園階段，必須學習在團體中與他人互動並遵守常規，以及持續接受早期療育。倘若聽障兒個性較為退縮，容易因身為聽障者而缺乏自信、感到自卑，甚至被動參與團體，造成人際關係疏離。此階段，家庭、幼兒園和聽語療育團隊主要任務為提升聽障兒自信心，使其順利融入團體生活。

對於聽障兒由家庭轉銜至幼兒園階段，家庭需開始思考聽障兒的能力與選擇哪一種安置類型較適合聽障兒就讀，如：普通班、特殊班或日托中心等，常讓家長感到困擾與不知所措。此外，家庭從原本全天候照顧轉為半天或更少時間與聽障兒相處，如何在有限時間內既維持教導聽障兒的教導品質，又滿足聽障兒保有團體生活與適應，以及學習的需要等，都讓家庭徬徨為難。一方面，家長得持續維持孩子的療育與承受教導的壓力，另一方面，除原本負擔聽障兒聽覺輔具、療育和交通等費用外，又增加聽障兒安置費用，加重家庭的經濟負擔；同時，家庭因療育相關的人力、經濟和時間等負擔，以及對療育與在校學習成效期待的壓力，都讓家庭更需要獲得情緒和情感的支持。

此階段家庭的任務，除了透過家庭照顧分工方式，調整生活作息，因應相關的安置、療育和照顧責外，家庭亦須維持經濟穩定運作，以便降低家庭照顧或安置聽障兒而受到的負向影響。此外，家庭也必須學會開源節流或提升家庭經濟能力，因應上述各項生活支出。

二、社工師面對四至六歲聽障兒之家庭的角色與處遇

當聽障兒進入幼兒階段，除維持療育外，也開始接觸團體生活。社工師的角色為資源提供者、資源媒合者、學校與家庭的溝通橋樑，以及親職教養者。其主要工作：首先，提供轉銜與教育資訊，包括優先進入公立幼兒園安置資格與流程、申請無線調頻系統和聽障巡迴輔導老師之文件與時程。其次，辦理入學前融合講座，讓家長評估選擇幼兒園、辦理聽障兒與家庭之團體活動，增進聽障兒之社交技巧與自信心，並教導家長有關親師溝通技巧，以提升面對聽障兒不同學習議題的處理能力，讓孩子可以順利融入團體生活。此外，社工師也持續進行聽障兒與家庭需求之評估，如：當聽障兒聽覺輔具面臨更新，然家庭經濟陷入困境，社工師透過評估需求，提供資訊並連結資源，解決聽障兒或家庭的問題。

在此階段，社工師參與團隊會議，追蹤與確認每位受服務的聽障兒與其家庭之現況，如發現聽障兒或家庭之需求或問題，則與團隊進行討論並訂定處遇目標，進行團隊分工並展開服務。團隊也會針對各自服務過程中發現聽障兒或家庭之問題，主動提出召開臨時會議，討論處遇方向與分工，追蹤服務進度直到解決問題。以下輔以教學案例 13-4 說明。

插圖 13-2　聽障兒童學習遵守團體規範

教學案例 13-4

儀琳目前四歲，其出生時透過新生兒聽力篩檢而發現聽力損失，後續確診為極重度聽力損失並開始進行聽語訓練，因聽力損失為極重度，於一歲六個月植入人工電子耳。儀琳已經接受聽語訓練達三年，口語表達尚可且持續進步中，在機構老師的建議下，儀琳家庭即將安排儀琳就讀幼兒園，但儀琳父母對於儀琳即將安置至幼兒園感到十分擔心。

案例分析

1. 家庭面對的需求：

(1) 安置需求：儀琳因為極重度聽力損失，一直到一歲六個月才植入人工電子耳，故學習上較一般聽障兒慢些，儀琳父母需評估儀琳適合安置一般幼兒園或特殊班。

(2) 教導需求：儀琳媽媽猶豫儀琳要就讀半天或全日托而難以抉擇，以及思考如何妥適安排療育與上學的時間。

(3) 經濟需求：儀琳媽媽為儀琳療育已離職三年之久，家中單靠儀琳爸爸薪資，生活拮据。政府提供的福利有限，無法有效減輕家庭經濟負擔，儀琳媽媽面對是否回到職場或繼續陪伴儀琳之抉擇。

(4) 滿足家庭情緒需求：儀琳媽媽全心照顧儀琳，在儀琳的學習上時有瓶頸與自己的壓力，為生計奮鬥的爸爸無法給予充足的支持。

2. 家庭任務：

(1) 家庭分工與角色期待：儀琳爸爸和媽媽必須考量如何進行家庭分工與調整生活作息，以因應儀琳的安置、療育和照顧的時間。

(2) 家庭經濟：儀琳媽媽為兼顧儀琳的安置與療育，選擇兼職工作，一方面貼補家用，同時也兼顧儀琳的照顧與療育。

3. 社工師的角色與處遇：

社工師先確認與了解儀琳家庭對於安置的想法與擔心，接續召開團隊會議，就儀琳的發展與學習現況討論：儀琳出生即發現聽障且及早展

開療育，整體口語發展良好，然儀琳為家中獨生女，社交技巧較為薄弱。團隊評估結果建議家長選擇安排儀琳就讀普通幼兒園，可提升儀琳社交技巧。社工師依團隊評估結果與家庭進行說明並取得共識，其角色與處遇說明如下：

(1) 資源提供與媒合者：提供案家就近優良幼兒園之名單，供家長進一步了解與評估；同時，協助完成進入學前轉銜與安置之申請流程，讓家庭可以在充足的訊息下，為儀琳選擇合適的幼兒園。

(2) 學校與家庭的溝通橋樑：在家長確認安置幼兒園後，老師對於照顧儀琳有所疑慮與擔心，社工師介入提供聽障兒的教導和照顧衛教資訊，提升幼兒園老師教導聽障兒的信心。儀琳安置至今，不論在學習上或同儕互動上皆順利無礙。

透過上述零至六歲聽障兒童各階段的需求與任務，有助於第一線的社工師於短時間掌握並滿足此階段家庭和聽障兒之需求與任務，更為有效提供適切服務或轉介至其他資源，以達到早期療育的效益。

 結語

在孩子出生前，每一位父母和家庭成員總是殷殷期盼孩子健康出生與順利長大，然而，當孩子被診斷為聽障的那一刻，對家庭無疑會產生極大的衝擊，其所帶來的失落與悲痛難以想像。身為聽覺口語法療育專業團隊的一員，社工師一開始接觸家有聽障兒的家庭時，主要透過家庭和聽障兒童之需求評估，以擬訂後續的服務方向，並提供家庭資源服務、情緒支持與關懷，讓家庭可以及早接納孩子聽障的事實，進而及早讓孩子接受療育。

社工師透過生態觀點，掌握家庭所處環境的狀態；並藉由家庭系統評估各個次系統狀態，以及家人間的互動關係，以確立家庭的計畫與進行處

遇；同時，運用優勢觀點找出家庭和各成員的優勢與限制，並讓家庭看見其優勢，進而將家庭優勢引至聽障兒童的療育中，讓家庭成為聽障兒童療育團隊中的重要一員。

　　社工師在服務聽障兒童及其家庭過程中，無法僅以自身單一專業圓滿服務，因而需要不斷與療育團隊進行溝通與合作，共同為每一個聽障兒童及其家庭量身擬訂處遇的目標，以能提供適切與完整的療育服務，讓聽障兒童有良好的學習成效並順利融入社會，同時，發展聽障兒家庭超越逆境的能力，協助其化解障礙、發揮家庭功能與優勢，也是聽障早療專業團隊服務的最終目標！

國家圖書館出版品預行編目（CIP）資料

以家庭為中心的聽覺障礙早期療育：聽覺口語法理論與
實務／林桂如等著. -- 初版. -- 臺北市：心理，2014.08
面； 公分 . --（溝通障礙系列；65027）

ISBN 978-986-191-603-3（平裝附光碟片）

1.聽障教育 2.口語教學 3.特殊兒童教育 4.早期療育

529.67 103008570

溝通障礙系列 65027

以家庭為中心的聽覺障礙早期療育：
聽覺口語法理論與實務

主　　編：林桂如
作　　者：林桂如、洪右真、陳姵樺、馬英娟、林淑芬、陳俐靜、何文君、
　　　　　邱鳳儀　等
執行編輯：陳文玲
總 編 輯：林敬堯
發 行 人：洪有義
出 版 者：心理出版社股份有限公司
地　　址：231 新北市新店區光明街 288 號 7 樓
電　　話：(02) 29150566
傳　　真：(02) 29152928
郵撥帳號：19293172 心理出版社股份有限公司
網　　址：http://www.psy.com.tw
電子信箱：psychoco@ms15.hinet.net
駐美代表：Lisa Wu（lisawu99@optonline.net）
排 版 者：龍虎電腦排版股份有限公司
印 刷 者：龍虎電腦排版股份有限公司
初版一刷：2014 年 8 月
初版三刷：2018 年 9 月
Ｉ Ｓ Ｂ Ｎ：978-986-191-603-3
定　　價：新台幣 450 元（含光碟）